U0009355

劉君祖易經世界

身處變動的時代，易經教你掌握知機應變，隨時創新的能力。

〔從易經看〕老子道德經

LAOZI TAO TE CHING THROUGH THE LENS OF I CHING

劉君祖——著

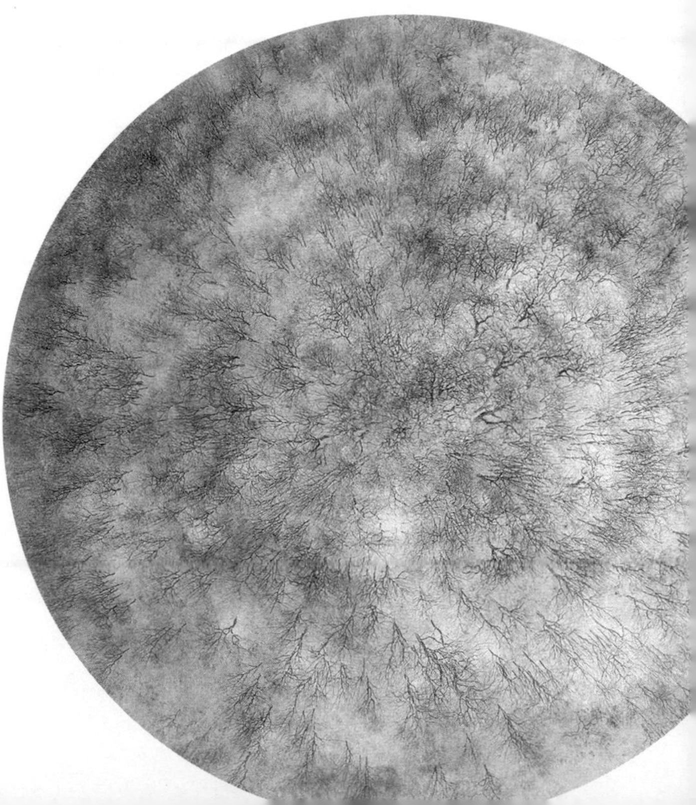

目錄

下篇：德經

推薦序／

從易學看老子的會通三教

蕭登福

《老子》一書，今日流傳的版本區分為〈道經〉與〈德經〉兩部分，所以又稱為《道德經》。此書今所見最早的本子是一九九三年冬湖北省荊門市郭店一號楚墓出土竹簡本，該墓主葬埋於戰國中晚期，則竹簡應寫成於此前，成書亦應在此前，說明此書極可能是老子所親寫，一般稱為郭店竹簡本《老子》。郭店竹簡本《老子》殘佚不全，所存約今本五分之二，不分德經、道經，章次與今本也不相對應；文字則與今本相同或相近。其次為一九七二年湖南長沙馬王堆三號西漢墓出土的帛書《老子》有二種，墓主葬於西漢文帝十二年（西元前一六八年），簡稱馬王堆帛書《老子》。二種帛書本並不分卷，亦無〈道經〉、〈德經〉之稱，但在文字的先後次第上，〈德經〉在前，〈道經〉在後，而文字的內容則大抵同於今本。

《老子》一書被稱為《道德經》始於何時？《史記．老子韓非列傳》說「老子迺著書上下篇，言道德之意，五千餘言。」由文意看來，老子在司馬遷的時代已分上下篇，「言道德之意」，似乎《老子》一書在武帝時已被稱為《道德經》，分〈道經〉、〈德經〉二卷。今以出土文物看，漢景帝時已如此[1]，更有可能在漢文帝時已然，文帝時的河上公注即分〈道經〉、〈德經〉，且〈道經〉在前，〈德經〉在後。

《老子》原本以河上公注本、王弼注本流傳較廣，但自郭店本及馬王堆本出土後，研究《老子》須以王弼及河上公本配合郭店、馬王堆本來參校，才能掌握其原義。

《老子》一書，歷來為帝王及世人所重，早在戰國時期，《韓非子》有〈解老篇〉、〈喻老篇〉，河上丈人注解《老子》（《隋書．卷三十四．經籍志．道家類》）。自此以下，注疏者汗牛充棟，歷代曾有多位帝王親自注過《老子》，依次為：梁武帝《老子講疏》、《老子義疏理綱》，梁簡文帝《老子義》、《老子私記》，梁元帝《老子講疏》；西魏孝文帝《老子注》、《老子義疏》；唐．睿宗《老子注疏》、唐玄宗《道德真經注》、《道德真經疏》；宋徽宗《老子注》；明太祖《道德經注》；清世祖《御注道德經》。不僅帝王將相、文人隱士作注，其中甚至包括佛教的僧侶，如魏晉南北朝時期的鳩摩羅什、釋惠琳、釋惠嚴、釋慧觀、釋義盈等多位佛教和尚，都曾注此經[2]。至西元二〇〇七年五月止，此經的外文譯本已近五百種，涉及三十餘種

1 筆者二〇一二年六月二至五日參加湖北赤壁市葛洪養生國際學術論壇時，遇王卡及葛榮晉教授，語及北大簡及清華簡中漢景帝時簡已稱《道德經》，該二批竹簡正在處理中，尚未對外公佈。

2 《舊唐書．卷四十七．經籍志．道家》載：「《老子》二卷，鳩摩羅什注」、「《老子》二卷，釋義盈注」。另外，《隋書．卷三十四．經籍志道家類》載錄自戰國至梁，注《老子》之諸家，其中包括帝王將相，也包涵了和尚所注者的有：「《老子道德經》二卷，釋惠琳注；《老子道德經》二卷，釋惠嚴注。……梁有《老子義疏》一卷，釋慧觀撰。」上引書志所見，由晉至梁，和尚注《老子》者即有五家之多。

語言[3]。《老子》一書，是今所見《聖經》以外，最多外國譯文及論述的書籍。

《老子》、《莊子》、《易經》，在魏晉南北朝清談時，號稱三玄，以其為深奧玄妙之書。老子其人為道家創始者，亦為道教最高天界三清道祖之一。其學不僅影響道家、道教，也影響儒家及佛教。儒家的孔子，原與道家有別，《論語．公冶長》說：「子貢曰：夫子之文章，可得而聞也；夫子之言性與天道，不可得而聞也。」孔子少言性與天道，所以子貢不可聞，但孔子晚年讀《易》，韋編三絕，而孔子之注《易》，繫辭中充滿道家哲學及性與天道之論，太極生兩儀即老子道生一，一生二之說；宋儒更因此在太極之上，安置無極以符老子之言。而佛教譯經伊始，東漢桓、靈之世，安世高譯禪學、支婁迦讖譯般若，皆引《老子》清靜、守一、無為、自然以為說；魏晉南北朝時期，佛教般若學更援引老莊以彌補其偏空之不足，《大乘起信論》亦由此而作，於是大乘與小乘不同，而三教可以會通。

君祖兄《從易經看老子道德經》，雖然標明由《易經》來看《老子》，有以《易》解《老子》，以《易》會通《老子》之意；其實書中則不僅以《易》而已，處處可以看到以《莊子》解《老》，以儒家之《論語》、《孟子》、《中庸》解《老》，甚至以佛教之《心經》、《金剛經》、《華嚴經》來解《老》，頗有三教會通之意，也可以看出《老子》對三教的影響。

《從易經看老子道德經》一書，有其撰寫的特定模式，書依《道德經》八十一章之次第，先引經文，次白話翻譯，其後則或依字句闡釋，或綜論全章旨意，廣引《易經》及三教書籍內容相關者以為論說。其解說不重書籍版本源流，不重字詞文意之爭辯，無險盭峭薄之語，以簡易自然為主，回歸人生平常生活層面來談《老子》。《易經・繫辭上》說：「乾知大始，坤作成物。乾以易知，坤以簡能。易則易知，簡則易從。易知則有親，易從則有功。有親則可久，有功則可大。」古人著書，須「知幽明之故」、「知死生之說」，才能有精深玄奧之理；而須易知簡能，才能可親而可從，方能傳流久遠。著書如此，注書亦然。君祖先生以簡白易知來注《道德經》，符合《易經・繫辭上》之說，將使《道德經》更加易知易從，可親可久。

道教經藏和老子相關者甚多，三洞之洞神部以老君說經為主，而在眾多的老子說經中，以《道德經》、《清靜經》、《太上感應篇》三經最具特色，《太上感應篇》闡揚善惡報應，如影隨形，是勸世之書。《清靜經》闡明清濁動靜，陰陽之理，是修真之書，其說與《老子》及《易經》相契，以為「真靜應物，真常得性。常應常靜，常清靜矣。」以此勉君祖兄，再將《易經》擴大至《清靜經》。

二〇二一年一月二十一日於台中大里

3《道德經》，北京宗教文化出版社，二〇〇七年四月出版，二—五頁。

推薦序／

陰陽合德復歸其根

賴賢宗

劉君祖先生的《從易經看老子道德經》一書會通儒家與道家，以易經詮釋道德經，達到二經的詮釋視域的融合，不僅是本道德經的當代詮釋的佳作，也將易經的生命哲學融會進入道德經對於生命大道玄德之理解，並涉及佛教關於生命自性實相的詮釋。易經哲學是闡釋「生生」之謂易的生命哲學，孔子踐仁知天。佛經例如《金剛經》闡釋的則是破相顯性而體驗的無生，《道德經》則著重於「不生之生」，所謂的「生而不有，為而不宰，是謂玄德」。劉君祖闡釋儒釋道三家的統之有元、會之有元的生命哲學，在當代社會的生活世界中旁通統貫。儒釋道三家共通的宗旨是要「復見天地之心」，回復生命本體的本心自性。如同劉君祖在闡釋《道德經》第十六章的「復歸其根」、「復命」而說的「復是儒釋道三家共同追求的思想」，「天地之心就是天賦予仁的本來真心，也就是孔子的一貫之道，仁。儒家講致良知，佛教講自性的開發，都是回歸到天地之心，才有生發的能力，歷劫不毀，道家則是致虛守靜知常。」。道家曰「復命」，儒家曰「立命」，佛家曰「正命」。道家「復命」是以不生之生而復歸虛靜本根，儒家「立命」是踐行仁義以知天之生生仁體，佛家「正命」是實相般若以契悟無生涅槃。劉君祖以易經詮釋融會佛儒兩家，以復卦的復見其天地之心來總攝闡釋儒釋道三家的生命哲學。

儒釋道三家的生命哲學的共同宗旨既然在於復見其天地之心，則此一復歸的生命常道，劉先生依託於《道德經》第十六章、第二十五章的經文之詮釋而闡釋如下。「知常曰明」，知道生命的常道才有道家哲學智慧的光明，而《道德經》第十六章的此處的常道則是「復命曰常，知常曰明。不知常，妄作凶。知常容，容乃公，公乃王，王乃天，天乃道，道乃久，沒身不殆」。此處的七個步驟，歸屬於第二十五章所說的「法地、法天、法道、道法自然」的四重生命境界，也就是容與公是大地的生命境界，人法地（修道人效法大地的謙下柔和持載廣大），坤元彰顯「廣生」之德。復次，第十六章的王與天是上天的生命境界，地法天（修道人效法大地之外，還必須進而效法上天的無私無我與大慈），乾元彰顯「大生」之德。「天乃道」是天法道的生命境界，修道人效法大地的博有與上天的虛無之外，還必須進而直接契入於道體，天地合德，有無重玄，乃是所謂的法道的生命境界。易經繫辭上：「夫乾，其靜也專，其動也直，是以大生焉。夫坤，其靜也翕，其動也闢，是以廣生焉。廣大配天地，變通配四時，陰陽之義配日月，易簡之善配至德。」。最後是「道法自然」，相當於第十六章的「道乃久，沒身不殆」之天長地久與永恆的聖人境界，劉君祖在關於第二十五章的解釋說到：在易經中「坤卦是配合乾卦的，所以地要取法天。但是天和地全部從道來」、「並不是在道之上還有個自然，道本身的特性就是自然」。《道德經》第十六章揭櫫生命的常道的七個步驟，第二十五章整理為的四重生命境界。《老子》第二十五章「人法」也就是「人法地，地法天，天法道，道法自然」顯現為人透過實踐功夫由道而逐步回返於道的歷程。

我曾經重檢莊子、王弼、河上公、唐君毅《中國哲學原論》、趙衛民《老子的道》，對於相關《老子》的傳統詮解的重整。此中，「人法地，地法天，天法道，道法自然」的「人法」為向上之道，或說是上迴向。「道生」（「道生一，一生二，二生三，三生萬物」）為向下之道，或說是下迴向。在此上下迴向所形成的場所之中，人得以功夫實踐而呈現修道成道的生命境界。劉君祖對於《道德經》第四十二章詮釋如下：「一指完整不可分割的整體」，「一生二，二生三，不可分割的整體，又展開為陰與陽兩個方面，陰陽兩面相交相激盪形成第三個方面的和諧體」，並會通於易經繫辭下傳所說的「陰陽合德而剛柔有體」。在「道生一，一生二，二生三，三生萬物」之中，一、二、三都相關於大道玄德的發生，那麼在《老子》第一章的「故常無，欲以觀其妙。常有，欲以觀其徼。此兩者，同出而異名，同謂之玄，玄之又玄，眾妙之門。」和「無，名天地之始；有，名萬物之母」之中，不僅是牟宗三講的三層，而且是無和有同出於道（重玄道體之二門），還在此一脈絡中討論了天地萬物，所以此處是道、無、有、物四層，如此便和「道生」的順序比較可以對應起來。無和有也在相關於德（玄德）的位置上發生。三生萬物的物乃是包含了一、二、三在其中的物，就是莊子的物化的齊物化境之中的物，也就是儒家的物物一太極的物，以及佛教華嚴宗的事事無礙法界的事物，乃是易體之本體妙用乾元大生坤元廣生的盛德大業生生不息之中的事事物物。

以上我在劉君祖的《從易經看老子道德經》一書的語言脈絡之中，闡釋儒釋道三家的共通的生命哲學共同宗旨在於復見其天地之心，然後我展開復歸的生命常道，於《道德經》第十六章、第二十五章的詮釋之中。最後，此一復歸的生命常道展現在「道生」與「人法」的場所之中，也就是在綜合詮釋第四十二章與第二十五章的「道生」與「人法」的上下迴向所形成的場所之中。

以上，我以本體詮釋學的觀點重新整理出劉君祖先生《從易經看老子道德經》一書之中的生命哲學，也標示出其中的易老互文詮釋的生命智的道路之重要路標。這是本體詮釋學的進路，顯示了劉先生在這方面的成果。但是，大多數讀者從此書得到獲益的在於其中所包含的易經與老子的互文詮釋的人生觀與生命格言，比如在他的自序之中所說的，《易經》為群經之首，影響儒道兩家，易經的生命哲學乃是乾坤合德剛柔並濟，儒道兩家一剛一柔而剛柔互濟，這是在中華文化的大架構之中，就宇宙人生的目的因與終極目的，來考查道德經。復次，易經復卦的復見其天地之心，老子以虛靜歸根復命，加以實踐，都是在本體妙用上來重新生發宇宙天地與仁堅的秩序，以復卦來解釋復命所闡釋的是生命的動力因。復次，在生活上，謙卦的謙讓不已必然獲益而得善終，這也是貫穿整部道德經的態度。復次，在生命成長上，易經的損益觀相通於道德經所說的損之又損以至於無為，乃能無為而無不為。復次，益卦恒卦通於老子的長生攝生思想，老子的生態思想也是如此。復次，面對生活生命生活的異化與失序，易經的謙復恒損益的五個憂患之卦，通於老子的處亂世面對憂患之清靜與守柔。最後就當前的現實世界而言，國家社會發展的王道與霸道的選擇，同人、大有二卦闡述王道以進於大同世界，師比二卦則是合縱連橫以稱霸。具備足以稱霸的實力卻是導引世界走向大同，這些也是同於老子之所說。

舉凡以上所說，可以體會劉先生此書以易解老之苦心，會通儒道釋，基於三家共通的本體詮釋的生命哲學，進行互文性的當代詮釋，劉先生乃是一位中華文化的點燈人與傳燈人，堪稱是在經典文化推廣上的博大真人。

二〇二一年二月二十三日於澄觀堂

自序／
滔滔亂世的天籟元音

《老子》（《道德經》）是我青年時期折節讀書所接觸的第一部子書，當時涉世未深，卻一讀就非常喜愛，而今忽忽四十多年過去，人情冷暖，滄桑歷盡，一再重讀與講述，更是點滴在心體會日深。後來由理工背景轉向人文探索，追隨先師愛新覺羅毓鋆揭櫫的奉元理念，遍讀群經諸子，因緣際會又以易學名家開館授徒以後，多次嘗試以《易》通老，更有許多驚喜的發現。

《易》為群經之首，大道之源，華夏思想文化的戰略制高點，諸子百家幾乎都受其深廣啟發與影響，儒道兩大家亦然。《易》始乾、坤，以孔子為首的儒家思想剛健中正、自強不息，正體現乾卦積極進取的精神；而以老子為主的道家思想柔和含蓄，厚德包容，又是坤卦智慧的高度發揚。乾、坤合德生生萬物，儒、道兩家剛柔互濟，撐起整個中華文明的框架。

乾、坤為天地之本，有父母卦之稱，復卦為天地立心，象徵人為萬物之靈的核心創造性，稱小父母卦。孔門高弟顏淵「克己復禮為仁」，夫子稱許他為「一元復始」精神的表率，孔廟中陪祀稱「復聖」。老子主張歸真返璞，《道德經》中屢見「復性」的主張：「致虛極，守靜篤。萬物並作，吾以觀復。夫物芸芸，各復歸其根。歸根曰靜，靜曰復命。復命曰常，知常曰明。

不知常，妄作凶」（第十六章），「絕仁棄義，民復孝慈」（第十九章），「常德不離，復歸於嬰兒……常德不忒，復歸於無極……常德乃足，復歸於樸」（第二十八章），「用其光，復歸其明」（第五十二章），「學不學，復眾人之所過」（第六十四章）。

六十四卦中，卦爻全吉的為謙卦，謙讓不爭必然獲益而得善終。這也是老子極力宣揚的處世態度，貫徹整部《道德經》：「上善若水，水善利萬物而不爭，處眾人之所惡，故幾於道……夫唯不爭，故無尤」（第八章），「不自見，故明；不自是，故彰；不自伐，故有功；不自矜，故能長」（第二十二章），「以其不爭，故天下莫能與之爭」（第六十六章），「善用人者，為之下，是謂不爭之德」（第六十八章），「天之道，不爭而善勝」（第七十三章），「聖人之道，為而不爭」（第八十一章）。

世人私欲多，習氣重，故嗜爭奪，造成世亂不已。《易經》的損益觀不同流俗，損卦〈大象傳〉稱「懲忿窒欲」，益卦〈大象傳〉稱「遷善改過」，從人情弱點下手，節制過度的欲望，才有長遠獲益的機會。先損後益，有時吃虧就是佔便宜。〈繫辭傳〉稱：「損，德之修也；益，德之裕也……損，先難而後易；益，長裕而不設……損以遠害，益以興利。」人生在世，必須減損嗜欲才可遠離顛倒夢想的禍害，而獲身心真正的自在，剛開始修煉時很難，久而久之則成自然。《道德經．第四十八章》稱：「為學日益，為道日損。損之又損，以至於無為，無為而無不為。」無妄念造作，即可做許多利益群生的大事。「無為之益，天下希及之」（第四十三章），「故物或損之而益，或益之而損」（第四十二章），「天之道，損有餘而補不足。人之道則不然，損不足以奉有餘。孰能有餘以奉天下？唯有道者」（第七十七章），「聖人不積，既以為人己愈有，既以與人己愈多」（第八十一章），言之諄諄，將損益的道理講得好透！

益既稱「長裕而不設」，不鬥機心，能獲長久寬裕富裕，表示老子看宇宙人生皆持長遠觀點，不爭一時得失，而獲千古令譽，這與《大易》恒卦之理相通。《道德經．第七章》稱：「天長地久。天地所以能長且久者，以其不自生，故能長生。」「天乃道，道乃久，沒身不殆」（第十六章），「不失其所者久，死而不亡者壽」（第三十三章），「知止不殆，可以長久」（第四十四章），「有國之母，可以長久。是謂深根固柢，長生久視之道」（第五十九章）。

《易》為憂患之書，主張「吉凶與民同患」，〈繫辭下傳〉第七章還精心選了九個卦，作為君子處亂世時對治憂患之用。謙、復、恒、損、益即為其中五個卦，若深入研究這五卦的豐富義理，大可增長智慧以應世變而不憂不懼。老子生當世衰道微的春秋末季，五千言中充滿悲天憫人的情懷，也深刻反思而提出了不少警世箴言。以《易》通老，處處可相印證，既知其源，亦曉其用，值得向世之好學君子極力推薦。

《易經》排序第十三、第十四的同人、大有二卦，論述的正是世界大同的境界，刀兵盡入庫，國族間講信修睦和平往來。排序第七、第八的師、比二卦，則是國際交兵與合縱連橫的外交活動。顯然昭示世人由霸道往王道進化的程式，最好有足以稱霸的強大實力，卻不選擇稱霸，而堅定推動天下一家、濟弱扶傾的王道理想。儒家最高經典的《易經》與《春秋》主旨在此，而道家最高思想的《道德經》能給我們什麼啟發與幫助呢？

首先，老子清靜無為的主張並非無所作為，而是化解私欲後道心堅固的無不可為，五千言中關切政治的表述甚多。例如：「治大國，若烹小鮮」（第六十章），「受國之垢，是謂社稷主；受國不祥，是謂天下王」（第七十八章），「以正治國，以奇用兵，以無事取天下」（第五十七章），「愛民治國，能無為乎」（第十章），「正善治，事善能，動善時」（第八章）。這些皆非空話，而於治國平天下的政事有深刻洞識。

政治必擅謀略，《道德經》一書中亦多心術深沉之語：「古之善為道者，微妙玄通，深不可識」（第十五章），「善行無轍跡，善言無瑕謫，善數不用籌策，善閉無關楗而不可開，善結無繩約而不可解」（第二十七章），「將欲歙之，必固張之；將欲弱之，必固強之；將欲廢之，必固興之；將欲取之，必固與之。是謂微明。柔弱勝剛強。魚不可脫於淵，國之利器不可以示人」（第三十六章），「善建者不拔，善抱者不脫」（第五十四章）。事功中人職場歷練，於此當有會心。集法家道術大成的韓非，其《韓非子》中有〈解老〉〈喻老〉二篇，見獵心喜，發而為文，實非偶然。

現今國際博弈加劇，大國與小國間的矛盾衝突不斷，《老子》第六十一章全文所述，仍然值得主政者參考：「大國者下流，天下之牝，天下之交。牝常以靜勝牡，以靜為下。故大國以下小國，則取小國；小國以下大國，則取大國。故或下以取，或下而取。大國不過欲兼畜人，小國不過欲入事人。夫兩者各得其所欲，大者宜為下。」孟子生當戰國時期，感同身受，見齊宣王時所稱「仁者以大事小，智者以小事大」，應受老子啟發，其實更深的源頭在《易經》，排序第九的小畜卦中述甚明。

國際紛爭難免，最好還是以外交談判協商，動武為下下策。

老子也明確反戰，五千言中多次表態：「以道佐人主者，不以兵強天下，其事好還。師之所處，荊棘生焉。大軍之後，必有凶年」（第三十章），「夫兵者，不祥之器，物或惡之，故有道者不處……兵者不祥之器，非君子之器，不得已而用之……樂殺人者，則不可得志於天下矣」（第三十一章）。

為政者面對種種難題，當有預測決斷與貫徹執行的能力，《道德經》第六十三、六十四章詳述此義：「圖難於其易，為大於其細」「其安易持，其未兆易謀……為之於未有，治之於未亂……民之從事，常於幾成而敗之。慎終如始，則無敗事」。這與《大易》的核心智慧全然相合。

本書出版，要感謝多方面門生故舊的盡心協助。世象紛亂，潛心經典汲引智慧，永遠讓人寧定，勇敢面對一切。

劉君祖於己亥年春

道

經

第一章

道，可道，非常道；名，可名，非常名。
無，名天地之始；有，名萬物之母。
故常無欲，以觀其妙；常有欲，以觀其徼。
此兩者同出而異名，同謂之玄。玄之又玄，眾妙之門。

可以用言語表達清楚的道，就不是永恆的道；可以用文字確定下來的名，就不是恆久的名。

「無」，稱之為天地的創始，「有」，稱之為萬物的本源。

所以，常從無欲中去觀照道的妙處；常從有欲中去觀照道的邊際與歸終。

無名跟有名這兩者來自同一個地方，但是名稱不同，都可以稱之為神奇。神奇又神奇，才是一切奧妙的門戶。

「道，可道，非常道；名，可名，非常名」，可以用言語表達清楚的道，就不是永恆的道；可以用文字確定下來的名，就不是恆久的名。「常」就是《易經》恒卦的概念，有永恆的意思。

第一個「道」是指我們平常所說的各種具體事物的道理，包括宇宙真理、自然之道，以及天則、人則。第三個「道」就是老子道家理論上的專有名詞，指超越界的道體，也是創造宇宙的動力。第二個「道」字是動詞，是明確說出來的意思。說不出來的，就是不落言詮的道理。有時候語言文字確實沒有辦法把一些真理講清楚，所以，才有所謂的言語道斷。

道體無形無象，它既是一切，又不是一切；既無定在，又無所不在。所有的概念都不可能與之完全對應。孔子說「書不盡言，言不盡意」（《易經．繫辭上傳》），我們如何去掌握那個「意」呢？《易經》的「象」就是一個重大的發明，遠超言詞所能表達的意涵。「象」雖然在「形」之前，但它還不是最初的東西。任何一個人在開創事業的時候，都有其創意。而創意沒有一定的形，所以對「意」的把握特別難。這是一個非常高的境界，不是有限的語言文字可以描述精確的。可見，「意」是一種無言的境界，甚至是一種「寂然不動，感而遂通」（《易經．繫辭下傳》）的體悟。正所謂「恰恰無心用，恰恰用心時」。

「名，可名，非常名」中的第一個「名」字指具體事物的名稱、名號，第二個「名」是稱呼

《道德經》經文文字以黑體字呈現，白話翻譯文字以楷體字呈現。

的意思，第三個「名」則專指老子所講道體的名稱。

「無，名天地之始；有，名萬物之母」，「無」，稱之為天地的創始；「有」，稱之為萬物的本源。「無」「有」是老子哲學中特別重要的範疇。在這裡，「名」顯然是動詞，即給一個名稱或者給一個定義。老子說：「天下萬物生於有，有生於無。」（《道德經．第四十章》）這句話對上面那句話是一個很好的注解。「天下萬物生於有」，比較好理解，意思是天下萬物都產生於有形有象的東西。但是，「有生於無」，生命中還有很多東西是無中生有的。所謂的「無」，描述的是天地創始的狀態，而不是我們現在看到的這麼豐富、浩瀚的宇宙萬物。

《易經》乾卦與坤卦的〈彖傳〉分別稱：「大哉乾元，萬物資始，乃統天」「至哉坤元，萬物資生，乃順承天」。由此，我們就知道天地生萬物，沒有天地，萬物無從由來。所以，「無」是天地的開始。天地當然在萬物之前，「有天地，然後萬物生焉」（《易經．序卦傳》），乾、坤之後就有屯卦的生命起源等。

「無」，在這裡是描述「天地之始」的狀態。天地產生了萬物，萬物一定還有一個根源。這個根源就是老子用「無」來表述的道。當然，我們可以想像它是無形無象的，沒有辦法用一般的語言去掌握它。我們用「無」來形容，因為，你找不到一個具體的東西可以描述「天地之始」是什麼。等到由「無」中生「有」之後，慢慢就產生有形有象的東西，包括由小而多、由簡而繁，世界變得豐富極了，也就是「有」。

所有的語言文字好像都沒辦法去描述「天地之始」的狀況，如果硬要給它一個名稱，好像又把它限制了。《易經・繫辭傳》說過「書不盡言，言不盡意」，所有的語言文字表達的概念都是有限的。「名」與真實之物之間有很大的差距，因為，真實之物往往是一種形而上的概念，是人們對宇宙真理的一種體悟，沒有辦法用語言清楚描述。泰戈爾在一首詩裡說：「小道理說來容易，大道理無言無語無聲。」

所以，要去瞭解聖人之意，就有一點兒困難了。王弼說「得象而忘言」，得到那個象，就得忘掉那些言。象還不是最高的，最高的是「意」，但是要得到那個意，就得忘掉象。這一切需要層層剝除。正如禪宗六祖惠能說「不立文字，直指人心」，意在人心。

「生」是具體有形，「始」只是一個契機。就算有形，也不是那麼容易看到的，有時很隱微。生命來自精卵的結合，是父精母血。等到成胎了，絕對是「有」的狀態。在未成胎兒之前，根本就看不到人形，那時就叫「無」。小宇宙的生命是這樣的，大宇宙的世界也是這樣的。所以，老子就用「無」跟「有」來描述「天地之始」與「萬物之母」的狀況。

「故常無欲，以觀其妙」，「欲」，即想要的意思。常從無欲中去觀照道的妙處。也就是說，我們要去觀照天地人生，包括大宇宙、小宇宙的奧妙。

「常有欲，以觀其徼」，常從有欲中去觀照道的邊際與歸終。既然「無」生出「有」來了，對於「有」，我們就要去接觸、瞭解其形其象。

「徼」跟「妙」，是相對照的概念。前人對「徼」的解釋有：一、歸結、歸終；二、竅、空；三、邊際。

「以觀其妙」，我們跟老子學習智慧，目的就是為了要在人生中運用。有時讓我們的身心處在無欲的狀態，去觀察道的奧妙。這個奧妙就跟天地之始有關。「以觀其徼」，處在有欲的時候，我們要保持好奇心或者動機，才能觀察到道的範圍與究竟。

道家認為，人的欲望不節制，任其氾濫，就如莊子所言「其耆（嗜）欲深者，其天機淺」（《莊子．大宗師》）。換言之，人的欲望降得越低，其智慧就可能越高，天機也深，可以進入比較高層次的人生境界。否則，天機不深，人怎能悟道呢？

我們學任何東西，最終的目的是運用，既要觀其「妙」，也要觀其「徼」。我們常常會在人生中遭遇很多莫名其妙的事，難免會問自己：為什麼自己的貪、嗔、癡、慢、疑等煩惱一直不斷呢？有些煩惱可能一輩子都沒法消除。有些人老得太快，卻明白得太遲。這就是老子所告訴我們的，這些煩惱是因為我們懷著「有」的心而沒有讓身心處在「無」的狀態造成的。

我們要瞭解過去，掌握現在，預測未來。這都跟「徼」有關。

「常無欲，以觀其妙」，常從無欲中去觀照道的妙處，能把一個東西的妙處看出來。如果人的心淨是欲望，純粹感情用事，老戴著有色眼鏡觀察事物，那他絕對沒有辦法看到「妙」。「旁觀者清，當局者迷」，當人嗜欲淺的時候，常常能夠看到事物的妙處。但是人往往欲望太多，就看不到那個妙處，相反，還會方寸大亂。

上面提到前人對「徼」字的解釋，我們比較偏重其中的兩種，即「歸終」，與「邊際」的意思。「歸終」，也就是說最後的歸宿怎樣。任何事物都得經過始（開始）、壯（發展）、究（結束）的階段。我們就要瞭解怎麼開始的，中間經過怎樣的發展和挫折，到最後結果如何。

說到「邊際」，任何事物都不可能真的無邊無際，總是會發展到一個階段，再往下發展到邊界。就像人的事業怎麼開創的，無論怎樣發展，最後不管是失敗還是成功，總要有結果的。像郭台銘，這些年他的發展也是不容易。他曾認為多少年後，他的企業能做到十兆新台幣的產值。那麼十兆新台幣是不是鴻海集團的一個「徼」呢？

「此兩者同出而異名，同謂之玄」，「無名」和「有名」這兩者來自同一個地方，但是名稱不同，都可以稱之為神奇。你們看，老子的道有多麼的深奧，搞了半天還沒有入門。沒有入門，你就沒有辦法知道宇宙眾生之妙。

最後要進門，我們還得去瞭解「玄」。僅僅瞭解一層玄還不行，還得「玄之又玄」。這就跟參禪禮佛一樣，有人說：「我已經悟到究竟！」是嗎？其實不然。不要執著地認為你悟到的就是玄，一執著，還是沒有徹悟。如此抽絲剝繭，就讓人感覺到沒有止境。個人修到一個階段覺得不錯了，一旦執著於感覺不錯，就說明你還沒有徹悟。

那麼，如何理解「玄」的意義呢？譬如，我們仰望夜空，看到的大部分是黑的，但是黑中帶了一點兒星光，那就叫「玄」。可見，「玄」讓人覺得很難瞭解，有點兒神秘莫測。以我們現在宇宙學的知識來說，我們很難確定那些星光的存在與否，因為它離我們實在是太遙遠了。我們能看到的星光不知道是來自多少億光年以前。那個感覺就讓你覺得「玄」，離我們所處的地球這一現實太遠了。

「有」跟「無」有一個共同的出處，老子就給它一個名字叫「玄」。但是我們不要執著於那個玄，就像佛經裡面所說的一樣不要執著於「空」。有執著，就有分別。如果你沉溺在「空」裡頭，那麼，五蘊何曾空？所以，佛家勸人要把「空」打破，不要執著。

「玄之又玄，眾妙之門」，神奇又神奇，是一切奧妙的門戶。想要瞭解宇宙人生眾多的奧妙，這是一個必經的門路。

在《易經》的八卦中，艮卦代表靜止，又有門闕之象，這就告訴人們要閉關修行，即止欲。人在靜下來的時候，才可以觀照內心的世界，達到老子所謂的「致虛極，守靜篤」，入眾妙之門。看來，瞭解宇宙天地人的妙，沒有那麼簡單，起碼得入門。「門」這一意象是貫穿東西方哲學範疇的，摸到門路和進門，對人來說，都有一種超越感。

當我們的心實際處在艮止的狀態時，才能夠觀自在，窺得眾妙之門。人靜得住，才能看得清。要是內心浮躁，欲望不止，絕對沒法觀照事物的本真。宋儒程顥說「萬物靜觀皆自得」，說的就是這個理。人到底入門與否，端看你能不能夠止欲靜觀。

這一章探討的是對宇宙要有一個整體的認識，而且要深入，直達究竟。人如果掌握到「玄之又玄」，就能進入「眾妙之門」了。那時，既超越了「有」，也超越了「無」，還超越了「玄」。這就需要以謙和的態度去面對宇宙萬物，不要強自為知，動不動就認為自己找到了究竟。人們一般停滯在「有」的階段，欲望和包袱多得不得了，往往自以為是。先入為主的名詞、概念、教條，就給人帶來了很多痛苦。

《莊子．內篇》前五篇跟《道德經》前五章幾乎完全對應。對於《老子》第一章，如果搞明白了，並且真做到了，就可以進入《莊子．逍遙遊》的境界。

《莊子》的第一篇《逍遙遊》描述的境界，其實就是在詮釋老子《道德經》的第一章，即讓人的身心靈達到徹底的自由。對於自由，我們千萬不要有分別心，莊子所描述的大鵬鳥「摶扶搖而上者九萬里」，確實享受著飛翔的自由，真讓人羨慕；但是，小麻雀一飛幾十公尺，牠也有牠的飛翔自由，同樣是逍遙的境界。如果說只有大鵬鳥才逍遙，小麻雀不逍遙，那人生可就太苦了。試問世間有幾人能成為大鵬鳥？

所以，我們的身心要想獲得自由，千萬不要有那個分別心。

第二章

天下皆知美之為美，斯惡已；皆知善之為善，斯不善已。故有無相生，難易相成，長短相形，高下相傾，音聲相和，前後相隨。是以聖人處無為之事，行不言之教。萬物作焉而不辭，生而不有，為而弗恃，功成而不居。夫唯弗居，是以不去。

讓天下人都知道什麼是美好的東西，這就壞了；讓人人都知道只有某種善才算是善，這就不好了。

所以，「有」和「無」是相互應對才產生，「難」和「易」是相互看待才形成，「長」和「短」是相互比較才現形，「高」和「低」是相互映襯才明顯，「音」和「聲」是相互應和才好聽，「前」和「後」是相互跟隨才會有分辨。

因為這個緣故，悟道的聖人以無為的態度來處理事情，以不發言的方式來教導人民。

萬物生發起來了卻不多說什麼，生養了什麼卻不去佔有，做好了事情卻沒有仗恃的心態，大功告成卻不自居其功。正因為不居功，所以功績一直不離開它。

這一章與《莊子．齊物論》有點類似，講的是平等觀。第一章是讓我們對宇宙萬物有一個整體的認識。第二章則是要我們破除人間世種種比較的心。比較這一相對的東西，會給人帶來無限的紛爭以及過度的盲目追求，一旦追求不到，就會產生無盡的痛苦與煩惱。

「天下皆知美之為美，斯惡已」，讓天下人都知道什麼是美好的東西，這就壞了。

「天下皆知美之為美」，絕對不是一件好事，畢竟不美的東西是多數。如果我們特別標榜少數的美，那不美的還要不要存在？人生天地間，也是一棵草一滴露地滋養，有何分別呢？大家都去崇尚只佔極少數比例的所謂的美，這件事本身就變得不美好了。一旦有了分別心，就會激發很多不自量力的人去追求一個別人所認定的美的標準，那不是很苦嗎？

「皆知善之為善，斯不善已」，讓人人都知道只有某種善才算是善，這就不好了。我們都知道，社會上常常會鼓勵一些善行，有時候還推舉一些典型。譬如愛國典型、孝順典型、兄友弟恭模範，等等。這樣做的結果就把人落到分別的境界了，也就不平等了。老子認為，大道不是這樣的，一定是一視同仁，沒有分別心，不會執著於某一端。

我們平時都拘泥於一些相對的觀念，往往追求一邊，就把另外一邊像舊鞋子一樣拋棄。如果是這樣，那麼這個世界一定會失去平衡。大家都想要美，不美的人要去整容；都想要善，不善的人就要去偽裝；都說「真」好，不真的人就要去作假。最後，人人都陷在「分別」的執著中。

下面就是老子的結論了。

「故有無相生，難易相成，長短相形，高下相傾」，關於「長短相形」，有的版本是「長短相較」。「有」和「無」是相互應對才產生，「難」和「易」是相互看待才形成，「長」和「短」是相互比較才現形，「高」和「低」是相互映襯才明顯。這就是對照。如「高下相傾」，運動員姚明的身高與個子矮的人相比，是不是有點兒人比人氣死人？比較的心是很要命的。還有難、易是相對的概念，是相反相成的。長與短也是相互比較的。不然，哪有絕對的長與絕對的短？

「音聲相和」，「音」和「聲」相互應和才好聽。「聲」與「音」是不同的，發出來的響動叫「聲」，最後散佈到周遭，還餘音嫋嫋的，那就叫「音」。有些動物發出來的只有聲，沒有音，如獸類，虎嘯、獅吼就是如此。有些動物發出來的只有音，沒有聲，如禽類，鶯歌、鶴鳴即是。

「前後相隨」，「前」和「後」相互跟隨才會有分辨。第一名跟第十名有多大差別？如果沒有後面的名次相隨，能顯出誰是第一名嗎？

在我們的日常生活中，隨時都可以感覺到區別。老子希望我們把區別之心去掉，不要執著。

一件事情是難是易，並非絕對。老子在後續的篇章中說「多易必多難」，明明是一件很難的事情，如果你把它看得太簡單了，最後就會變得很難了。可見，所有的判斷純粹是比較而產生的，不但在感官上是相對的，在認識判斷上也是相對的。人就是要超越這個相對觀，看待任何事物要等量齊觀。

「是以聖人處無為之事，行不言之教」，因為這個緣故，悟道的領導者以無為的態度來對待事情，以不發言的方式來教導人民。這是《道德經》本文中第一次出現「無為」的概念。「無為」是指沒有妄心的刻意作為，並非什麼都不做。「處無為之事」，就是把自己擺在不刻意妄為的心態上，絕不像我們一般人，習慣性地把心放在追求功名、美色、錢財上。老子告誡世人，要持清靜無為、少私寡欲的心思，自然作為，不要造作。

等到自己修為高了，希望度眾生，就要「行不言之教」。這就像《易經》的不言之象。一切盡在不言中，靜悄悄的品質才是最高的。太重視表面的言辭，教的效果會大打折扣。俗話說「言教不如身教」，兒女要管好，全靠德行感。《論語．陽貨篇》子曰：「天何言哉？四時行焉，百物生焉，天何言哉？」老天沒講話，卻一點都沒有影響四季的運行和百物的生長發展。所以，「不言」的境界比刻意「言」要高明得多。釋迦牟尼佛拈花示眾，唯迦葉破顏微笑。當然，我們並不知道迦葉是否真的參透佛的心意，但是這種不言的境界的確高明。有人開玩笑說，禪師要冒充水準高，只需坐上台後，一句話也不講，過兩個小時就走人，這個境界「最高」；再不然，到花市買一朵花，拈花微笑。

「萬物作焉而不辭」，萬物生發起來了卻不多說什麼。「辭」即用言辭解釋。大自然做了很多事情，它不認為有什麼值得誇口的。有些人為了掩飾自己真正的意圖，費盡言辭，其實很假。

「生而不有」，生養了什麼卻不去佔有。像爸爸媽媽生了子女，就不能存佔有之心，他可不是父母的私有財產。假設你是一家創業公司的領導，最後公司股票上市了，那時你就不要有佔有之心。不能認為，一切都是我創造的，我如果不在了，當然也要將它毀滅。這就是私心太盛。老子則不然，他認為人創造了很多東西，但是絕沒有佔有欲，反而很樂意看到創造的東西自由自在地發展。

「為而弗恃」，做了很多了不起的事情，但是他不仗恃。如果每個人都認為自己做了很多，就仗恃自己勞苦功高，應該受尊崇，應該多一點獎勵……其實，有什麼好仗恃的呢？所有的東西你都帶不走，就算你鎖在再安全的保險箱中，仍然不可能是你的。我們都只有暫時的保管權，哪有絕對的所有權？

「功成而不居，夫唯弗居，是以不去」，大功告成卻不自居其功，正因為不居功，所以，功績一直不離開他。這就是「不爭之爭」，能做到這樣的人是超越競爭的。只有這麼豁達、真正逍遙的人，才能放棄世俗的佔有欲。真正無私無我的人越是不居功、不居德、不居名，反而越擁有這樣的東西。越是巧取豪奪、大肆佔有，到最後反而什麼都沒有。

孔子得意弟子顏回說：「願無伐善，無施勞。」（《論語．公治長》）這就是不居名利。這個境界與《易經》謙卦第三爻「勞謙君子，有終，吉」所說的境界一樣。在〈繫辭傳〉中，孔子說「勞而不伐，有功而不德，厚之至也」，越不想要的，最後那個東西還非是他的不可；越要搶的，越要爭的，最後就不會是他的。這就有趣了。最初大家參與爭的，最後都爭不到，自然的結果就是不爭的人得到了。

這一章所講的，是《莊子．齊物論》的「《老子》版」。〈齊物論〉裡面就有一個「得其環中，以應無窮」的觀點，我們站在「無欲」的立場，去觀察事物的奧妙，才能超越相對的區分，因為它們都在一個整體裡面，是相反而相成的。

第三章

不尚賢，使民不爭；不貴難得之貨，使民不為盜；不見可欲，使民心不亂。是以聖人之治，虛其心，實其腹；弱其志，強其骨。常使民無知無欲，使夫知者不敢為也。為無為，則無不治。

不標榜人的才德傑出，使民眾不心生競爭；不特別看重珍貴少有的物品，使民眾不會起偷盜的心；不顯現可以欲求的東西，使民眾的心不被擾亂。

因此，悟道的領導者施政於民的方針是：放空他們的心靈，充實他們的肚皮；弱化他們的志向，增強他們的體質。

總要讓民眾沒有不該瞭解的知識，也沒有不正當的欲望，並且讓智巧的人不敢擅自妄為。實施不刻意妄為的做法，就沒有什麼不被管理得井井有條的。

第三章就談養生了，就像《莊子》的〈養生主〉。有了第一章與第二章的基礎，讓人的偏執有一個超越、化解之後，下面就是第三章的養生。我們活在這個世界上，怎樣生活是一個大問題，這就涉及養生的範疇。在《易經》中，第二十七卦頤卦就講養生要「慎言語，節飲食」。「慎言語、節飲食」，才可頤養天年。頤卦也告訴我們，我們追求的絕對不是初爻的境界：「舍爾靈龜，觀我朵頤，凶。」也不是四爻的境界：「虎視眈眈，其欲逐逐。」我們要追求的是頤卦上爻的境界：「由頤，厲吉，利涉大川。」這就是《莊子．養生主》所說的順自然養生。我們常說要自由，自由的「由」字，其字形就是田中的作物順著自然的規律往上生長。揠苗助長則傷害其自然發展。如果你掌握了順自然法則的養生，即使遭遇再大的風險，都是吉的，可以克服大險大難。「由」也是緣的意思，《莊子．養生主》云「緣督以為經」，我們身上的氣是怎麼來的？就是順著身體自然的經脈，尤其是主控全身的督脈流通全身的。「經」就是所有氣血流通的管道，中醫針灸就是通過經絡起作用的。

現代人在開創事業的時候，拚命賺錢，常常會忽略養生。等到錢賺得差不多了，想要坐下來休息的時候，發現身體出狀況了，有錢都沒法享受。要知道，人的身體折舊率超高，你不注意保養，就違反了自然的原則。

「不尚賢，使民不爭」，不標榜人的才德傑出，使民眾不心生競爭。既然主政者特別標榜一些東西，特別誇讚一些東西，民眾就不管自己合適不合適，都拚力往那方面去擠、去爭。因為那樣他才可能得到好處。在現實社會中，賢的人多，還是不賢的人多？當然是不賢的人多。最後爭的結果，人的心態不全亂掉了嗎？這個社會就變畸形了。所以，老子為從根源上避免此類問題，就說乾脆就不要去標榜最突出的，使大家都不起爭心，就安了。那時，民眾就能量才適性，各得其所。

「不貴難得之貨，使民不為盜」，不特別看重珍貴少有的物品，使民眾不起偷盜的心。一些寶物，尤其是特別稀有的東西，像過去的連城璧、和氏璧等。珍稀物品難得，有錢、有勢的人就會拚力搜集。「盜」，就是掠奪本來不屬於自己的東西。社會既然標榜了「難得之貨」，那麼人人都想要。有人要不到，沒有正當管道取得，就會滋生搶劫、偷盜的行為。欺名盜世、大盜盜國，都是如此。爭和盜就是這麼來的。源頭就在於主政者樹立了標準，強調了難得之貨的價值，才會讓人有爭心、盜心。

《易經》需卦第三爻稱「需于泥，致寇至」，人的欲望一旦完全陷入泥沼，想滿足自己的需求，一時又滿足不了，那就又苦又迷惑，最後就「致寇至」，偷盜之心就油然而生了。所以，我們要正本清源，老子一開頭就主張從根源上消弭這種弊端，不要標榜「難得之貨」。按照第一章、第二章的說法，「難得之貨」跟「非難得之貨」是平等的、齊物的，沒有什麼分別。人若從無欲、無名的角度看，西施與東施有什麼差別？

「不見可欲，使民心不亂」，不顯現可以欲求的東西，使民眾的心不被擾亂。我們不要特別顯露某個東西是可以想辦法爭取來的。不該顯露給人看的，你卻給他看了，他看了心裡就怪癢癢的。心癢難熬，就手癢、腳癢，就想要，甚至不擇手段的要。所以，不管是名、是利，還是別的什麼，我們完全不要對這種可欲的東西過度標榜。老子完全是站在一個教化的立場說這些的，他的對象都是民。一般老百姓沒有那麼高的修為，上面越誇張強調，下面就跟著走。可以欲求的東西，最好讓它永遠「潛龍勿用」，不要讓它「見龍在田」，一旦顯露，什麼是非都來了。人一旦看到可以欲求的東西，動了貪念，他的心肯定是亂的，如同「憧憧往來，朋從爾思」（《易經・咸卦》）一樣整日裡胡思亂想。

如果不這樣，那為政者要怎麼辦呢？

「是以聖人之治，虛其心，實其腹；弱其志，強其骨」，因此，悟道的領導者施政於民的方針是：放空他們的心靈，充實他們的肚皮；弱化他們的志向，增強他們的體質。讓老百姓「虛其心」，是指去除他們心中的成見與妄念，他們才能夠吸收新東西。「實其腹」，對老百姓來說，沒有比吃飽飯更重要的。

「弱其志」，是指不要讓他們天天想著做大事、立大業。一般人標榜的這種志向，往往是向外追求的，不見得是什麼好事。老子的意思要讓它弱化，最好自然一點兒。

「常使民無知無欲，使夫知者不敢為也」，總要讓民眾保持在沒有不該瞭解的知識，也沒有不正當的欲望，並且讓智巧的人不敢擅自妄為。這句話很多人認為，會帶來後遺症，說老子主張愚民政策。但是，我們如果通篇去看《老子》，他並沒有這個意思。因為欲求與思考是人類的基本功能，而且這兩者之間又互為作用。老子的意思是，如果人的知識有偏差，思考就會有偏差，結果欲望就會不正當。

「使夫知者不敢為也」，這個「知者」是指善用智巧而自作聰明的人，喜歡挑起社會紛爭的，不是那種悟道之後的大智慧。領導人不要讓這些耍小聰明的人在那邊亂搞，淨灌輸給老百姓不正確的知，挑動他們不正當的欲，否則，這個社會就很難管理。

我的老師毓鋆先生，一九四七年的時候就來臺灣了。他說那個時候臺灣的老百姓純樸到極點。現在我們看看，還有這個現象嗎？純樸的人太少了。

「為無為，則無不治」，實施不刻意妄為的做法，就沒有啥不被管理得井井有條的。這個就是《易經》頤卦所說的「聖人養賢以及萬民」，既養身體這個小宇宙，又養萬眾百姓。

第四章

道沖而用之或不盈。
淵兮似萬物之宗。
挫其銳，解其紛，和其光，同其塵。
湛兮似或存。
吾不知其誰之子，象帝之先。

道體虛空，但或許有用之不竭的樣子。
它深奧啊，萬物好像都是從這裡產生的。
磨鈍自己的銳氣，消除與別人的紛爭，調和自己的光芒，混同周遭的塵俗。
神秘又深沉啊！像是若有若無地永存著。
我不知道誰產生了它，好像在天帝之前就存有了。

這一章寫得很精練，但意蘊很深。《老子》前三章與《莊子》前三篇，就是告訴人要學會自由、平等、養生，讓身心靈都充滿正能量，我們就可以投入到人間世好好生活了。在人間世，人就要面對生老病死、憂悲喜樂、離合悲歡、愛恨情仇。人與人有時候和好了，有時候又反目了；還有，有時候賠了，有時候賺了；有時候你傷害別人，有時候你被別人所傷……人就是這樣一直在折騰。老子在第四章則告訴我們，只要體悟了「道」，並去主動效法「道」的作為，就可以在人生中應對自如。

可是，人間世一定是充滿紛爭的，沒有爭奪，就不叫人間世。動物世界原本就是弱肉強食的叢林法則。人類有時比動物世界還複雜，花樣更多，更不好應付，一不小心就遍體鱗傷。不過，人會思考，如果從道體去思考的話，對於很多事情，可能就不會那麼計較了。從道的角度來看，任何事物都是平等和自由的。人如果體會到這一點，他的心靈就超越了，面對一切事物時都覺得是可喜的，再也沒有那麼多苦惱了。

好，我們來看老子在這一章是如何告訴我們道的體與用的。

「道沖而用之或不盈」，「沖」，虛空；「盈」，滿、窮盡。道體虛空，卻或許有用之不竭的樣子。道體虛空，是因為萬物是「負陰而抱陽，沖氣以為和」（《道德經．第四十二章》）的。

萬事萬物都有陰陽兩面，太極圖就是負陰而抱陽。一面有陽剛的，一面有陰柔的，偏重哪一個都不太好。能夠讓剛柔相濟、陰陽和合為最好，就不會有「過」跟「不及」的情形。那種中和的狀態，剛柔並濟所產生的新狀態，就是「沖」所代表的虛空。

《易經．睽卦．彖傳》說：「天地睽而其事同也，男女睽而其志通也，萬物睽而其事類也。」正因為天地、男女、萬物的睽異、衝突，自然界才能生生不息。所以，人不要怕有衝突，只有不一樣的東西結合起來，才可相生，解決諸多問題。那麼，我們就要想辦法讓陰與陽達到「沖氣以為和」的狀態。如此，就有和氣了，而不是你死我活或兩敗俱傷。

道以「無」為體，並不是實在的物質。如果是實在的物質，就必有用盡的一天。在第四十五章，老子說「大盈若沖，其用不窮」，悟道的人要懂得運用道體，就要先明白沖的狀態和結果，這樣他才可能創造「和」。然後，就保守住「或不盈」的狀態，而不會像「亢龍有悔」（《易經．乾卦》）般，很快就山窮水盡了。

《易經．坎卦》稱：「習坎，重險也。水流而不盈，行險而不失其信。」人生就是要在社會的「深淵」之中去打拚的。你所面對的事情，可能是一波未平，一波又起。有時經歷重大的打擊時，隨時可能面臨滅頂之災。這時，端看你如何淬煉自己，利用坎（大挫折），習坎（習慣挫折）。水是流動的，不是安靜的。安靜的水，要使之不盈，比較簡單。要使水流動著，還不氾濫成災，就需要功夫了。在動盪的環境中，面對接連不斷的衝擊考驗，你如果還能夠維持心態的平衡，不驕不躁，那你就會如坎卦的第五爻所說的「坎不盈，坻既平，無咎」。坎如果不盈了，就代表風平浪靜了。當然，並不代表沒有對立與衝突，但是，你可以與之和平共存，維持一個動態的平衡。如果能做到「坎不盈，坻既平」，人生就無咎了。「水流而不盈，行險而不失其信」，最後，人就能成功脫險。人有時候之所以「亢龍有悔」，就因為「盈不可久也」，所以「盈」對人來說不是好事。人千萬不要驕傲自滿或者剛愎自用，那都是失敗的根苗。這就是老子要人效法「道」體不盈的功用。

「淵兮似萬物之宗」，「淵」，深奧的意思。道體深奧啊，萬物好像都是從這裡面產生的。這裡的「宗」代表根本的意思。「宗」字上面是寶蓋頭，是孕育生命的母親子宮的象。下面是「示」，字形即供桌上面擺塊肉，代表祭祀祖先。所以，我們說道家思想基本上就是坤卦的意象。老子不說「似萬物之祖」，而說「似萬物之宗」，因為「宗」代表陰性的、柔性的，也代表含孕萬物。「萬物之宗」，實際就是無極老母。人走了就歸「宗」，就回歸老母的懷抱了。故《莊子》第六篇是〈大宗師〉而不叫〈大祖師〉。

「挫其銳，解其紛，和其光，同其塵」，磨鈍自己的銳氣，消除與別人的紛爭，調和自己的光芒，混同周遭的塵俗。這裡的「其」，表示從自己到與之交往的群眾及環境。這一段是道體展現在人間世的具體運用。一言以蔽之，行走在人間世，即使你不願意，也必然要讓自己慢慢往這方面磨煉。那就是，既要讓自己內心協調，同時也要協調好和其他人的關係。

「挫其銳」的「挫」，就像用銼刀把銳利的器物磨鈍、磨圓滑一點，使它不那麼有稜角。因為，道「生而不有，為而不恃」就是「挫其銳」的特性。同樣，一個人如果銳氣太盛，既傷人，又傷己。

「解其紛」，即消除紛爭。人事的紛爭與糾紛好麻煩，如亂麻、亂絲一樣。即使你一個人獨處，不跟任何人接觸，有時還會自尋煩惱。道有自然無為、虛靜無私的特點，這就是道體的「解其紛」的功能。人生的紛擾、紛爭與糾結不消除掉，那人生就沒有幸福可言。

「和其光」，即調好自己的光芒。老子在第五十八章說，道「光而不耀」，所以，人要「和其光」。一個有才華的人，本身就是個發光體。如果他發出的光太耀眼的話，就會「刺傷」別人。周圍那些沒法發光的人就嫉妒他，覺得他很刺眼。所以，有時候也許你自己都不知道，你的光芒已經帶來莫大的麻煩。這樣一來，你還是光芒四射的話，那你的敵人就不知道有多少了。因此，既然發光不能擋住，就要想辦法讓發出的光溫暖一點，以創造人際的和諧，而不是對立衝突。「和」字的造字，真是太美了。人有時候為什麼會無法心平氣和，與人家和平相處，用句玩笑話來說，大概是肚子沒吃飽飯。因為「和」是「禾」「口」相組合而成，代表要讓人的口中有糧食，衝突就不會那麼多。和平無價，和平紅利是最值得珍惜的。與人鬥爭太苦了，最後不會有真正的贏家。人要想辦法與別人和，就像光自然而然發出來，又不讓人家感覺到討厭，相反讓人覺得很溫暖。《易經．乾卦》稱「乾道變化，各正性命，保合太和，乃利貞」，履卦也強調「和」，〈繫辭傳〉說「履以和行」「履，和而至」，就是要和平解決困難，渡過凶險。謙卦更是強調「和」，不僅強調人與人要「和」，人跟動物之間要「和」，而且，人與天地、鬼神都要能夠和。

「同其塵」，「同」就是《易經》同人卦「同人于野」的「同」，即要跟鄉野之人，也能交成朋友。老子在第四十一章說「大白若辱」，這也是「同其塵」。道家最重視坤卦思維，要人能「厚德載物」，跟群眾打成一片，還能夠發動群眾、創造形勢。如果這個都做不到，跟群眾的隔閡太大，還能做成什麼事呢？當然，「同其塵」，也不是說讓自己變得很俗氣。外面雖然與別人打成一片，可是內心依然保持著本真，就像孔子說的「涅而不緇」（《論語・陽貨》）。這個境界就是外化而內不化。同人卦講「唯君子為能通天下之志」，如果你覺得自己很清高，人家都很濁俗，你還能通什麼天下之志？所以，人絕對不可以有架子，故意擺出虛驕的身段，那是沒用的。

人如果做到了「挫其銳」，自然就容易「解其紛」，做到了「和其光」，個性再怎麼發揚，也不影響你與群體的相處，就能「同其塵」了。老子這一章講得更實際了。只要你不嫌世俗「髒」，完全不突顯自己，也不會覺得自己高高在上，就能和任何人都打成一片了，絕不至於像伯夷、叔齊一樣，一塵不染，難以在社會上發揮作用，最後只能餓死在首陽山。

「湛兮似或存」，神秘又深沉啊！像是若有若無地永存著。老子這句話和《易經》的一些卦爻辭的筆法都很像。譬如，乾卦第四爻「或躍在淵」，坤卦第三爻「或從王事，无成有終」，離卦第五爻「出涕沱若」「戚嗟若」。老子好像是個老滑頭，用很多疑似詞如「或、若、似、似或、象」來描述「道」，讓人感到恍恍惚惚。這也說明了，老子「道」的展現是靈活變通的。

這裡的「存」字，頗有意味。我曾經在講《易經》的時候，提到「存」和「在」的區別，「在」是講當下發生的事情，「存」則要放眼於未來，有永恆的意思。譬如，我們現在不需要用錢，可是為子孫將來憂，就給他先「存」點錢。《易經．繫辭傳》就說「成性存存，道義之門」。人最好能做到在自己「在」的時候，完全在當下幹得很歡實，即活在當下；將來離開人世之後，即「不在」之後，還能夠有「永存」的意義，這就很圓滿了。

「湛」是神秘而深沉的意思。這裡用來形容處人間世時，人秉持逍遙、齊物、養生三種境界之後展現的新境界。有了這種境界的人，深不可測，但是，他很自在，不會自尋煩惱。

「吾不知誰之子，象帝之先」，我不知道誰產生了它，好像在天帝之前就存有了。這句話的意思是說，誰把「道體」產生出來的呢？誰讓「道用」發揮出來的呢？簡單來說，可以用《莊子．大宗師》裡的一段話來說明：「夫道……自本自根，未有天地，自古以固存；神鬼神帝，生天生地。」意思是說：道是自己為本，自己為根，在沒有天地之前，自古以來一直存在；造就了鬼神，造就了上帝，產生了天，產生了地。

老子此處的「帝」是天帝，把天與古代的造物主上帝合在一起了。中國古代所講的「帝」，就是宇宙的主宰。《易經．豫卦．大象傳》稱「先王以作樂崇德，殷薦之上帝，以配祖考」。〈說卦傳〉說「帝出乎震」，震為《易經》八卦之一，象徵宇宙的主宰，也是眾生的主宰，所以「萬物也出乎震」，萬事萬物都是從震所象徵的最高的主宰上帝生出來的。震所代表的主宰

「帝」太重要了。人沒有主宰就會隨波逐流，不知所措。

當然，《易傳》講的這個帝，並非基督教的「上帝」，而是代表主宰。整個自然界與人類不可能沒有主宰、沒有秩序，否則早就崩毀了。道應該肯定還在帝之先就已經存有了，並不是任何東西所創造的，但道又是所有一切的創造者，所以，道是一切的根源。

讀了《老子》的人，會覺得他的思想對後人影響很深。如果領悟了「挫其銳，解其紛，和其光，同其塵」的智慧，你就不會覺得人生太苦，面對紛爭也是周旋無虧。在金庸小說《神雕俠侶》中，儒家式的俠士像郭靖，古道熱腸，為了國家和民族敢於獻身，如死守襄陽城，最後夫妻雙雙殉難。而道家式的人物則與世無爭，如楊過和小龍女最後雙棲活死人墓，不理人間紛爭。可見，儒家人物古道熱腸，放不下世人。像杜甫，就是儒家派古道熱腸的詩人，他關懷社會，心繫民間疾苦。在他的詩中隨處可見對社會民間的關注，譬如其〈贈衛八處士〉一詩就說：「人生不相見，動如參與商。今夕復何夕，共此燈燭光！少壯能幾時？鬢髮各已蒼！訪舊半為鬼，驚呼熱中腸……十觴亦不醉，感子故意長。明日隔山嶽，世事兩茫茫。」道家在世俗的應用上則是冷靜應對。道與儒，一冷一熱。說句玩笑話，如果你修完儒家，再來修道家，可能就得「打擺子」，小心冷熱失調。所以，對於一般人來說，最好就是儒道思想兼而有之，兩者互補，這就是《易經．繫辭傳》所說的「一陰一陽之謂道」「剛柔相推而生變化」。

第五章

天地不仁，以萬物為芻狗；聖人不仁，以百姓為芻狗。
天地之間，其猶橐籥乎！虛而不屈，動而愈出。
多言數窮，不如守中。

天地不刻意表現仁愛之心，對萬物一視同仁，把萬物當作草紮的狗一樣，任其榮枯；聖人也不特別偏愛誰，把百姓當作草紮的狗一樣，任其自行興亡。

天與地之間，就像一個大風箱啊！裡面雖然虛空，卻使用不完；拉動起來，風卻能源源不斷。

過多言說，反而會讓定數走到盡頭，還不如守住虛空的狀態。

「天地不仁，以萬物為芻狗；聖人不仁，以百姓為芻狗」，「芻狗」，指用草紮成的狗，是古人祭祀時所用的道具。使用的時候，芻狗備受重視；用完之後，芻狗隨即被丟棄。《莊子．天運》有一段生動的描寫：「夫芻狗之未陳也，盛以篋衍，巾以文繡，尸祝齊（齋）戒以將之。及其已陳也，行者踐其首脊，蘇者取而爨之而已。」芻狗還沒開始用來祭祀時，裝在竹筐裡，蓋著錦繡緞巾，主持祭祀的人還要先齋戒，再接送它。等到祭祀過後，路上行人踩踏它的頭與背，撿拾的人把它拿去當柴燒了。「不仁」，指無心於仁愛，既沒有喜愛，也沒有憎恨。這兩句話說明，天地不刻意表現仁愛之心，把萬物當作草紮的狗一樣任其榮枯；聖人也是如此，並沒有特別偏愛誰，把百姓當作草紮的狗一樣任其興亡。

這就不像儒家特別強調「仁」這個概念，儒家的觀念中，一個人對其他人的愛是有等差的。從人之常情的角度來講，這很正常。人行仁道，就像《大學》「八條目」（格物、致知、誠意、正心、修身、齊家、治國、平天下）一樣。如果最近的一層關係沒做到位，下一步的行仁，就容易落空。譬如一個人連自己最親近的父母、兄弟都不愛，他怎麼可能去愛一般世人呢？人的愛是有由近到遠的等差次第的，他對每個人的愛，不可能一視同仁。

可是，從老子的角度來思考「仁」的話，他就會認為儒家所強調的「仁」可能是有問題的。因為，天地可以超脫人間的親子之愛、夫婦之情，以及眾人之愛。有了天地就能生養萬物。萬物，也包括人、事、物在內。天地就把這些萬物當成「芻狗」一樣看待，祭拜完畢，就把芻狗丟掉，燒了。換句話說，芻狗就是過渡，只在某一個時段內有效。某個時段過去了，人就不必戀棧了。過去了，就過去了，沒什麼好留戀的。

從整個宇宙的演變來看，天地間的萬物都是過客，哪有什麼東西最後留下來了？人眷戀某物或某人，再怎麼捨不得，到最後一切都得放手。可見，天地看待萬物就沒有那個區別與留戀。任何東西消失了，天地沒有那個感覺，無偏無私，一切純任自然。曾經消亡的東西就都是「芻狗」，只是走個過場。整個宇宙的自然之道，就是每一剎那都在創新，每一剎那都在毀滅。舊的不去，新的不來，後浪推前浪，前浪就死在沙灘上。人生旅途也是一樣，天地一逆旅，百代成過客。每個人都是地球上的過客。

所以，聖人要效法天地，要效法大道，就要去掉刻意區分的框框，去掉眷戀。悟道的聖人是要治理百姓的，他必須把眾民也當作「芻狗」，不要刻意偏私某些人。作為一個悟道的統治者，不要一天到晚標榜自己愛民。從歷史上看來，那些標榜愛民如子的政治家有真正愛過民嗎？他們忙著貪污都來不及呢。

悟道的統治者真的能夠愛護所有人嗎？恐怕也很難。依此推論，可以說「男人不仁，以情人為芻狗；女人不仁，以男人為芻狗」。這樣，人就想得開了，對不對？當你盡到了階段性的義務之後，一切都不必再掛懷在心了。

《黃帝陰符經》說，天看似無情，其實大有情，即「天之無恩而大恩生」。可見，天道沒有說特別要照顧誰，完全是自然而然。雖然，有的人倒楣，有的人成功，但這本身就是一種公正。沒有特別區別的態度，反而是造化對人最大的恩德。我們常講「政心無情」，搞政治的人不能那麼多愁善感。如果搞政治的人太有情了，他一定撞得自己滿頭包。

《道德經》後面這些章節，都建構在前面的逍遙、齊物、養生、人間世的基礎上。人如果做到了這些，才有這樣的一個境界，不會自尋煩惱，一切就都超越了。

為什麼《易經》要講那麼多「時大矣哉」？譬如「時用大矣哉」「時義大矣哉」「時大矣哉」。因為，「時」過去了，一切就不同了。「時」已經過去了，人要是還拘泥於過去，當然會感到痛苦。《金剛經》說「過去心不可得」，人就要有這種大智慧，把一切看作「芻狗」。

老子提出「芻狗」這一名詞，就是想讓人的心靈有一種正面的超脫。人生在世，只是暫時擁有身體、擁有學歷、擁有人脈等，當人離世的時候，這些不也會成為「芻狗」嗎？誰還永遠記得你呀，對不對？

所以，我們要有這種過客的意識，一切俱往矣！連秦皇、漢武都俱往矣了，你還有什麼可戀棧的呢？

「天地之間，其猶槖籥乎！虛而不屈，動而愈出」，「槖籥」，指風箱。在過去，冶鐵的爐子需要鼓風的風箱，家裡燒飯也需要風箱。風箱裡面是空的，但是拉動起來，就會生風不已。如果風箱是實心的，反而無法送風。這兩句話說，天地與之間，就像一個大風箱，裡面雖然虛空，卻使用不完，拉動起來的風源源不斷。

老子的這兩句話提示我們，人的心量要大，必須像風箱一樣，保持源源不絕的原創力。否則，你怎麼超越呢？如果一直活在過去，你就不見得有未來的開創了。學過道家之後，如果今後有人問你，過去都做過什麼？你就回答：啥也沒做過。這就說明你已經有境界了。

「多言數窮，不如守中」，「數」是定數的數。過多言說，反而會讓定數走到盡頭，還不如守住虛空的狀態。

瞭解老子的這個告誡，人就要少說廢話。世人喜歡妄言、誇耀自己或者胡亂批評，結果讓人覺得此人廢話太多、太愛表現。這在老子看來，是很好笑、很滑稽的。

《易經》中讓人止欲修行的艮卦，第五爻就叫人不要多言：「艮其輔，言有序，悔亡。」意思是，控制好你說話的嘴巴，說出的話要有條理，就沒有什麼可後悔的了。人多言，有時也是衝動引起的，故《易經》頤卦告誡人「慎言語，節飲食」，管好自己說話和吃飯的嘴。多言絕不是好事。我們學了那麼多經典，不少先哲都在提醒人們要慎言。

第六章

谷神不死，是謂玄牝。
玄牝之門，是謂天地根。
綿綿若存，用之不勤。

虛谷神奇而永不枯竭，這就是玄妙的創生母體。
玄妙母體的出口，就是天地的根源。
它的創生能力連綿不斷，像是永存著。作用起來，卻從不勞倦。

「谷神不死，是謂玄牝」，虛谷神奇而永不枯竭，這就是玄妙的創生母體。「谷」，本指大山裡面幽深而又低窪的地方，也叫山谷，是泉水匯聚的地方。「谷」也有「謙」的意涵，因為谷地處低下，而且藏得很深。這裡，老子用「谷」來比喻道體的空虛。我們常說空谷幽蘭、虛懷若谷。老子在下篇〈德經〉中，講「得一」的概念時說：「天得一以清，地得一以靈，神得一以寧，谷得一以盈。」「谷」因為裡面虛空，才能夠裝得下東西。「神」，指神奇莫測。形容道體的創生能力。「不死」，代表長存，永不枯竭。「牝」是雌性，相當於「母」。此處的「牝」還不是《易經》中所說的守中道的柔，而是神秘不可測的創生萬物的本源，可以說是「無極老母」了。代表那種最高級、最純淨的精神狀態，可以應對一切世間變化，雖不可測，但它也是不死的，是超越時空而存在。

「玄牝之門，是為天地根」，玄妙母體的出口，就是天地的根源。「玄牝之門」是一個出入通暢的概念。我們看參天巨樹，再怎麼枝繁葉茂，它一定是從根成長起來的。

「綿綿若存，用之不勤」，「勤」，指辛勞地做事，「不勤」就是不勞倦。這句話說，谷神的創生能力連綿不斷，像是永存著，作用起來從不勞倦。這就如道家練氣，氣一直不停，源源不斷，像風箱一樣，「虛而不屈，動而愈出」。

為什麼道體會有這麼高的表現？甚至可以突破一般的生死規律？因為道體是虛空的。「用之不勤」就提示人們，不要隨便消耗自己的精力，總要留一些餘地。人不像道那樣是無生命的抽象體，千萬不要把自己所有的精力都傾注完，否則造成精力透支，就容易早衰。可見，人如果「勤」過頭了，生命力不能長久維持。如孫中山為國為民，「用之勤」，六十歲就去世了；曾國藩「用之勤」，六十二歲中風而坐逝；諸葛亮食少事繁，又勤政，五十四歲就鞠躬盡瘁。

如果從道法自然來講，不管是養生還是治國，一定不要走違背自然的路子，「綿綿若存」，才「用之不勤」。中國歷史上，受道家薰陶的「老賊」特別多，「先烈」多為受儒家薰陶的人。黃花崗七十二烈士裡有幾個老頭？大部分都是十幾歲、二十幾歲的青年。有些參加「革命」的老滑頭靜觀革命是否成功，若成功了，就趕快回國，說自己曾經是第幾期的同盟會會員。若沒成功，他們就去國外避難，等待機會做「革命元老」。這樣一來，很多時候，有些先烈的血就白流了，便宜了一些所謂的「元老」。

第七章

天長地久。
天地所以能長且久者，以其不自生，故能長生。
是以聖人後其身而身先，外其身而身存。
非以其無私邪？故能成其私。

天地存在得既長且久。
天地之所以能夠那麼長久，是因為它們都不為了自己才生養萬物，所以能夠長久存在下去。
所以，悟道的聖人處處讓自己謙讓退後，結果反而得到人家的擁戴；事事不計較利害得失，損己利人，結果反而身受其益。
不正是因為自己沒有私心嗎？因此，結果反而成全了自己。

「天長地久」，天地存在得既長且久。生長在天地間的萬物，包括人的生命，為什麼這麼短暫呢？所以，研究天地這個特點，對於聖人治國與百姓個人養生都很有啟發。

「天地所以能長且久者，以其不自生，故能長生」，天地之所以能那麼長久，是因為它們都不為了自己才生養萬物，所以能夠長久存在下去。天與地都是自然而然，不會刻意去想為了生養萬物而求回報。換句話說，天地生養萬物，只是為了生養而生養，沒有任何私心。這說明，人越是放得開，越是不計較，越活得長。如果我們一天到晚都想拚命養生，以求活得長、活得好，結果往往不見得能達到目的。我們一輩子拚了老命去跟人家爭來爭去，希望為自己將來創造一個好的營生。老子告訴我們，有這樣的私心念頭，注定不能長久。

大多數人一天到晚都在想，如何讓自己活得長、活得健康、活得快樂，甚至自己死後能給子孫留些什麼。於是，人們爭相買各種各樣的保險，希望把人生所有的風險降到最低。但是，天地從來沒有動過這樣的腦筋，完全是隨順自然。絕大多數人為了對自己好，拚命去經營算計，結果反而越不能長久。有時候，人越怕的東西，就越會來到。可見，人越有非分之想，就越沒有辦法達到目的。老子在此提示我們，人生想要長久與永恆，必須效法天道。像孔子、佛祖一直活在人們心中，就因為他們都是無私的。

老子的「天長地久」也變成了中國人追求愛情和友誼的一個美好願望。小倆口結婚也希望天長地久，兩心海枯石爛永不變。其實怎麼能做到呢？要知道，一日心為「恒」，在現實人生中，能過好當下每一天，就是不錯的了。

《易經》中有一卦名恒卦，所談的就是長久，但是千萬不要誤會恒卦真的會長久，因為恒卦所處的環境高度動盪，一不小心就粉身碎骨。這個卦是由「雷」和「風」構成的，說明天天都是風雲變色、驚天動地的考驗，可是最後還能夠如如不動。這是因為在恒卦的環境中不會偏離原則，即「立不易方」。所以，人如果有那種一日心的定力，就會珍惜當下的資源，然後善用；不會去貪求，不會到處去找長生不老藥。有些人就希望青春永駐，找種種的藥方，嘗試使用各種美容手段。這都是典型的過度「自生」的做法。在這種心態情況下，他能夠長生、安寧嗎？這等於是緣木求魚。

《易經》中的益卦稱「長裕而不設」，在益卦階段，我們的資源有餘裕，手頭的錢夠用。在道家來講，只要覺得自己滿足了，才會覺得有餘裕，這就叫「知足者富」。如果你欲壑難填，怎樣都不會滿足，就沒有「裕」的感覺。「長裕而不設」的「長」，就是天長地久的「長」，「不設」就是「不自生」。人一天到晚都為自己設想，如何才能夠讓自己更好一點，而到處去找靈丹妙藥，這就叫「設」。這些做法完全是刻意為之的，而且還巧用機關，佔盡別人的便宜。長久富裕卻還不巧用心思，這才是利益眾生的益卦境界。不僅對自己好，對別人好，也對天地、鬼神好。

所以，要想實現益卦「長裕而不設」的結果，要先達到其前一卦損卦的要求，即「懲忿窒欲」。也就是說，益卦的「長裕而不設」，不是拚命算計來的，而是懲忿窒欲。「自生」就是算計，「自生」就不能「長生」，最後可能還是一場空。

「是以聖人後其身而身先，外其身而身存」，所以，悟道的聖人處處讓自己謙讓退後，結果反而得到人家的擁戴；事事不計較利害得失，損己利人，結果反而身受其益。一般人都是爭先恐後，拚命爭奪。如果大家都那樣做，而你卻願意居後，到最後，就像老子說的反而是你最領先。這也是老子在第六十七章所說的「不敢為天下先」的觀念。「不敢為天下先」，就是「後其身」，越卑越尊，越不爭的，最後反而超越了競爭的。先前爭的人，最後都搞得頭破血流，不爭的人反而保全、受益了。我們一般都講凡事要跑在前頭，教育小孩時總說要贏在起跑線上。其實，如果你揠苗助長，違反了教育之道，你就讓孩子「死」在了起跑線上。

「外其身而身存」，當人把自己的肉身忘掉了，把私人的利益忘掉了，最後你的「身」反而能夠得到長存，你的利益也能達成。老子的這些觀念，看起來很弔詭，其實是最高明的。我們體會到這個法則之後，凡事做到居後，不敢為天下先，反而會得到好處。

我們看人是看其是否能笑到最後，而不是看前面怎樣威風。如果前面一段你威風八面，後面卻不得善終，那樣的人生就更悲涼了。

「非以其無私邪？故能成其私」，不正是因為自己沒有私心嗎？因此，結果反而成全了自己。「後其身」與「外其身」都屬於無私。聖人做到了，因為他不自私，他能取法天地的長久之道，秉持天下為公，最後反而成就了他的「私」。

這樣的效果最妙了。因為聖人的無私，最後才達成他的「私」。每個人都有想長久的盼望，但是最後往往都不能達成願望。反而是不以這個為追求的人，好像他沒有私心，到最後他反而長久了。《黃帝陰符經》就說：「天之至私，用之至公。」天地為什麼能夠長生呢？「以其不自生，故能長生」，看著天根本不理你，也不給你施恩，但是它最後總體的表現是天下為公的，公道到了極點，「用之至公」。也就是說，「天之至私」，不刻意去照顧誰，其實是「用之至公」。我們要超脫，就要學天道，不要偏執，不要背那麼重的包袱。如果人做事的動機是出於私心，而且不擇手段，最後往往不會得到想要的結果。

這一章，老子講「長生」，講「天長地久」，就影響到後來信道的人追求長生的養生思想，包括煉丹、持咒、畫符等。如果是一個人自私自利，一心想要追求活得長、享受多，恐怕就不能長生了。按照老子的思想，想要長生，反而是要清心寡欲，而且不能自私自利，嗜欲要淺。嗜欲深，一切為自己，就是「自生」。秦皇、漢武他們的權力達到巔峰時，就面臨人生的限制，於是渴望長生不老，想盡辦法利用他的權勢，派人找長生不老藥。這種做法就違背了大道。刻意求「自生」的人，想盡辦法滿足自己無窮欲望的人，到最後怎麼可能長生呢？我們一般人也是一樣，只有當你不「自生」，把刻意之心拿掉了，隨順著宇宙的大化自然而然，最後，反而有機會「長生」。

可見，一切以自私為出發點，甚至為達目的不擇手段，結果反而沒有辦法達到目的。越是放開，越是天下為公，反而有可能成就自己的願望。所以我們在人生中，不能要求每一步、每一件事物都要對自己有利。一個人在面對任何事物時，心裡的第一個念頭就想：這對我有什麼好處。老子告訴我們，這樣想、這樣做，結果反而沒有辦法達到自己的目的。常言道「有心栽花花不發，無心插柳柳成蔭」，就是這個道理。

第八章

上善若水。
水善利萬物而不爭，處眾人之所惡，故幾於道。
居善地，心善淵，與善仁，言善信，正善治，事善能，動善時。
夫唯不爭，故無尤。

最高的善就像水。
水善於幫萬物獲利卻不與之相爭，居處在大家都厭惡的地方，所以很接近道的功用。
固守道善於選擇地方，心思善於深沉靜默，與人交往時善於表現愛人之心，言談善於守信，為政善於處理事情，做事善於達到效果，行動善於把握時機。
只有不相與爭，所以才沒有怨尤。

「上善若水」，最高的善就像水。兵法也說：「兵形象水。」（《孫子兵法．虛實篇》）水沒有固定的形狀，入方則方，入圓則圓。老子在這一章告訴我們，人要修水的德行。水有「利萬物」「不爭」與「就下」三大特性。而「不爭」，是其他兩個特性的基礎。人若能效法水的不爭，就能產生「利萬物」與「謙下」的效果。

蘇轍的《道德真經注》注解本章時說：

水避高趨下，未嘗有所逆，善地也；空虛靜默，深不可測，善淵也；利澤萬物，施而不求報，善仁也；圓必旋，方必折，塞必止，決必流，善信也；洗滌群穢，平準高下，善治也；遇物賦形，而不留於一，善能也；冬凝春冰，涸溢不失節，善時也。有善而不免於人非者，以其爭也。水唯不爭，故兼七善而無尤。

可見，水很能啟發人的深思，能給人以德行方面的教誨。

我們這個星球上，絕大部分都被水所覆蓋，可以說十分之七以上的面積都是水。我們的身體裡面，絕大部分成分也是由水構成的。水對人來說，太重要了。

「水善利萬物而不爭，處眾人之所惡，故幾於道」，水善於幫萬物獲利卻不與之相爭，居處在大家都厭惡的地方，所以很接近道的功用。常言道「人往高處走，水往低處流」，一般人都希望高高在上，地位顯赫，可是水向最低的地方流，大海是海拔最低的，大江大河都要匯入大海那邊去；而且大海還可以消化一切、包容一切。大道也像水一樣，善於就下，「處眾人之所惡」。

所以，人要悟道，就要效法水的「就下」特性。

老子所講的「上善」，即最高的善，就像《易經》中「元亨利貞」的「元」，因為「元」是善之長。最高的善就是人的核心創造力，即孔子所說的「仁」。人只要保存好自己的「仁」，在任何狀況下都可以不用怕，因為「仁」會不斷地擴充與創造，並且生生不息。「君子體仁，足以長人」（《易經．乾卦．文言》）。《大學》開篇就說：「大學之道，在明明德，在親民，在止於至善。」「明德」就是人的「仁」。一言以蔽之，就是自覺覺人。光你一個人能夠成就的事情很少，要希望大家都能夠提升，都能夠覺悟。最後大家一起提升了，就「止於至善」了。「止」，不是停到一個固定的地方；如果停住了，不再發展了，那就不是至善了。所以，我們要常常這樣想，以今日之我跟昨日之我挑戰，還要不斷突破自己過去成就的境界。水一旦流下來，就一直停不下來。大江東去，奔流到海，永遠不會止息。故子在川上曰：「逝者如斯夫，不舍晝夜。」（《論語．子罕》）水一路曲曲折折的流著，遇到阻礙，可以衝過去或者繞過去，最後奔流到大海之中。

《易經．乾卦．文言》稱：「能以美利利天下，不言所利大矣哉！」一個人做了很多事，人家還不知道是他做的，他更不會經常誇耀自己做了什麼，這才是偉大的境界。「不言所利大矣哉」，就是「水善利萬物而不爭」的精神。所以，水的「利萬物」與「不爭」的特質與效用，很值得效法。

「處眾人之所惡」，是說明水「就下」的特性。在《論語》中，子貢曰：「紂之不善，不如是之甚也。是以君子惡居下流，天下之惡皆歸焉。」子貢說，商紂沒有那麼壞吧，後來之所以被人傳得那麼壞，是因為人們把天下的壞事都歸到他頭上了，所以，君子要憎惡處在下流的位子上。大海就處在下游，所有上游來的垃圾，大海都要承受。就像以前臺灣戒嚴時期，員警有時候逮到一個嫌疑犯，就對他說：這樣吧，你反正得死，其他那些還沒破的案，你就也承認了吧，我們會對你的後人好一些。嫌犯一想，一次槍斃也是槍斃，十次槍斃也是槍斃，最後就都認了。對員警來說，很多案子就因此而結案。可見，君子之所以惡居下流，因為人一旦居了下流，其他很多人的惡，就都歸到這個處下流的人身上了。這在社會上就構成了一個「陰溝效應」。你看，我們人生很多陰暗面不都是這樣產生的嗎？有時候，我們有一些東西本來已經夠髒了，可是一想，即使再髒一點也沒關係吧。有的人認為，反正自己已經犯錯了，那就繼續錯下去吧。抹黑一次是髒，抹黑十次還是髒。佛洛伊德說「很多人因為罪惡感而犯罪」，就是這個意思。

為什麼地藏王菩薩要去地獄度人？因為他認為地獄的眾生太苦了，更需要服務。哪裡骯髒，哪裡齷齪，哪裡殘酷，他就去哪裡服務。所以，他的做法也像水一樣，很接近道的標準了。

下面，老子一連講了水的七個善，這讓我們對老子有一點刮目相看。說明老子不只有冷智，還有熱腸，他在一些地方還是很積極，也強調要掌握時機、時勢。我們幾乎都要以為他是儒家了，絕不存在任何消極無為的態度。

「居善地」，「居」是固守之意。固守自己所悟的道，善於選擇地方。固守大道，是為了遏惡揚善。這句話的主語，就是從水的特性裡領悟道的人。人生要行善，一定要找一個地方去施展，即要建立起一個自己的平台。人的自性，本是「不生不滅，不垢不淨，不增不減」（《心經》）；無喪亦無得，行善要有地方，因為水從高處趨下，一般人認為污穢或污濁的地方，反而正是一個人可以施善行的地方。你看很多志願者到醫院去服務，天天看到的都是人生最悲慘的事情。我們有時在那種地方待幾分鐘，都待不下去。志工為什麼能夠天天待在那裡，且始終心平氣和的服務？因為對他們來說，那裡就是「善地」。

「心善淵」，心思善於深沉靜默。「淵」，指深不可測。社會也是一個萬丈深淵，是罪惡的淵藪。有些人城府好深，說明他的心像「淵」一樣無法測度。老子在第四章已經講過：「淵兮似萬物之宗。」人的心絕沒有那麼簡單。我們常說，要讓自己的心處於淵深靜默狀態，就是指當人在考慮事情時，要能夠想得很深入。人不要動不動自以為是，對於每個人來說，修心是人生必修的功課。為了修得清淨心，讓自己面臨事情時沉得住氣，就要少思寡欲。

「與善仁」，與人交往時，善於表現愛人之心。「與」也是布施的概念，有與人交往的意思。施比受有福。「仁」就是愛人，即人最初的真心。「君子體仁，足以長人」，不然人怎麼會願意布施呢？幫別人忙不一定要用錢，很多方式都可以，譬如法施、無畏施，那都叫「與」。這就是不為了私利，且有具體利人的效果，就像水一樣。

「言善信」，言談善於守信。「人言」為「信」，「信則人任焉」（《論語・陽貨》），儒家也特別強調信，從小信到大信，說話都要算數。「言」是非常正式的講話，一定要想著能夠兌現。人一旦有誠信，就能夠深孚眾望，就可以創造很多的價值。即使你眼前沒有任何東西，人家也會幫助你，因為別人相信你有未來。所以，領導人尤其要慎言，因為你講了，就要兌現的；不兌現的話，就會讓曾經支持你的人們失望。

「正善治」，為政善於處理事情。「政者，正也」（《論語．顏淵》），「治」就是治國平天下的「治」，有「平」的意思。水怎麼晃蕩，如果沒有外界干擾因素，就一直是平的。所以，人們測量什麼地方平不平，就使用水準尺這種工具。管理事情也要公平，所以說是治國平天下。「政者，正也」，搞政治的領導人，自己就是一個標杆。名正了就言順，言順了就事成，你正己，就可以正人。做事情公平，你就是一個指標。

「事善能」，做事善於達到效果。能夠做事的人，是一個能者，有本領的。「能」就是《易經》坤卦的概念。《易經．繫辭上傳》說「乾以易知，坤以簡能」，乾是無所不知，坤是無所不能。「能」，《說文解字》稱：「熊屬，足似鹿。能獸堅中，故稱賢能；而強壯，稱能傑也。」可見，「能」本來是一種像熊的動物，為了練到鋼筋鐵骨，什麼都可以承受。我們說一個人很有能耐，代表有坤卦那種功夫。「事善能」，一般人大概不會想到這是道家的想法。不僅不消極，還很精進。在道家看來，做事情，能力不行是不可以的。半吊子水平，怎麼能在社會上混呢？而且同樣的人，高手處理問題，解決那種特別難的問題，兩三下就迎刃而解了，像庖丁解牛。所以，你要是不能，千萬別逞能。

「動善時」，行動善於把握時機。在採取任何行動的時候，要辨識時機、時勢。時機沒有成熟之前，如果你擅動了，就是死路一條；而如果錯過時機才行動，也是死路一條。

從水的七個善說明老子是積極任事的。前面的「居善地，心善淵」，告訴我們內心修為要夠，考慮任何問題，不要考慮得那麼膚淺，還要「與善仁」，即有愛心。「言善信，正善治」，由內而外，老子這一套，也可以用於治國平天下了。

「夫唯不爭，故無尤」，「尤」就是怨恨、指責之意。「不爭」，這又是《易經》謙卦的概念，即謙讓不爭，最後得善終。可見，對於謙德的呼喚，一直在《道德經》中不斷出現。人生就是要修謙德，端看你怎麼做，才能修得到。人要是有「謙」德，其結果一定是天地人鬼神都能實現吉祥。

人經過前面的修為實踐，最後就可以做到不爭，也真可以得善終。所以，老子最後篤定的說：「夫唯不爭，故無尤。」人人都希望自己處在無怨無尤的心態下，既不怨尤人，也不被人怨尤，這多令人滿意。實際上，這是很難做到的。因為有爭執，就會產生「尤」，人一旦爭不過別人，不會怪自己不行，而是生別人的氣。人一生氣，就怨天尤人。有人參加球賽輸了，不承認自己技藝不精，就怪手腳受傷、天氣不好等，什麼理由都來了。這就叫「尤」，一副咬牙切齒的樣子，什麼都歸罪於別人或別的原因，就是不肯自己承擔過錯。人一旦有「尤」，對於人生的勝負，就更有競爭之心了。如果這一次沒爭贏，下一次就加倍努力奉陪，所以，人心的「尤」是很可怕的。

另外，「尤」還含有一種任何人不能避免的嫉妒心，這是人性的「八惡」之一。人對於某些天生的「尤物」，對於別人某方面特別出色的才能，如果自己做不到，他就嫉妒。某位女生怎麼可以長得這麼漂亮？某位男生怎麼可以如此傑出？人一旦產生這種「尤」的念頭，心就掉進地獄了。等哪一天發現，你的某些特質讓很多人「尤」了，你應該感到「高興」，因為，不招人嫉是庸才。但是，這個「尤」，就是人際無盡風波與爭執的來源。

在職場、官場、商場，都要好好修行。人到了高位，千萬不要因為你的尤、你的怨，就隨便樹敵。如果那樣，等到將來退休了，你就完了。所以，為了實現人生最後的「無尤」，當你還在掌權的時候，千萬不要樹敵；雖然在位時人家動不了你，一旦你退位，人家就可能要整你了。

對於「尤」，當然還有深一層的意思。當你在職場志得意滿時，光芒不要太灼人，要「挫其銳，解其紛，和其光，同其塵」，否則，你會成為被打壓的對象。不僅沒有辦法正面影響這個社會，還可能成為眾矢之的。有時候，即使比人家高明，也必須修謙德，才不被人家「怨尤」。如果成就比人家大，太太也比人家漂亮，錢也比人家多，地位也比人家高，還天天招搖，這不是招打嗎？所以，得了便宜不要賣乖，要保有謙德，收斂自己的鋒芒，不然，你所招致的「尤」，不知道有多可怕！

「夫唯不爭，故無尤」，只有不相與爭，所以才沒有怨尤。這是老子的結論，告訴人們要心胸開闊，想得遠，要學會調節自己怨尤的情緒。

第九章

持而盈之，不如其已。揣而銳之，不可長保。金玉滿堂，莫之能守。富貴而驕，自遺其咎。功成身退，天之道。

持守太多，進一步就過滿了，不如滿之前，趕快停止。器具錘擊，打磨得太銳利了，容易折斷，反而不易長保鋒利。金銀財寶堆滿家中，沒辦法守得住。富貴了還以此驕人，就自己遺留禍患了。大功告成，急流勇退，這才合乎自然的道理。

「持而盈之，不如其已」，「持」，持守；「盈」，滿溢。持守太多，進一步就過滿了，不如滿之前，趕快停止。這裡老子是以盛水做比喻，說明任何事情持盈保泰很難，由泰極到否來反而來得快。依常理來說，當人已經擁有某些東西時，他會想辦法持守住，希望永遠維持，不希望得而復失。而且，我們往往擔心自己擁有的東西太少，期望擁有更多，這就容易「盈」。人心也是一樣，像驕傲就是一種心態上的「盈」。為什麼《易經》說「亢龍有悔」？因為「盈不可久也」。東西已經裝那麼滿了，還要再往上加，不就爆掉了嗎？人心不足蛇吞象。所以，《易經》說「莫益之，或擊之」，不要一心只為自己獲益，否則打擊從哪裡來都不知道。一個人一輩子該得到的名和利，可能都是有定數的。如果超過了，就會傾覆，最後連本帶利都丟掉。老子說「不如其已」，就是警告這些人，趕快停下來。千萬不要讓貪心的欲望膨脹，恰到好處就行。

「揣而銳之，不可長保」，「揣」，錘擊。器具錘擊打磨得太銳利了，容易折斷，反而不易長保鋒利。這兩句是以打磨器具作比喻。我們要打磨一個利器，都想使之更尖、更鋒利。實際上，更尖更脆弱，很難保持鋒利。

「揣而銳之」就是「挫其銳」的反面。但是，人往往不願意「挫其銳」。人的欲望，往往是獲得了，還要更多，賺了錢，還想賺更多的錢。想盡辦法讓自己更有鋒芒、更犀利，結果給自己帶來了滅亡。像秦朝丞相李斯被腰斬前，對他兒子說：「吾欲與若復牽黃犬俱出上蔡東門逐狡兔，豈可得乎？」（《史記．李斯列傳》）

「金玉滿堂，莫之能守」，金銀財寶堆滿家中，沒辦法守得住。人擁有的金銀財寶太多了，一方面會遭到他人的覬覦，另一方面，自己也會因為生活奢靡，以致最後敗光。所以，一個人擁有再多的財富，也不能一直保有。常常是創業者留下金山銀山，守業者就敗光光。

「富貴而驕，自遺其咎」，富是有錢，貴是有勢。富貴了還以此驕人，就是給自己遺留禍患。如果人富貴了還驕傲，不僅是給自己，甚至還會給自己的親人留下無窮的禍患。這完全不能怪別人，是自找的，就像《易經．解卦》所說的「負且乘，致寇至」「自我致戎，又誰咎也」？你要怪誰呢？「咎」還會傳下去的，遺禍無窮。你的富貴已經讓人羨慕了，還在誇耀，那就是找死了。我的老師常說「肉要埋在飯底下吃」，這樣才香。不要得了便宜且賣乖。

「功成身退，天之道」，大功告成，急流勇退，這才合乎自然的道理。這就像四季循環一樣，夏天不會賴到秋、冬，該退就退。「功成身退」，又有《易經》遯卦的概念，如能懂得「遯之時義大矣哉」，功成了就會退隱山林，不再自惹麻煩。

老子這一章是勸告世人莫貪財寶、莫戀富貴，要學會功成身退。這個階段結束了，就要帶動下一個階段的開始，或者下一代接著再跑，不要讓自己的欲望無限膨脹，或者戀棧。要認識到，不管離開誰，地球都照轉，不是什麼事都非你不可。同時還要因為自己的帶動，能夠啟發下一代，甚至比你做得還好。你的階段終了，啟動了下一階段的開始，這個是無私。然而在現實中，很多人自己這一圈跑完了，他不會想讓下面的人開始，或者不想讓出位置，給下面的人機會，還想再跑第二棒。他心裡大概在想，我結束了，大家都應該結束了，下面的人不會再比我幹得精彩了。

從《易經》的角度來說，〈說卦傳〉有一段話說得很有道理：

帝出乎震，齊乎巽，相見乎離，致役乎坤，說言乎兌，戰乎乾，勞乎坎，成言乎艮。

「帝出乎震」，開始跑；「齊乎巽」，然後發光了；「相見乎離」，你不是一個人幹；然後「致役乎坤」，你也捲起袖子，也跑下去，為大家服務。「齊乎巽」，就是提示你不要太標榜、突顯自己，不要變成別人的「尤」，要跟大家一樣。參加團體，絕對沒有特殊化。「齊」有「平等」之意，「巽」有無形低調之意，這樣才能更加合作；下面你就「相見乎離」，這個世界不是只有你，離卦代表網路，大家都在網中，都要發光的；「致役乎坤」，大家都來服務；然後是「說言乎兌，戰乎乾，勞乎坎」；最後要收了，就叫「成言乎艮」。這就是「終萬物，始萬物」，推陳出新。「艮」代表退，只有退才能讓下面的往前發展得更好，才能夠再「帝出乎震」。樂曲終了曰「成」，已經曲終了，要收了，就要換一個調子，讓下一支新曲譜出來。

第十章

載營魄抱一，能無離乎？
專氣致柔，能如嬰兒乎？
滌除玄覽，能無疵乎？
愛民治國，能無為乎？
天門開闔，能為雌乎？
明白四達，能無知乎？
生之，畜之。生而不有，為而不恃，長而不宰，是為玄德。

人承載著精神與形體，抱守住道，能夠不離開嗎？
聽任精氣盡力達到柔弱，能夠像嬰兒那樣嗎？
洗滌心靈，消除雜念而明澈如鏡，能夠做到沒有瑕疵嗎？
愛護國家，治理百姓，能夠無所作為嗎？

天賦的感官開開合合，能夠守住安靜柔弱嗎？

明白通達事情，能夠不用智巧嗎？

道生長萬物，養育萬物。生長萬物卻不佔有，養育萬物卻不仗恃己力，讓它自然生長卻不主宰，這就是最高的德。

「載營魄抱一，能無離乎」，人承載著精神與形體，抱守住道，能夠不離開嗎？「載」，裝載、抱守；「一」，就是道，而道具有整體性。我們人短短幾十年的生命，不就是裝載著靈魂與形體往前行嗎？「魄」，指我們的身體、形體，即我們的肉身；「營」，指靈魂。魄是比較偏重體魄，指物方面的，肉身方面的；魂，比較偏精神方面的。可見，「魂」跟「魄」的概念不一樣，我們常說一個人失魂落魄，可以說是形神俱散。

人既有精神，又有肉身。從小到大，我們就帶著「營」跟「魄」，即精神跟肉體，去闖天下。那麼，我們平常就要注意重視讓精神與肉體相統一，即讓身心和諧。但是，多數人的精神與身體容易分開。譬如，精神上有時候還有一些良知，告誡自己這個不可以做，那個不要動，由於受欲望驅使，肉身卻不聽話，明知是錯的，偏偏還去做。這就讓人陷於掙扎和苦惱中，精神與形體就分裂了，時間久了，就有「病」了。當然，人也不要過分重視精神層面的東西，而不重視身體，長此以往，身體也會出狀況，何來的精神呢？

所以，老子希望我們的身心能夠「抱一」。我們把持住，按照道家的修為，讓身心成為一個整體，千萬不要分離，儘量保持和諧。要知道，我們一生下來就負擔著魂、魄往前行，只是一般人沒有辦法讓精神與肉體完全合一，很多時候有分離的傾向。精神離開肉體或者肉體離開精神，都很可怕。有時候肉體的病痛，會造成精神的不舒服；有時候精神的不振，絕對會讓你身體生病。現代醫學上有所謂的身心症，即身體的病症，往往是因為心理或精神的疾病引起的。

在這一章一開始，我們好像走進道家鼻祖老子的健康診所，他先讓你填一個問卷。第一個問卷是：「載營魄抱一，能無離乎？」即你的身與心靈，有沒有經常不能合在一起而各行其是啊？各行其是就是離。「載營魄抱一」，意味著整個人生過程中，都始終保持身心靈的平衡，我們才有一個健康快樂的人生。但是，多數人在人生的很多階段，營、魄不能合一，常常充滿天人交戰的不和諧狀態。有時候身體已經非常疲倦了，可是還要打遊戲、玩手機，不肯休息，搞得很累，其實這就是在折磨肉體的同時，同樣在損耗你的精神。可見，道是一個整體，抱守住道，從道來看一切，就不會有偏差的想法，營、魄能抱一，就可以避免很多與別人、與自己的「交戰」了。

「專氣致柔，能如嬰兒乎」，聽任精氣盡力達到柔弱，能夠像嬰兒那樣嗎？「專」，有聽任的意思；「氣」，指精氣、血氣。「致柔」，是說一般的柔還不行，要把這個順勢用柔發揮到極致，達到柔克至剛，天下無敵。「能如嬰兒乎」，嬰兒是一個具體而微的、最好的柔弱狀態，具備純樸、無知、柔軟等特性。老子很喜歡用嬰兒比喻悟道者的表現，有原始純樸、柔順的意象。例如，在第二十章有「我獨泊兮，其未兆，如嬰兒之未孩」，在第二十八章有「常德不離，復歸於嬰兒」。

像我們成年人一般身體都很僵硬，平時臉部表情都繃得很緊，精神面貌方面，一副咬牙切齒、苦大仇深的樣子。嬰兒表情絕不這樣，所以，老子要我們如嬰兒般返璞歸真。其實，不光道家，很多人都嚮往嬰兒的意象，因為那是人最痛快、最無憂無慮的境界。老子特別重視柔弱，柔弱是道的效用，柔弱勝剛強，柔弱才長生。嬰兒童真無邪，沒有私心，兩隻眼睛透明透亮，看得成人都有一點自慚形穢。

「滌除玄覽，能無疵乎」，洗滌心靈，消除雜念，明澈如鏡，能夠做到沒有瑕疵嗎？「玄覽」，是指心體玄妙，能察知萬物，在此，比喻心靈明澈如鏡。「疵」，就是瑕疵、漏洞之意。「覽」就是觀察的意思，就是我們怎麼看世界、看人更清楚。要怎麼樣才能達到「玄覽」呢？即看事情跟別人不一樣，看得透明透亮，抓到那個核心的真相。那你一定要把欲望、習氣、成見洗滌、消除乾淨。即「致虛極，守靜篤」，清心寡欲，修到清淨心。我們的身心靈一直受到污染，把它洗乾淨，把壞的毛病消除掉，才有可能「玄覽」。但是，這個功夫做得不一定精純，也有些人還不能夠完全做到，表示還有破綻、瑕疵。

「愛國治民，能無為乎」，愛護國家，治理百姓，能夠無所作為嗎？你看老子又把修身之道從內聖推到外王方面了，他似乎不是不關心政治的。少犯錯，不要做一些無聊無謂的動作，那你就可以做很多充滿了創意的大有作為的事情。

「天門開闔，能為雌乎」，天賦的感官開開合合，能夠守住安靜柔弱嗎？「天門」，指耳目口鼻等感官。耳是聲音的門，目是色的門，口是飲食言語的門，鼻是氣味的門。道家重柔，即「利牝馬（母馬）之貞」。不要爭雄，反而要居後、包容。一般人不甘雌伏，總是希望雄起。雄起之後，可能也是一場空。

「雌」，原指母性，這裡比喻安靜柔弱，就是柔順的表現，而不是陽剛的表現。老子說過「知其白，守其黑」，這裡就要你「知其雄，守其雌」。陰陽兩儀之中，你要懂得用柔的方式，我們做不做得到，是否扮演得好呢？如果扮演得好，夠柔順、夠包容、夠柔軟，你就會讓你的天門該開就開、該合就合。

「明白四達，能無知乎」，明白通達事理，能夠不用智巧嗎？人要四處通達，可不是靠我們一般的知識，甚至是自以為是的智慧，就能做到的。道家就強調「無」、強調「虛」，意在提醒人，當你有了什麼東西，你要是執著、仗恃那個東西，就會變成你往高層次精進的障礙。有知識，就有所障，學什麼被什麼卡死，你看嬰兒是無知吧？也沒那麼多機巧的東西，可是，他就有那麼精妙的表現，像有特異功能似的。所以，老子強調人不用智巧，去掉成見，消除自以為是，才能夠明白四達。如果一天到晚有知識的傲慢，看不起一般人，你就什麼都不知道，因為你根本不認識自己。

莊子很明確的表示要我們拋掉「知」，他說：「吾生也有涯，而知也無涯。以有涯隨無涯，殆已。」（《莊子．養生主》）《易經．繫辭上傳》稱「易簡而天下之理得」，嬰兒就夠「易簡」，有修為的人就夠「易簡」。化簡為繁的人，就不易簡，結果什麼也沒懂。

「明白四達」，不管是從精神，從身心，從各方面講，都是一樣四通八達，這個不是靠我們世俗的知識與聰明就能實現的。一般人是聰明反被聰明誤。佛教批評一般世間的小聰明，就叫「世智辨聰」，不屬於生命的大智慧。

「生之，畜之。生而不有，為而不恃，長而不宰，是謂玄德」，道生長萬物，養育萬物。生長萬物卻不佔有，養育萬物卻不仗恃己力，讓它自然生長卻不主宰，這就是最高的德。

「畜」，有養育的意思。道家最偉大的理想在這裡就展現出來了。一般人的心理，是自己花了那麼多精力、財力，去「生之，畜之」，當然要佔有、控制。

「長而不宰」，譬如養育孩子，從幼小階段慢慢悉心呵護，讓他長大，不要用自己的意志去主宰、影響他。老子這是要人把心放寬，「生之，畜之」是我們的責任。但是，一定要做到「生而不有，為而不恃，長而不宰」。孫中山先生創立了中華民國，但他沒有要去佔有，「總統」職位可以讓出來。這樣的德行一定是超凡脫俗，哪一個人做得到？但是，人就是愛控制、愛主宰。生了，就想佔有，甚至，不按照自己的意志辨，還要把它毀滅。

這一章的智慧，大可以運用到治國、平天下，小可以養生、養心、養靈、養氣。養生和治國在某種程度上來說是一個道理，只是小宇宙與大宇宙的區別。

第十一章

三十輻共一轂，當其無，有車之用。
埏埴以為器，當其無，有器之用。
鑿戶牖以為室，當其無，有室之用。
故有之以為利，無之以為用。

三十根輻條都彙聚在車轂上，因車轂空虛得當，才產生車子的作用。糅合黏土做成各種器具，恰恰因為器具中間的空無，才能形成器具的效用。開鑿門窗，造成房屋，恰恰因為房屋中間是空的，才有居室的用途。由此可知，「有」帶給人的是便利，「無」帶給人的是發揮作用。

「三十輻共一轂，當其無，有車之用」，三十根輻條都彙聚在車轂上，就因車轂空虛得當，才產生車子的作用。「輻」，是車輪連接軸心和輪圈的木條。「轂」是指車輪中間的圓孔，即車軸，從那裡輻射出三十根輻條到車圈上。「當」，有剛剛好、恰當的意思。「當其無」，即「無」得恰到好處。

整個車子，最主要就是輻、轂構成的輪子，中間的轂是空心的，這樣輻條才可以插進來，裝到裡頭。如果轂本身都不能接榫輻條，就沒辦法形成車圈。這就是道家標榜的虛空與無形的妙用。領導人的內心，也要像「轂」那樣虛空，不要一天到晚做這個、做那個，任何一個邊緣的資訊傳過來，都要虛心承納，還要接上整個運轉的中樞，才不會「輿說（脫）輻」（《易經．小畜卦》）。

「埏埴以為器，當其無，有器之用」，糅合黏土做成各種器具，恰恰因為器具中間的空無，才能形成器具的效用。「埴」指黏土，「埏」指和泥土。譬如，用泥燒製的碗、罐、缶、缸，中間都是空的，這樣才可以裝水、裝食物等。如果中間不空，啥也不能裝。所以，老子還是強調那個「無」的用處要比「有」大得多。

「鑿戶牖以為室，當其無，有室之用」，「戶牖」指門窗。開鑿門窗，造成房屋，恰恰因為房屋中間是空的，才有居室的用途。「鑿」指開鑿。因為古代北方造的房子就像窯洞，把裡面挖空了，才能形成居室，門窗都是開鑿出來的。有時候，想想我們在都市中，花了幾百萬買的房子，裡面不都是空的嗎？建商其實就是賣空間給我們，如此才有居住的功能。

可見，老子發現很多東西都是因為「無」才會產生「有」的用，就形而上的「道」而言，

「無」是體，「有」是用。

「故有之以為利，無之以為用」，由此可知，「有」帶給人的是便利，「無」帶給人的是效用。「利」字，就是「禾」「刀」組合而成。秋天到了，人拿著鐮刀去割取禾苗長成的穀物，這就叫獲「利」。就形而下的「器」而言，「有之以為利」是末，「無之以為用」才是根本。那個「用」字的造字，就是一個網狀脈絡的象。「有」是從「無」中來的，沒有那個「無」，就不可能有這個「有」。

我們講「用」的含義，是指用柔，因為跟「無」有關。「利」的內涵，是指你自己有多少資源，就直接拿去用，不要跟別人借，賺了都是你的。

「有之以為利」，我們所看到表象的東西，都是有之以為利，像有錢。如果哪個國家印的鈔票沒有那個「無之以為用」的信用作為保障，那根本就是紙。可是，誕生「有之以為利」的，恰恰是「無之以為用」。

這些道理一般人都懂的，問題是做到不容易。我們讀它的時候，邊讀邊點頭，一到做的時候，比誰都糊塗。碰到「有」的層次，就短視得不得了。我們說，道家思想可以用於養生與治國，《易經》中的頤卦就可以涵括。我們看，頤卦（䷚）的象，中間不就是空的象嗎？假定中間都滿了，那就離死不遠了，就該是大過卦（䷛）了。

第十二章

五色令人目盲；五音令人耳聾；五味令人口爽；馳騁畋獵，令人心發狂；難得之貨，令人行妨。

是以聖人為腹不為目，故去彼取此。

過多的顏色讓人視覺不明；過多的音調讓人聽覺不靈；多種味道讓人味覺喪失；縱情於騎馬狩獵，會讓人內心狂亂；珍稀的貨品讓人心生掛礙。

因此，悟道的人只求吃飽就好了，不求官能享受，所以摒棄物欲誘惑，重視內在滿足。

「五色令人目盲」，過多的顏色讓人視覺不明。「五色」，指紅、黃、藍、白、黑，代表多種顏色，再多的色也是由五色變化而來的，總之是視覺的呈現。這裡的「目盲」，不是說讓眼睛真的瞎了，意思是看不明白、看花眼了。孔子說過「視思明」（《論語．季氏》），即看東西，就是要看得明白，能看到細微處，能看到細小處，甚至是見微知著才叫「明」。有眼不識泰山，就代表人的心思遲鈍了，看人非常表面。所以，色相本來不迷人，是人自迷，就沒有辦法了。太多的色彩讓你眼花繚亂，反而沒有辦法讓人真正去分辨，豈不跟瞎了一樣？

「五音令人耳聾」，過多的音調，讓人聽覺不靈。「五音」，指宮、商、角、徵、羽，引申為多種音調，再多的音也是這五種音調變化而來的。孔子說過「聽思聰」（《論語・季氏》），聽就要聽得靈敏，相反，心思麻木，只能聽而不聞了，因為已經分辨不出構成音調元素的差別，跟聾人一樣。這都是由於人的心思一直往外追求感官刺激的緣故，像「虎視眈眈，其欲逐逐」（《易經・頤卦》）一樣，而失去人與生俱來的靈性。

「五味令人口爽」，多種味道讓人味覺喪失。「五味」，酸、甜、苦、辣、鹹，代表多種美味。再多的口味，也是這五種味道變化而來的。「爽」，差失；「口爽」，就是指口感有偏差，也代表味覺遲鈍了。因為太愛刺激性口味，最後食而不知其味，沒有辦法分辨味道的細微差別。西晉時期有位開國元勳何曾，特別講究饌餚的味道，每日不惜花費萬金，孜孜以求美食。即便如此，他仍然感到味道不佳，說無下箸處。其實，真正的味道，是需要用舌頭與心靈去品味的，正如孔子說：「人莫不飲食也，鮮能知味也。」（《中庸》）

「馳騁畋獵，令人心發狂」，縱情於騎馬狩獵，會讓人內心狂亂。「畋」，打獵。現代社會的賽車，就類似古代的「馳騁畋獵」，賽車手追求的也是那種疾速的快感，同樣令人心發狂。電影《玩命關頭》中的一個演員，就是年輕的賽車手，後來不就是因為賽車而死掉了嗎？上帝欲讓人死亡，必先令其瘋狂。心發狂，就會放蕩，終至沒藥可救。

「難得之貨，令人行妨」，珍稀的貨品讓人心生掛礙。「難得之貨」，可能是古董、珠寶等，總之是世間少有。有些人還要追求傾城傾國的美女，這也叫「難得之貨」，有一個專有名詞，就稱之為「尤物」。在很多情況下，人都有求不到的「難得之貨」，那是不是就如佛家所謂的「求不得苦」？這讓我們人生的行事一點兒也不自在。《心經》說：「心無掛礙，無掛礙故，無有恐怖，遠離顛倒夢想，究竟涅槃。」由於對那個難得之貨的貪求，我們心裡的掛礙就多得不得了。其實，即使求到了之後，等到你不在人世時，這一切還會是你的嗎？「令人行妨」，難得之貨確實讓我們的行事不自在，給自己製造了很多的掛礙。

人生不就是這樣嗎？從人的眼、耳、鼻、舌、身、意來談，「五色令人目盲；五音令人耳聾；五味令人口爽；馳騁畋獵，令人心發狂；難得之貨，令人行妨」，都指過分追逐欲望而不知節制，最後都會適得其反。

我們看《孟子》一書中，孟子見齊宣王那一段，齊宣王向孟子坦承「寡人好色、寡人好鬥、寡人好貨、寡人好打獵」。孟子就說，如果你好那些的話，要知道一般小老百姓也好那些，所以你既然是王者，就不要太自私，只想著自己爽，你應該讓「內無怨女，外無曠夫」，還要開放王室動物園，讓老百姓都可以遊玩。總之，要與民同樂才對。人的欲望不就是這些嗎？聲、色、犬、馬、難得之貨。

「是以聖人為腹不為目，故去彼取此」，所以，老子瞭解到人這麼多欲望以後，就給我們一個衷心的諫言，要效法悟道的聖人「為腹不為目」，即只求吃飽就好了，不求官能享受。所以，人要摒棄物欲誘惑，重視內在的滿足。吃飽肚子比較實惠，別想那麼多。「腹」，也比喻內在；「目」，就是外求。「彼」指那種往外追逐的欲望。要把那種「虎視眈眈，其欲逐逐」的念頭打消，因為人永遠不會真正滿足。人生不要貪心、不知足，不要想很多花樣來折騰。重視內在的生活與身心的自在最實際，這才是老子的清心寡欲、質樸寧靜的思想。

說起「難得之貨，令人行妨」，總統大位也是「難得之貨」，不少人為了那個大位，魑魅魍魎、牛鬼蛇神，一起出動，心中都牽掛著這個位子。《金剛經》說：「若以色見我，以音聲求我，是人行邪道，不能見如來。」所以，人要超越這個色、音、聲，那就可以做到「無眼耳鼻舌身意，無色聲香味觸法」（《心經》）。

第十三章

寵辱若驚，貴大患若身。
何謂寵辱若驚？寵為下，得之若驚，失之若驚，是謂寵辱若驚。
何謂貴大患若身？吾所以有大患者，為吾有身；及吾無身，吾有何患？
故貴以身為天下，若可寄天下；愛以身為天下，若可托天下。

得寵與受辱身驚，因畏懼而重視大禍患也身驚。

為什麼得寵與受辱都讓人受驚呢？因為，得寵也不好，得到榮寵像是受到了驚嚇，失去時也像是受到了驚嚇，這就叫得寵與受辱都身驚。

為什麼重視大禍患也身驚呢？我們之所以有大的禍患，是因為我們擁有這個身體；等到我們沒有了自我的執著，我們還有什麼禍患呢？

所以，能夠重視為了天下人來奉獻自我的人，才可以把天下交付給他；能夠為了慈愛天下人來奉獻自我的人，才可以把天下託付給他。

「寵辱若驚，貴大患若身」，這兩句是老子引用的古語。即得寵與受辱都身驚，因畏懼而重視大禍患也身驚。「寵」，榮寵、尊崇，這裡指得寵。「辱」，羞辱、屈辱，這裡指受辱。「若」有「乃」的意思，相當於口語中的「就」。「若身」，就像覺得直接就上身了，感覺非常的逼真。由於「大患」對人的侵擾，所以人都很重視避開，希望跟它保持距離，希望這一輩子安安樂樂，不要碰到這些事情。

「貴」，有畏懼之意，這裡有因畏懼而重視的意思。越沒有自信的人，就越在乎人家的看法，越在意別人的批評與褒獎。有信心的人，根本不在乎這一套。要知道這個驚嚇會讓人死多少腦細胞，你看《儒林外史》中，范進中舉，差一點成了精神病。

老子發揮他的人生經驗的看法，說人怎麼會這麼沒有出息呢？人家尊寵你、羞辱你，你就失去平衡了，怎麼沒有一點定力呢？孟子說「趙孟能貴之，趙孟能賤之」，你的榮與辱都是別人給的，沒有自主性，很靠不住。范仲淹在〈岳陽樓記〉裡就說寵辱皆忘，他又說「居廟堂之高則憂其民，處江湖之遠則憂其君」，你在朝堂居高位，好好幹；你在基層民間，照樣好好幹。

得寵與受辱，是困擾人一輩子的苦痛。佛教講修菩薩行，還要修忍辱，忍辱才能精進。包羞、忍辱才是男兒。「包羞」，這是《易經》否卦第三爻，是老子所說的「寵辱若驚」的「辱」，到了一個相當難堪的地步了。

一般人小患都受不了了，大患更是難以忍受。因此我們都怕遭遇大患，希望趨吉避凶，所以，我們把大患看得很重。沒有特殊修為的一般人，大患對他的身心會產生很大妨礙；對於抗壓性弱的人，甚至會影響到他的精神健康。我們一生中一直小心翼翼，希望自身不要沾惹上大患。過馬路，坐飛機，參與人群種種活動，都不希望某個大患發生在自己身上。這種心態就是「寵辱若驚」，人家寵我們，人家辱我們，我們在意得不得了。總之，人始終在意的都是自己小小的身。佛教講財布施、法布施，還講無畏施，可是人生種種的恐懼，多得不得了，貫穿我們的一生。有些人還憂讒畏譏，有人說自己壞話，有人譏刺自己，就在意得要死。

「何謂寵辱若驚？寵為下，得之若驚，失之若驚，是謂寵辱若驚」，為什麼得寵與受辱都讓人受驚呢？因為，得寵也不好，得到榮寵像是受到了驚嚇，失去時也像是受到了驚嚇，這就叫得寵與受辱都會身驚。為什麼人得寵時也不好呢？因為，得寵像是來自別人的賞賜，可能是因為別人欣賞你，也可能因為別人同情你。對於榮寵，人們往往誤以為很美，未得之，患不得之；既得之，患失之。老子說，實際上根本不是那麼回事。「得之若驚，失之若驚」，一直焦慮不安，那人豈不是要受苦兩次嗎？

「何謂貴大患若身？吾所以有大患者，為吾有身，及吾無身，吾有何患」，為什麼重視大禍患也身驚呢？要知道，我們之所以有大的禍患，是因為我們擁有這個自我，等到沒有了自我的執著，還有什麼禍患呢？我們平時太自私，就是因為肉身的掛礙，如果連肉身都超越了，就沒有這個包袱了，怎麼還會患得患失呢？人一切的患都是從考慮自身開始的，從生下來到現在，都在為自身謀，要健康、要美貌、要高大、要強壯、要滿足我們自身的種種欲望。如果沒有「自身」，你有什麼好煩的呢？《易經》讓人止欲修行的卦，就是艮卦，其卦辭稱「艮其背，不獲其身」，就是讓自己背對誘惑，遠離煩惱之源，最後連自己的肉身都忘了。在《金剛經》中這就叫「無我相」。可見，老子所說的「大患」，就是因為自身的需要與欲望。「無身」，不是說讓你修到身體成為槁木，不食人間煙火了，而是超脫自身，即沒有我相、我執。那時，自身已經不再成為煩惱、禍患的來源，沒有分別心與執著的痛苦。若是平時為了要維持自身種種欲望的滿足，去跟人家爭搶，就給自己帶來了很多的禍患。

「故貴以身為天下，若可寄天下。愛以身為天下，若可托天下」，所以，能夠重視為了天下人來奉獻自我的人，才可以把天下交付給他。能夠為了慈愛天下人來奉獻自我的人，才可以把天下託付給他。這個人可以寄予治國、平天下的重任，是因為這個人不自私，不把自身的利益、自身的榮寵看得太重，他能夠為天下眾人服務，為天下人犧牲奮鬥，這樣，我們就可以把治理天下的重任交給他。

「愛以身為天下，若可托天下」，換句話說，他不拘泥於小我，超越小我，達到了大我。我們把治理天下的重任託付給他，因為這個人不只是在乎自身的利益，而是有服務大眾的熱誠，由超越肉身的小我而邁向大我。林則徐說「苟利國家生死以，豈容禍福避趨之」，這就叫「貴以身為天下」，他把關懷的對象放大了。

第十四章

視之不見，名曰夷；聽之不聞，名曰希；搏之不得，名曰微。此三者不可致詰，故混而為一。

其上不皦，其下不昧，繩繩兮不可名，復歸於無物。是謂無狀之狀，無物之象，是謂惚恍。

迎之不見其首，隨之不見其後。

執古之道，以御今之有。

能知古始，是謂道紀。

道沒有色相，所以看不見，叫作「夷」；沒有聲音，所以聽不到，叫作「希」；沒有形體，所以摸不著，叫作「微」。道的這三方面都是無法窮究根底的，所以是渾然一個整體。

它外在顯現得不光明，內在隱含得也不昏暗，不絕如縷的樣子，沒有辦法形容，然後又回歸於空無一物的狀態。這叫作沒有形狀的形狀，沒有物象的物象，才稱作恍恍惚惚的狀態。

迎向它，卻看不到它的頭，跟隨它，卻看不到它的尾。

能夠瞭解最早的開始，這稱作道體運作的規律。

能夠把握亙古已有的道，可以駕馭現在存有的一切。

「視之不見，名曰夷」，「夷」，代表事物不突顯，讓人看不見。說明道沒有色相，所以看不見。

「聽之不聞，名曰希」，「希」，表示聲音很微弱，第四十一章「大音希聲」即是。聲音若有若無，所以聽不到；或者聲音很稀罕，聽了也聽不懂。

「摶之不得，名曰微」，「微」，表示細微不明顯。像《易經．坤卦》稱「履霜，堅冰至」，「履霜」就是「微」，顯示的就是「堅冰至」的徵兆和苗頭。《易經．繫辭下傳》說「微顯闡幽」，說的是幽微之處往往為人情所忽略，卻可能決定人生的大事成敗。「摶之不得」表示用手去捉摸，沒有辦法抓到。因為你摸不著，所以看不見，也聽不懂。

老子用「夷、希、微」來描述道，暗合「道，可道，非常道」之意。人總希望訴諸一般身體官能去感知大道，那是不可能的，只有靠心靈去體悟。老子這是在講道的不可思議，因為它沒有色相、沒有聲音、沒有形體。這一段對於後世的道家學者影響頗大，北宋的道家名士陳摶就被宋太宗賜號「希夷先生」。

「此三者不可致詰，故混而為一」，道的這三方面都是無法窮究根底的，所以是渾然一個整體。

「詰」，詰問、追究。「三者」，指「夷、希、微」。對於道體的「夷、希、微」三個方面，你也沒有辦法打破砂鍋問到底。換句話說，道體是超越人的感覺與思考之外的，要靠人用生命去體悟，不是知識和一般的智慧可以解決的。

可見，很多問題問到最後、究竟的時候，反而無法言說了。因為，能言說的只是「名」，即概念。問上帝、問如來，都一樣「不可致詰」，即用言語、概念，通通問不出來。

「混而為一」，「一」就是整體，這是「一」在《道德經》的第二次出現。「一」在此不是量詞，是整體不可分割的意思。

「其上不皦，其下不昧，繩繩兮不可名，復歸於無物」，它外在顯現得不光明，內在隱含得也不昏暗。不絕如縷的樣子，沒有辦法形容，然後又回歸於空無一物的狀態。

「其上不皦，其下不昧」，「昧」，昏暗的、昏昧的，代表看不清楚。「皦」，跟「昧」正好相反，是光明的意思。

談到道體的時候，雖然知道沒有辦法說清楚，但人總要儘量嘗試。所以，老子根據他對道的一些體驗，大概給我們描述了這個混沌的整體。假定還能勉強分上下的話，那個外顯的部分不是光明的，內在的部分也不是昏暗的。說道是光明的也不對，說道是昏昧的，也不對。

《論語・八佾》孔子對魯太師說：「樂其可知也。始作，翕如也。從之，純如也，皦如也，繹如也。以成。」孔子這幾句話，把音樂的道理講得很清楚。「皦如」，就是指某個交響樂各個不同的聲部，不同的合奏裡面每一個聲部都清楚得很，絕對不會濫竽充數。所以最好合奏，除了要做到「保合太和」外，還要「各正性命」（《易經・乾卦》）。最好的團隊，是每一個人的個性在裡面都不受壓抑，還發揮得好，不妨礙群體，就像一首樂曲一樣。然後「繹如也」，即從頭到尾就沒斷過。「以成」，這個樂曲就結束了，就圓滿了。

如果演奏某一種樂器，在整個樂團之中可有可無，或者進去之後，為了配合整體，喪失了自己獨有的音色，那都不對。所以要做到和而不流，「八音克諧，無相奪倫」（《尚書・舜典》）。

「繩繩兮不可名」，「繩繩」，不絕如縷的意思。就像孔子講「繹如也」，就是從頭到尾是不會斷的。「名」是形容的意思。對於道體，人就沒有辦法給它一個恰當名稱，沒有辦法去形容它。我們說，一個東西超越了形容，即「莫名其妙」。因為你面對的是道體，說它亮也不對，說它暗也不對，可是它就一直這麼浩浩蕩蕩往前延續著。

「復歸於無物」，然後又回歸於空無一物的狀態。「無物」，不是一無所有，只是不具備具體形象，卻實際上又存在罷了。

「是謂無狀之狀，無物之象，是謂惚恍」，這叫作沒有形狀的形狀，沒有物象的物象，才稱作恍恍惚惚的狀態。「惚恍」，是在講人的心理感受，代表模糊不清的狀況。

「迎之不見其首，隨之不見其後」，迎向它，卻看不到它的頭；跟隨它，卻看不到它的尾。這裡是老子對道體的形容。從時間上看，道體無始無終；從空間上看，它無所不在，無頭亦無尾。這就有點像顏淵形容老師孔子的形象：「瞻之在前，忽焉在後。」（《論語．子罕》）他追隨老師多年，總覺得自己學得不錯了，等到深入領會以後，發現自己跟老師相比還差得太遠，根本是望塵莫及，老師的道已經超過自己所能接受的境界了。

「執古之道，以御今之有」，「執」，把握的意思，「御」，駕馭、管控。能夠把握亙古已有的道，可以駕馭現在存有的一切。「執古之道，御今之有」，有化繁為簡、以簡馭繁的意思。人一旦掌握到究竟真實的存在，什麼千變萬化的具體事物就都沒有問題了。因為道永遠不變，可以管理得井井有條。這也是《易經》變易、不易、簡易的道理。這就叫「執本御末」。「古之道」是本，「今之有」是末。在這種情況下，沒有古今，沒有過去、現在、未來，《金剛經》云「過去心不可得，現在心不可得，未來心不可得」，時空只是幻象，從整體來講沒有差別。這正如莊子在《齊物論》裡面所說，最高的智慧就是「未始有物」，即體會到從來沒有任何東西存在過。

「能知古始，是謂道紀」，「紀」，綱紀、規律。能夠瞭解最早的開始，這稱作道體運作的規律。故一定要追本溯源、原始要終，才能夠控制全域。

「紀」也代表對一件縱橫交織的事情、一個包羅萬象的事物能貫通瞭解，知曉過去、現在、未來的發展。掌握到「紀」，就如掌握到「則」（法則），你的人生就不會那麼雜亂無序。對「道紀」運用得好，什麼事情都處理得漂漂亮亮；運用得不好，就會變成包袱，束縛我們的一舉一動。

「紀」很重要，在《孫子兵法．用間篇》有一個名詞叫「神紀」，出神入化，陰陽不測，就是「神紀」。孫子說：「五間俱起，莫知其道，是謂神紀，人君之寶也。」五種間諜（鄉間、內間、反間、死間、生間）全部發動，靈活運用，能使敵人摸不清我方的行動規律，這就是使用間諜神妙的道理，也是君主克敵制勝的法寶。

人一旦掌握到「道紀」之後，就能有條不紊地處理事情，要言不煩地闡述問題，不會如一團亂麻般讓人摸不著頭緒。《易經．繫辭下傳》說：「《易》之為書也，原始要終，以為質也。」「原始」才能「要終」，任何事情都是有本末、終始的。

這一章，老子雖然是講形而上的道理，其實我們可以作形而下的運用。你如果是一個善於解決問題的高手，一出招解決問題，對對手來講，完全是「夷、希、微」的表現。「視之不見」，這是哪一招？讓別人看不懂。等到對手記住你的招式，再去運用，下一次面對你時又變了。《孫子兵法》說「戰勝不復」，即戰勝對手，絕不用老招。有創造力的人，還會用固定的招式嗎？所以對方背下來也沒有用，下一次出新招，還是把對手撂倒。然後，對方都沒有辦法研究你的高深程度，因為「不可致詰，混而為一」，問不到答案，這是一個整體的，如同常山之蛇，「擊其首則尾至，擊其尾則首至，擊其中則首尾俱至」（《孫子兵法．九地》），就這麼靈活。你打它任何的局部，都會招致整體反攻。

「其上不皦，其下不昧，繩繩兮不可名」是貫通一氣的，不明不暗，不絕如縷。「無狀之狀，無物之象」，怎麼對付？有形的東西才可以對付，無形的東西怎麼對付？這就是道家「無物」的厲害，根本無跡可求。「迎之不見其首，隨之不見其後」，你要怎麼對付這種人？只有頭疼了。

第十五章

古之善為道者，微妙玄通，深不可識。夫唯不可識，故強為之容。豫兮若冬涉川，猶兮若畏四鄰，儼兮其若客，渙兮若冰之將釋，敦兮其若樸，曠兮其若谷，混兮其若濁。

孰能濁以靜之徐清？孰能安以動之徐生？

保此道者不欲盈。夫唯不盈，故能蔽而新成。

古代善於踐行「道」的人，精微、奧妙、神奇、通達，其深度不是一般人可以理解的。正因為一般人沒法理解這麼高超的境界，所以勉強把他描述一下。他小心謹慎啊，就像冬天渡過結冰的大河；他警覺戒備啊，就像防備四鄰攻擊；他尊敬莊重啊，就像做客人；他自在隨意啊，就像冰塊緩緩消融；他誠懇厚道啊，就像沒有經過雕琢的素材；他胸襟豁達啊，就像幽深的山谷；他渾厚寬容啊，就像混濁的水。

誰能透過混濁讓它安靜下來，慢慢澄清？誰能在安定中行動起來，讓它慢慢展現生機？

保有這種「道」的人，不肯自滿。正因為他從不自滿，所以能夠一直去舊存新。

「古之善為道者，微妙玄通，深不可識」，古代善於踐行「道」的人，精微、奧妙、神奇、通達，其深度不是一般人可以理解的。王弼的版本是「古之善為士者」，士大夫的「士」，指知識分子。「善為道者」，現在指有智慧、有修為的知識分子，也指一個在大道方面修得很好、踐行得不錯的人。這樣有修為的人做事情，絕不會硬碰硬，搞得自己遍體鱗傷。

「夫唯不可識，故強為之容」，「強」，勉強；「容」，描述、形容。正因為一般人沒法理解這麼高超的境界，所以勉強把他描述一下。修道修得很好的人，給我們一個什麼感覺呢？下面就是老子具體描繪的七種狀況。

「豫兮若冬涉川」，他小心謹慎啊，就像冬天渡過結冰的大河。「豫」跟後面的「猶」連在一起，有猶豫之意。代表一個人做事情非常審慎，絕不魯莽衝動。這不是心無定見，而是知道世事多艱難，所以不輕舉妄動。如果要行動，一定是先審慎思量，確認立於不敗之地後，才下手。這也是孔子所說的「必也臨事而懼，好謀而成」（《論語．述而》）。

「豫」，在古代本來是指大象。河南省簡稱「豫」，因為在遠古時期，黃河中下游地區河流縱橫，森林茂密，野象眾多，河南被形象地描述為人牽象之地，這就是甲骨文象形字「豫」的根源與河南簡稱「豫」的由來。大象身軀笨重，在過結了冰的大河時，因河水結冰的厚度不足以支撐大象的體重，所以，大象在過河時有點小心、遲疑，不敢輕易冒險，這就是「猶豫」之意，是從動物的生態演繹而來的。人類受到這個啟發，在做事情的時候，都要先評估風險，審慎考量，以確保立於不敗之地。

兵法教我們在打仗之前，也是要做最壞的打算，先評估最大的風險可能是什麼，自己的承受能力如何，然後再做好一切預備。要像大象過結冰的大河一樣，小心謹慎，不輕易涉險。

「猶兮若畏四鄰」，他警覺戒備啊，就像防備四鄰攻擊。「猶」，是「犬」字邊，指猶猢，像猴子，個頭比較小，《水經注》稱：「似猴而短足，好遊岩樹，一騰百丈，或三百丈，順往倒返，乘空若飛。」在叢林之中，猶猢比較弱小，容易受到威脅，所以，牠很審慎，能三百六十度觀測風險，看看四面八方有沒有敵人來攻擊。像獅子與老虎在叢林裡，就不一定會有猶豫的動作。所以，對人的立身行事來說，很多事情沒正式做之前，一定要評估風險，小心謹慎。

要知道，畏懼本來就是生命的本色。《易經》震卦就說「君子以恐懼修省」，第六爻〈小象傳〉說：「雖凶无咎，畏鄰戒也。」這些都在告誡我們，人要常懷畏懼之心，不要膽大妄為，還要研究前車之鑒，不至於犯同樣的錯。世路難行，坎坷不斷，小心雖然不一定行得萬年船，起碼讓我們減少很多麻煩事。大膽狂妄的人，不懂得戒慎恐懼，近憂與後患也會不斷。

「豫兮若冬涉川，猶兮若畏四鄰」，這就是老子的風格。但這並不是說，面對任何事猶豫不決，不敢前行。而是說，處理事情沒有做到恰到好處，不該表態的時候過早表態，該表態的時候又不表態。所以，人預測事情、應對變化時，要審慎考量，不要過猶不及。都說諸葛亮才華蓋世，但他實際行事時，特別審慎。《三國演義》所說的空城計是真是假，我們無從得知，不過以他的個性，不會輕易那樣冒險。明代思想家李贄說「諸葛一生唯謹慎」，說明諸葛亮為人處世是非常謹慎的，不敢亂來。

人生都有需求，但是人生沒有多少光明的事情，不如意事常八九，大部分都是坎坷。如何適應人生的各種坎坷？我們要常持敬慎不敗的心態，在坎險中學習如何應對，人生才會順遂。

「儼兮其若客」，他尊敬莊重啊，就像做客人。「儼兮」同「儼然」，很莊重的樣子，代表人很客氣，彬彬有禮。「其若客」，好像客人一樣。做客，就要懂得禮貌，不要自來熟，以致變成喧賓奪主。孔子說「出門如見大賓」（《論語．顏淵》），不管一個人地位再高，當他做客人時，他都得尊重主人及環境。越有水準的人越客氣，越謙卑；越沒有內涵的人，越要顯擺。

說到客人，我們的人生在某種程度上來說，就是做客。蘇東坡詩云：「人生如逆旅，我亦是行人。」人生就是逆旅，我們都是住在旅店裡，是地球上的過客。我們什麼時候是主人？所有的一切只是暫時擁有，永遠不會有真正的所有權，最後什麼也留不住。很多人以為只要擁有大把金錢和無上權力，就可以做世界的主人。其實你根本就是「若客」，死後都是一場空。

另外，我們不要以為老子說「儼兮其若客」，就認為那些有道之士一直都這麼客氣，其實他們出手搶奪主動權的時候，比誰都快。歷史上，在改朝換代時出現的那些道家人物，譬如張良、劉伯溫，他們對世事的反應，靈敏得不得了。機運來了，如果你太客氣，就什麼也得不到。所以，「若客」還是要看情境和對象的，老子特別懂得用柔，但是他的鋒芒不會讓人感覺到，他會用自己的柔去包裝內在的剛，剛性一發動，勢不可擋。

「渙兮若冰之將釋」，他自在隨意啊，就像冰塊緩緩消融。「渙」，原意指「渙散」，這裡有精神自在隨意的意思。就是說，得道的人教化人的時候，會讓你感覺舒服極了，好像冬天的陽光融化冰塊一樣。所以，他從「望之儼然」，變成「即之也溫」（《論語．子張》子夏曰：「君子有三變：望之儼然，即之也溫，聽其言也厲。」）了。最後，你會發現，這個人和藹可親，因為他的自在隨意就像溫暖的太陽，融化了彼此冰冷的關係。從人際關係上來看，彼此沒有那麼多利害與算計，他可以用真性情面對你，你也會感受到對方的和藹可親。

「敦兮其若樸，曠兮其若谷。」這兩句話的意思是：他誠懇厚道啊，就像沒有經過雕琢的素材；他胸襟豁達啊，就像幽深的山谷。

「敦」，誠懇厚道；「樸」，指沒經雕琢過的原木。這說明，這個得道的人非常質樸，不會矯揉造作，言辭也不會拿腔拿調。不像現在的一些名嘴，言語刻薄，面目猙獰。「敦」字，也是經典中一再強調的。如《中庸》「大德敦化」，大的德行使萬物敦厚純樸，使人絕沒有嫉妒心；《易經》臨卦第六爻「敦臨」，說明在高位上退下來的人提攜後進，沒有什麼別的目的。《禮記．經解》說《詩經》教人「溫柔敦厚而不愚」，雖然為人溫柔敦厚，但不要變成笨蛋而被人騙了。

「曠」，空曠，指心胸豁達。「谷」指山谷，「若谷」指心靈要虛懷若谷。「曠兮其若谷」，代表得道的人心胸開闊，沒有閉塞不通，沒有自以為是的成見、偏見。人修到「虛懷若谷」的境地，既有深度，又很空曠。

「混兮其若濁」，他渾厚寬容啊，像混濁的水。「混」，就是渾厚的意思。渾厚是精明的反面。「濁」，是混濁不清的意思。「若濁」，不是真的混濁，而是心裡清楚得很，對一些有瑕疵的人或事存有包容心，絕不會刻薄和精明過度。人太精明了，別人都對他有提防，實際上也是一種愚蠢。對於有些事，看到也假裝沒看到，這就是《易經》明夷卦所說的「君子以蒞眾，用晦而明」，「晦」，昏暗、含蓄，也是「混沌」的意思。即對待群眾，不能用聖人的標準要求每個人。你可以要求自己，「君子以自昭明德」（《易經．晉卦》）。可是對待群眾，能這樣要求嗎？水至清則無魚，君子面對普羅大眾，就要睜一眼閉一眼，用「晦」才能明。人還是渾厚一點好，不要精明過度。在公領域和私領域，誰沒有一點兒毛病呢？「混兮其若濁」，不是真的濁，而是包容。其實，哪有什麼嚴格的標準去分得了清與濁？

實際上，人間的很多事、很多人往往處於灰色地帶。什麼是清？什麼是濁？就像太極圖一樣，是清中有濁、濁中有清，還是清極轉濁、濁極轉清呢？清濁難辨。若再讀老子後面的「知其白，守其黑」，你就清楚對人要包容，不要有分別心，而且心態要渾厚一些。有些事不是不知道，而是不需要去計較。你可以要求自己一清如水，可沒有辦法要求其他人都一清如水。蓮花生長在污濁的地方，如果是一池清水，說不定還真開不出蓮花來。

老子在第七十八章引用聖人之言說：「受國之垢，是謂社稷主；受國不祥，是謂天下王。」

你要能受這個國家的「垢」或「不祥」，你就是社稷的主或天下之王。要是像伯夷、叔齊那樣，如果他們沒有餓死，那麼這兩位能治國嗎？要知道，「受」是要把天下社稷治理得左右逢源，老百姓快快樂樂。要把國家的「垢」化為「不垢」，把國家的「不祥」，化為「祥」，這就需要責任心，能與任何人打成一片。

「孰能濁以靜之徐清」，誰能透過混濁讓它安靜下來，慢慢澄清？人的外化表現於「濁」，其意在於跟所有人打成一片，「濁」不是目的。塵埃落定，由濁轉清不可能一下子做到，要慢慢澄清。把混濁變澄清，一定是要先能「靜」下來。道家講靜，不能浮躁，否則越攪越亂。在最亂、最污穢的時候，要能靜得下來，才可以讓那攪渾水的顆粒物都沉澱下來，還原澄清的環境。注意，道家的靜，後面還是要動的。即持守「無為」到頂點之後，目的是要「無不為」。所以，老子下面就是「孰能安以動之徐生」，誰能在安定中行動起來，讓它慢慢展現生機？前面要靜，後邊又要安。近代學者王國維，字靜安，其字大概就是取自老子這兩句話。

「濁以靜之徐清」之後，老子就要出手了，開始「安以動之徐生」，展開下一回合的新創造，即生生不息。這個道理，從練功、養氣，到包括做一切事情都是這樣。道家最後是要幹事的，要顯現生機的，要有創造。可是，先前不能急，要慢慢來，由靜轉動。前面由濁慢慢變清，清了之後就要發動了。這種動靜轉換，要結合時機，而且要有耐心。黃石公磨煉張良，就是磨煉年輕人的耐性。因為真要做大事，沒有耐性是不行的。有了老子以上所描述的這種整合力，社會才不會越來越亂，反而大事化小、小事化無，可以做一點建設性的事情了。

「濁以靜之徐清？安以動之徐生？」老子用了兩個反問句，意思是：「誰辨得到？」也就是前面善於踐行「道」的人辦得到，一般人都不行。

「保此道者不欲盈」，保有這種「道」的人，不肯自滿。人絕對不能像「亢龍」那樣驕傲，「盈」就完蛋了。這一套可是治國平天下的大功夫，也是處人世能夠逍遙自在的大功夫。「不欲盈」，即絕不肯驕傲自滿。每一個讀《易經》乾卦的人，都知道「亢龍有悔」是怎麼回事。「亢龍有悔」的結果，就是「盈不可久」。人家是「濁以靜之徐清」，跟你慢慢磨，天長地久。即使真做得漂亮了，也要想辦法把驕傲自滿的心壓下來。

「夫唯不盈，故能蔽而新成」，「而」是能夠的意思。「蔽」指破落、破敗的東西或者毛病瑕疵。正因為不肯自滿，所以能夠一直去舊存新。人一旦懂得謙和，不自滿，就能去舊存新。其實，這絕對是新成。在第二十二章，老子就說「蔽則新」。「蔽而新成」，是指當事情快要完成的時候，再把它當舊的看待，然後能夠有新的創造。「蔽而新成」，也意味著走不一樣的路子，結果有新的成功、新的創造。

道家最會這一套了，濁能變清，蔽能變新，能夠撥亂反正。就像《黃帝內經》所講的「上醫醫國」，能夠讓陰陽慢慢恢復平衡，化腐朽為神奇。破的東西都沒人敢接，有道之士通過慢慢改造，最後都變新的了，搞得井井有條。一旦改造成功了，就是「蔽而新成」。

第十六章

致虛極，守靜篤。
萬物並作，吾以觀復。
夫物芸芸，各復歸其根。
歸根曰靜，靜曰復命。復命曰常，知常曰明。
不知常，妄作凶。
知常容，容乃公，公乃全，全乃天，天乃道，道乃久，沒身不殆。

追求心的「虛」要達到頂點，持守「靜」要完全確實。
萬物蓬勃生長又活動，我因此觀察到循環反覆的道理。
萬物繁雜眾多，最後總是回歸到各自的本源。
返回到本源就叫寂靜的狀態，寂靜的狀態就是復歸本性了。復歸到本性就稱作常道，明白了常道就叫作啟明。

不明白常道，讓妄念作祟，就會有凶險。明白常道才會包容，包容才會大公無私，大公無私才會周全，普遍周全才符合天意，符合天意才合於大道，合於大道才能永垂不朽，這樣終身也不會有任何危險了。

這一章裡面，有些哲學命題非常重要，如《易經》復卦的意涵。這一章出現好幾個「復」。「復」是儒、釋、道三家共同追求的思想，人要擺脫六道輪迴，擺脫人情困擾，唯一要走的就是「復」的路子。開發自性，回歸心靈家園，再見到「天地之心」，都是復卦的意涵。「天地之心」就是天賦予人的本來真心，也就是孔子的一貫之道——「仁」。儒家講致良知，佛教講自性開發，都是回歸到「天地之心」，才有生發的能力，歷劫不毀。道家則是致虛、守靜、知常。

「致虛極，守靜篤」，追求虛要達到頂點，持守靜要完全確實。「致」，是一定要達到，而且要加把勁達到。「致虛」，先要把自己心中原來的智識虛掉，即消除掉滿肚子的成見、偏見、妄念與不合理的信念等。人要真正做到虛心，很不容易。首先要放空自己。由開始讓內心一點點的虛，變成內心全部都是虛，最後的實現就是「致虛極」。我們讀古書就是要致用，任何一點智慧都能發揮到至大無礙、淋漓盡致。虛到極處，就是功夫了。《莊子・人間世》說「虛室生白」，空的房間才顯得明亮。如果房間裡塞滿了東西，再亮的光照進來，都有暗影。人的心靈也一樣，虛了才能空，空了才能明。在《論語．泰伯》中，曾子說到顏淵時就說：「有若無，實若虛，犯而不校，昔者吾友嘗從事於斯矣。」虛己的功夫，我們確實要學。在《易經》咸卦中，就說「君子以虛受人」。然後，守靜要篤。「篤」，實實在在、確實的意思。《中庸》說「博學之，慎問之，慎思之，明辨之」，「學、問、思、辨」之後，最後的功夫就是「篤行之」。所以，不管你用哪一種方法，一定要達到「極」，達到「篤」，一旦厚實了，就禁得住任何困難的考驗。

「萬物並作，吾以觀復」，萬物蓬勃生長又活動，我因此觀察到循環反覆的道理。「作」字是怎麼造出來的？「人乍」立，一個人突然從身邊站起來，就叫「作」，這裡指萬物的生長活動。觀察到萬事萬物循環反覆的情形，是從「致虛極，守靜篤」之後，才能做到的。待你的內心靜到極點之後，就能感受到「萬物並作」，由無到有，再由有返回到無。

「吾以觀復」，「復」，返也。「觀」，「觀自在」的觀。孔子說「觀其所由」，觀察它是怎麼來的，又會往哪裡去。我們要觀的「萬物」，包括人、事、物。人在虛靜的時候，反而要好好運用觀自在的功夫，來觀想萬物的本源。虛是有的本，靜是動的根。有生於虛，最後必返回到虛；動起於靜，最後必返回到靜。這就是「復」的豐富意涵。所有萬事萬物的剝極而復、生生不息等現象，是最值得觀察、觀想的。生老病死、榮枯盛衰，這是必然的現象。我們沒有時間去感傷過去，要觀所有過去的萬物，能不能帶來新的生機。這樣才永遠有希望，永遠有生機。

當然，要「觀復」，不能只看到萬物的外殼，一定要洞悉到核心。一般人看到「萬物並作」，只看到表象，沒有辦法掌握到核心，就會感覺任何事物如白駒過隙，萬法皆空如夢幻泡影，認為很虛無。會觀的人，就能直探萬物核心的生機，觀到萬物的「復」，這就是需要剝的功夫，沒有剝不會有復，要看到剝離後的東西，就得「五蘊皆空」，最後看到那個一切真實不虛的「復」，這樣才能夠「度一切苦厄」（《心經》「照見五蘊皆空，度一切苦厄」）。

可見，「吾以觀復」在老子來說，就是從「萬物並作」的這個變動的現象，即變易中去掌握不易（不變的規則），悟到「不易」之後，萬事都簡易了。然後，人再次面對萬事萬物的時候，就能化繁為簡、以簡馭繁了。一般人觀到的都不是「復」，而是表面的東西，那個東西變來變去，能持久嗎？能有創造力嗎？遲早是要過時的。

「夫物芸芸，各復歸其根」，萬物繁雜眾多，但最後總是回歸到各自的本源。「芸芸」指草木繁盛的樣子，這裡有眾多的意思。從本到末，像花草果木的種子，由慢慢落地生根發芽，伸枝展葉，到葉落歸根，最後回到根源——泥土裡面，即「各復歸其根」。這是一定的，這也是自然法則。西方哲學家亞里斯多德說：「循環的圓是最完美的運動，它的終點與起點合而為一。」道理就是如此。

「歸根曰靜，是謂復命」，返回到本源就叫寂靜的狀態，寂靜的狀態就是復歸本性了。「歸根曰靜」，生命的現象都是如此，你真要歸根，要有沉靜的功夫，才能夠體會到。《大學》講定、靜、安、慮、得，也就是說，人只有做到「定、靜、安」了之後，才能慮深通敏，最後才能「得」。「是謂復命」，即回歸到本性狀態。「命」就是性，對人來說，就是回歸人的本性。對其他動物來說，也是回歸到各自的本然狀態。每個人都得復命，得掌握那個核心的生命，即核心的創造力。

「復命曰常，知常曰明」，回歸到本性就稱作常道，明白了常道就叫作啟明。「常」，指常道，也有正常、平常的意思。常道是宇宙萬物發展的規律。「知常曰明」，人的智慧，能夠體悟天地間的常道了，就不是表面那些生生滅滅的現象，而是進入到啟明的境界。知道常道、常理，才叫明白人。在道家來說，「明」比「智」的境界要高，「智」是辨識人的，「明」是認識自己的。瞭解自己，稱「自知者明」，瞭解別人則是「知人者智」，是一個智慧的境界。「自知者明」比「知人者智」尤勝一籌。可見，自知更重要。

「不知常，妄作凶」，不明白常道，讓妄念作祟，就會有凶險。大部分人往往不明白常道，怎麼做都不會成功。《易經》的無妄卦就是如此。剛起心動念，想早一點成功了就遭遇無妄之災，結果精神也出毛病，然後天災人禍都來了。復卦好比我們偶爾在一個安靜的環境中閉關，一時好像接近了「天地之心」，無妄卦如同出關，一到紅塵濁世，我們的心又亂了。心一亂，我們就妄作、妄求、妄想。無妄卦六個爻，有四個爻都是凶的，就是因為妄念作祟。「無妄」，就是要打消你的妄想，讓你沒有時間想那些亂七八糟的。生活在妄念裡，絕不會有好結果。「復」就「知常」，「妄」就永遠不知常，一天到晚輕舉妄動、癡心妄想，就不斷有天災人禍，那就要受無量苦。

「知常容，容乃公，公乃全」，「容」，包容；「公」，大公無私。明白常道才會包容，包容才會大公無私，大公無私才會周全。人如果不明白人生的常道、常理，就容易偏離「天地之心」，時間久了，就變得心態不正常，那他的人生就太多苦了。為什麼現代社會各種心理變態的人那麼多？就因為人們多為私欲所蒙蔽，不能做到誠意、正心，看事情就失其正，行事也就失掉了常道。如果你瞭解了常道，「知常曰明」，就能讓心靈啟明了。換句話說，你就能認識自己，做事情不會逾越常軌，能包容一切。

「容乃公」，人生下來，有的命好，有的命苦，有的弱勢，有的強勢。有時候不是他自己的罪惡，而是他個性軟弱。這都需要包容。《禮記．禮運》講「大道之行也，天下為公」就是「容乃公」的演變。最高的智慧，一定是從化私為公，才可能出來的。無私是百智之宗。人嗜欲越深，再怎麼機巧，也不會有真正的智慧出來，因為利令智昏。

但是，做到「公」絕對不容易，這要一步一步修的。「公乃全」，「全」，有周全、普遍照顧到的意思。「全」字是一塊完整的玉，沒有任何瑕疵。做事情很周全，考慮很全面。就像人要達到《易經》謙卦的修養境界，就很周全了，那時天地人鬼神都能達到最佳的平衡。人做到公平、公正，天下為公，才能把事情處理得普遍周全。各方面事情處理得很好，最後當然就合乎天道了——「全乃天」，普遍周全了，才符合天意。

「天乃道，道乃久，沒身不殆」，「沒身」，終身；「殆」，危險。符合天意才合於大道，合於大道才能永垂不朽，這樣終身也不會有任何危險了。「道乃久」，如果合乎大道，雖然肉身毀了，但精神永存。「不殆」，也是兵法的境界，孫子說「百戰不殆」，必須知彼知己。「不殆」，就永遠不會有危險。

第十七章

太上，下知有之；其次，親而譽之；其次，畏之；其次，侮之。
信不足焉，有不信焉。
悠兮其貴言。
功成事遂，百姓皆謂「我自然」。

最好的統治者，人民只知道從上之道；其次的統治者，人民親近他並且稱讚他；再次的統治者，人民畏懼他；更次的統治者，人民蔑視他。
自己的誠信不足以服眾，人們就不信任他。
最高明的領導者，表現一副閒適從容的樣子，自己很少發號施令。
等到大功告成，事情辦妥，百姓都說「我們本來就是這樣的」。

「太上，下知有之」，最高明的領導者，人們僅僅知道有這麼個人，只知道從上之道。「太上」，最高明的領導者。在《左傳》裡，就講「太上有立德，其次有立功，其次有立言」，這就是中國的「三不朽」。最高境界的表現叫「太上」。因此，後來有人封老子為「太上老君」。「下知有之」，表示領導者「處無為之事，行不言之教」。他凡事化繁為簡，以簡馭繁，做什麼事情都井井有條，下面的人根本都感覺不到這個領導人的存在，只知道根據上面的吩咐做事就不會錯。實際上，「天下本無事，庸人自擾之」，很多事情都是因為人有私心、欲望，沒事才搞出事來的。說不出來的，就是一個好境界；說得出來的，都不是特別好。

「太上，下知有之」，這句話是在講領導統御的智慧。最高的領導人無為而治，到了化境。老百姓只是模模糊糊知道，有這麼一位領導，也沒有感覺到有什麼壓力，跟著做就好。所以，要讚揚他，好像都不知道怎麼讚揚。在《論語》裡，孔子讚美堯，說：「大哉！堯之為君也！蕩蕩乎，民無能名焉。」意思是，堯做國君真了不起，很有政績，但是好像老百姓只知道他好，不知道他什麼地方好。老百姓只是模模糊糊的知道有這麼一個國家領導人。沒有信心的人，才一天到晚要宣傳。

「其次，親而譽之」，其次的統治者，人民親近他並且稱讚他。這種次一等的國家領導人，在孔子的眼中，就是「道之以德，齊之以禮」（《論語．為政》），實行仁心仁政的國君。「親而譽之」，在老子的觀念中，已經是比較低一等的境界了。因為，這種國家領導人一定要去收買民心，要拿出很多的政績，得到大家的肯定。這種做法就不見得是自然真誠，但是他至少有政績拿出來，讓百姓覺得他親民，百姓自然會誇讚他。

「其次，畏之」，再次一等的領導人，人們畏懼他。這種領導者治國實施的是恐怖統治，以嚴刑峻法治國。這就是孔子所說的「道之以政，齊之以刑，民免而無恥」（《論語・為政》），靠著國家機器的威權、政令的嚴苛，來讓百姓畏懼。這種情況，以秦朝最明顯，是以力服人，非以德服人。

「其次，侮之」，更次的統治者，人民蔑視他。百姓把領導者看作紙老虎，並起來反抗，這種領導人除了昏庸就是無能，故百姓「侮之」。像這樣的領導統治，就完全失序了。百姓想辦法來侮辱統治者，社會就失序，領導人如何服眾呢？連以力服人都沒有。古今中外那種對政治管理失控的領導人，百姓根本不把他當回事的，下場都很慘。

老子講了以上四種領導者的境界，他說，其他三種等而下之的，總有一個原因吧。那就是「信不足焉，有不信焉」，自己的誠信不足以服眾，人們就不信任他。人的互信、互惠、互愛都是雙向的。領導人自己的誠信與威望不足，怎能怪下面的人不信賴你呢？如果你「有孚惠心」，人家就「有孚惠我德」（《易經・益卦》）。你如果自私自利，還壓迫別人，人家肯定要造反。所以，《易經》小畜卦第四爻就說「有孚，血去惕出，无咎」，領導人要與百姓建立互信，不然就會有流血反抗，兩敗俱傷，對誰都不好。你的誠信不夠，就沒有辦法強迫人家信你。

「悠兮其貴言」，領導人真的閒適從容啊，自己很少發號施令。這說明講得再多不如實際讓百姓受益。口惠而實不至，沒有讓人信服的理由，人們便不再信任你。所以，做領導的，還是少講話。為政不在多言，就看你的實際表現。作為一個領導人，要靠自己實際的作為令百姓滿意，這樣大家讚美你都還來不及。可見，當領導的不要隨便發號施令，要很從容閒適，如談笑用兵，做起事來就舉重若輕。而且領導人一言既出，馬上涉及威信的問題，如果行不通，又撤回來，那領導的威信就喪失了。領導人發言的時候一定有充分的準備，不說則已，言必有中，這才是領導者的氣度。

「功成事遂，百姓皆謂『我自然』」，大功告成，事情辦妥，百姓都說「我們本來就是這樣的」。「自然」，指的是本來如此的狀態，而不是一般人所說的自然界。把事情做成，大家感覺到實惠，功也成了，事也妥了，原定的目標也達到了。老百姓還不覺得是領導有方，反而會說本來就如此。這就是最少的管理即最高的管理。假定讓老百姓看出領導怎麼做到的，把這麼難辦的事情做好了，說明你水準還不夠高。如果讓一些政敵看出門道來，可能還會想辦法搞破壞或者杯葛你。

「百姓皆謂『我自然』」，這在《莊子．天地篇》有：「大聖之治天下也，搖盪民心，使之成教易俗，舉滅其賊心而皆進其獨志，若性之自為，而民不知其所由然。」意思是：偉大的聖人治理天下時，就是放任民心，使他們教化成功、改變風俗，完全消除他們的害人念頭，進一步又能促成他們獨到的人生目標，就像是自性自動自發這麼做的，而他們並不知道自己為什麼是這樣。這是效法自然的領導人的高招。也是《易經》坤卦中說的「黃裳元吉」，是典型的無為而治。《論語》中，也有談到無為而治：「無為而治者，其舜也與？夫何為哉？恭己正南面而已矣！」實行無為而治的人那是舜吧？他做了什麼呢？只不過讓自己很莊重地面南端坐著罷了！你看，舜治國就是「悠兮其貴言」，「恭己正南面而已」。

另外，值得注意的是，「功成」跟「事遂」並不完全一樣，「成」是最後的結果，獲得成功還可以開啟下一階段的事業。「遂」只是獲利，不一定能做到固守事業的果實。

第十八章

大道廢，有仁義；智慧出，有大偽；六親不和，有孝慈；國家昏亂，有忠臣。

大道廢棄之後，才有所謂的仁義；智巧小慧出現，才有過分的虛偽；家人之間失了和氣，才有所謂的孝慈；國家陷於無道悖亂，才有所謂的忠臣。

「大道廢，有仁義」，大道廢棄之後，才有所謂的仁義。真正的大道，是最後的真實，是無善惡分別的。大道的層次，要比仁義高，老子在第三十八章說「失道而後德，失德而後仁，失仁而後義」。因為，大道是以自然為宗，以無為為用，而仁義是相對於人際關係而言，講究有為。因為欠缺，所以強調。絕大多數人沒能悟道，反而有分別心，有執著的念頭，故特別把仁義標榜出來，作為社會的價值標準。為什麼社會上要評選好人好事？就在於當時社會太缺少「好人」。為什麼要選模範母親？因為當時為人母的不少不堪為範。相反，如果大道廣泛流行，人人都順道而行、順理而為，按照本心為人，就無須特別標榜仁德與義行了。

「智慧出，有大偽」，智巧小慧出現，才有過分的虛偽。這裡的「智慧」一詞，是指世俗的智慧，並不是大智慧。為了實現自己的私利，人們運用那些世俗的智巧與小慧，實質上就是你鬥我、我鬥你或者你算計我、我算計你，都是耍詐手段，已經沒有人真誠相待了。人的心思越用越壞、越來越不純樸了。

「六親不和，有孝慈」，家人之間失了和氣，才有所謂的孝慈。「六親」指父子、兄弟（姊妹）、夫妻。「孝」與「慈」，在人性中基本不太需要特別教導，順著自然的本性就能做到。上一代永遠愛護下一代，照顧下一代不需要任何條件。那下一代對上一代呢？就難說了。《紅樓夢》中〈好了歌〉云：「癡心父母古來多，孝順兒孫誰見了？」現實社會上真是如此。當社會已經走偏了，才要強調這些。如果大家自然而然孝慈，怎麼會強調呢？

「國家昏亂，有忠臣」，國家陷於無道悖亂，才有所謂的忠臣。歷史上，那些忠臣大多出自昏君當道、國家混亂之時。

老子這些觀點雖然讓人覺得刺耳，但說得一點都沒錯。當我們看到了標榜忠臣孝子，看到了智慧，看到了仁義的時候，不要太高興，表示社會已經出問題了。老子並不是否定仁義、智慧、孝慈、忠臣，而是在敘述客觀事實。道家反對的是做作和刻意標榜那些道德標準。

第十九章

絕聖棄智，民利百倍；絕仁棄義，民復孝慈；絕巧棄利，盜賊無有。此三者以為文，不足。故令有所屬：見素抱樸，少私寡欲。

棄絕聰明與才智，百姓可以得到百倍的利益；棄絕仁德與義行，百姓能回復孝慈的天性；棄絕了機心與財貨，盜賊自然就沒有了。這三方面都屬於文飾性的，不足以治理天下。所以，要讓百姓另有所遵循：表現單純，持守樸實；減少私心，降低欲望。

「絕聖棄智，民利百倍」，棄絕聰明與才智，百姓可以得到百倍的利益。「聖」跟「智」，都是名詞，前者是聰明的意思，後者指才智。從道家的觀點來講，讓人回歸自然最好，如果崇尚「聖」與「智」，人們就會鉤心鬥角，進而互相鬥爭、爭奪。「絕聖棄智」一語，在《莊子．胠篋篇》有：「故絕聖棄知（智），大盜乃止；擿玉毀珠，小盜不起。」

「絕仁棄義，民復孝慈」，棄絕仁德與義行，百姓能回復孝慈的天性。老子為什麼這樣說呢？因為現實社會中，有些人是「色取仁而行違，居之不疑」（《論語．顏淵》），看起來像是一個有仁心的人，行為卻違背仁德，還一副堅定不移的樣子。久而久之，人都變得虛偽而不自知。所以，老子堅決反對標榜「仁」與「義」，還是「人之生也直」（《論語．雍也》）比較好，百姓才能返璞歸真，回歸到自然的孝順父母、慈愛子弟。

「絕巧棄利，盜賊無有」，棄絕了機心與財貨，盜賊自然就沒有了。老子看到亂世這麼多詐偽、機巧現象，認為這都不是一個正常社會的長治久安之策。想要社會好，就不要標榜「智巧」、展現財貨的誘惑。寧拙勿巧，反而社會太平。大盜盜國，欺民盜世，都是因為「巧」與「利」產生的。看那種商場、政壇、職場的鬥爭，不都是為了利嗎？用好多智巧的招式，產生的是你死我活的局面。這都是老子深惡痛絕的。

「此三者以為文，不足」，這三方面都屬於文飾性的，不足以治理天下。「此三者」，就是聖智、仁義、巧利，它們都是包裝、文飾，沒有內在深厚的本質。用來治理天下國家，絕對是不夠的。有些人越是內在不足，外面就越文過飾非。有一句說得好：因為欠缺，所以強調。滿瓶的水不會動，只有半瓶子水才會在那邊晃蕩。按照孔子的觀點，文飾的東西也不能說不要，但是，一定不可以讓「文」勝過「質」，一定要「文質彬彬，然後君子」（《論語．雍也》），絕對不能名不副實，搞形式、做假象。

「故令有所屬：見素抱樸，少私寡欲」，所以，要讓百姓有所遵循：表現單純，持守樸實；減少私心，降低欲望。「見」即「現」，表現的意思。「素」在古代指沒有被染色的白絲。「樸」，指沒有被雕琢的原木。「見素抱朴」，是自然真誠的性情，很可貴。「少私寡欲」，老子沒有說無私，也沒有說絕欲，因為對人來說，那是不可能辦到的。少一點私欲就好了，嗜欲越淺，天機越深；而嗜欲深的，天機一定是淺的。

第二十章

絕學無憂。
唯之與阿，相去幾何？美之與惡，相去若何？
人之所畏，不可不畏。
荒兮，其未央哉！
眾人熙熙，如享太牢，如春登臺。我獨泊兮，其未兆，如嬰兒之未孩。
儽儽兮，若無所歸。
眾人皆有餘，而我獨若遺。我愚人之心也哉！沌沌兮！
俗人昭昭，我獨昏昏；俗人察察，我獨悶悶。
澹兮其若海，飂兮若無止。
眾人皆有以，而我獨頑且鄙。我欲獨異於人，而貴食母。

棄絕對智巧的學習，人就沒有憂愁煩惱。

恭敬的答應聲與輕慢的答應聲，相差多大呢？美與醜，距離多遠呢？

大眾所畏懼的，我也不能不畏懼。

廣大啊，這像是沒有了窮盡。

眾人快活的樣子，好像在參加盛大的祭祀，又好像春天登高遠眺。唯獨我淡泊恬靜啊，不顯行跡，好像還不會笑出聲的嬰兒。

孤孤單單啊，好像無所歸宿的樣子。

眾人什麼都有多餘，唯獨我好像有所不足。我真是笨人的心思啊！混沌無知啊！

一般世俗人都自炫光彩，唯獨我暗暗昧昧；世俗人都精明算計，唯獨我有些糊塗。

淡泊啊，像大海般深湛；飄飄蕩蕩啊，好像不知在哪裡停止。

眾人都有所施展發揮，唯獨我頑固又鄙陋。我想要的單單與別人都不同，而是能重視養育萬物的母體——道。

「絕學無憂」，棄絕對智巧的學習，人就沒有憂愁煩惱。老子把大刀一旦揮起來，就停不下來，還在往下砍，連學問都不要去追求了。實際上，老子反對的，是異化的學習，即那些標榜智巧一類的學習，那樣人就會越走越遠，成為學院裡的書呆子。太花巧了，絕對不是文明發展的好事。確實，有很多人學習的結果，根本就是「知識障」，還有些人越學越壞，完全失去了真誠而正直的學習目的。

「唯之與阿，相去幾何？美之與惡，相去若何？」恭敬的答應聲與輕慢的答應聲，相差多大呢？美與醜，距離多遠呢？「唯」，指恭敬的答應聲；「阿」，指輕慢的答應聲。世人所謂的唯跟阿、善跟惡、榮與辱，都是主觀而相對的。認定自己是善人，跟自己作對的，當然當作惡人看。可見，善與惡其實是有問題的，這是一種主觀的、相對的價值判斷，往往因時、因地而不同。人生很多善惡，是很不究竟的。萬事萬物的價值標準根本就是相對的，老子一眼就看透了：「天下皆知美之為美，斯惡矣；皆知善之為善，斯不善矣。」

老子在此要我們，對外破除相對的看法，對內破除分別執著的心，要善於質疑世俗的價值判斷：一般人所標榜的善惡，是真實的善惡嗎？

「人之所畏，不可不畏」，大眾所畏懼的，我也不能不畏懼。老子可以超越世俗的怕，但是，他說自己也要從眾，要和光同塵，不要特別特立獨行，顯露鋒芒。有道之士要同情那些弱者，因為芸芸大眾沒有辦法掙脫命運的擺佈，要想辦法去減低眾人的畏懼感。千萬不要驕傲，不要一下子就擺出一個「先知」姿態，也不要擺出一副指導人家的樣子。

「荒兮，其未央哉」，廣大啊，像是沒有了窮盡。「央」，盡；「未央」，沒有窮盡。老子說，大道本來是很遼闊的，沒有邊的，可是，人就持有分別心，畫這個框框，設那個框框，說這個是善，那個是惡，這些是贊成派、那些是反對派，平添很多痛苦。這也是老子自歎，感歎自己與世俗境界相差太遠。

「眾人熙熙，如享太牢，如春登臺」，眾人快活的樣子，好像在參加盛大的祭祀，又好像春天登高遠眺。「熙」，和樂。「太牢」，指牛、羊、豬三牲，是古代最高檔次的祭祀。宗廟祭祀，在以前是非常重要的活動。「如春登臺」，春遊時，到某一個高臺遠眺，心胸就很開朗。一般人追求的快樂，包括追逐名利、美色，把這些當享受。但是老子跟一般人不一樣，眾人都在追求世俗的快樂，他卻認為那樣的快樂一下就過去了，像一場夢一樣。他下面就表白，自己可不這麼幹。

「我獨泊兮，其未兆，如嬰兒之未孩」，唯獨我淡泊恬靜啊，不顯行跡，好像還不會笑出聲的嬰兒。「泊」，淡泊、恬靜。「兆」，徵兆、跡象，任何一件事情都有它的徵兆；「未兆」，代表在徵兆都還沒有出現之前。「孩」，指嬰兒的笑聲。一般來講，嬰兒很少煩惱，比大人快樂多了，我們常說，不失赤子之心。但是，當嬰兒長成小孩，上幼兒園，或者上學了，他就沒那麼快樂了。

「如嬰兒之未孩」，老子是讓我們回到最根源的混沌狀態，那才是真正的逍遙。人生的快樂，不是要享受「太牢」，不是「如春登臺」，總之，不要活得太熱鬧，要回到根源，享受真正的快樂。當然，逍遙是精神上的一種境界，而不是拋開大家，自己獨自逍遙快活去了。

「傫傫兮，若無所歸」，孤孤單單啊，好像無處可去。這樣的一個回歸自然的人，落落不群、飄飄蕩蕩的樣子，好像心靈無所依歸。說他孤高嗎？他一天到晚，跟群眾打成一片。說他俗氣吧？他又超凡脫俗，自己過得很好。可見，有道之士哪裡都能過，素其位而行，「造次必於是，顛沛必於是」（《論語．里仁》）。

眾人可能覺得，城市生活好苦，上五天班，到週末總算有一個假日，享受人生的和樂，有親子之樂，可以和好朋友出去玩玩。但是，春天的時候出去郊遊，結果發現每個人都出來郊遊，只看見人頭攢動，春意全無。這就是文明大盛之後，人再也無法找回那種返璞歸真的快樂了。

「眾人皆有餘，而我獨若遺」，眾人什麼都有多餘，唯獨我好像有所不足。「遺」，匱乏。凡俗的人，都希望攢一點錢，讀一個博士學位，然後謀一個好的職位，過一個體面的人生。或者幾十年後，開小學同學會、中學同學會或者大學同學會，掏出自己的名片顯擺，洋洋自得說「老子混得不錯」。這都叫「皆有餘」。老子則說，他不存任何東西，他要的不是那些俗物，寧願匱乏。

「我愚人之心也哉！沌沌兮」，我真是笨人的心思啊！混沌無知啊！從世俗眼光看，我可是太笨了，怎麼不懂得積攢一些東西呢？古人常說，養兒防老，就是如此。不過，現在來說，養兒防老有點像做夢，說「養老防（備）兒」更貼切些。

「沌沌兮」，即對於窮、富、成、敗，一派混沌無知的態度。

「俗人昭昭，我獨昏昏；俗人察察，我獨悶悶，」世俗人都自炫光彩，唯獨我暗暗昧昧；世俗人都精明算計，唯獨我有些糊塗。

「俗人昭昭、俗人察察」，表示一般人都希望明察秋毫，比誰精明。「我獨昏昏、我獨悶悶」，說明老子就沒有這個打算，好像很笨的樣子，不去察言觀色，不去計較，活得很自在。這樣，也並非不安全，反而是越會「察察」的人，越不安全。《易經．明夷卦》稱「君子以蒞眾，用晦而明」，就是說君子跟群眾相處，心裡什麼都清楚，但表面上什麼都不在意、不計較，就裝糊塗。人生難得糊塗，何必那麼精明？糊塗點，可以大事化小、小事化無。當然，這樣的人自己的精神生活豐裕得很，對群眾就寬以待人，對自己則嚴以律己。

沒悟道的人，這個也察，那個也察，甚至特務治國，結果有用嗎？秦朝，「察」得很厲害，才十五年就結束了。所以，察沒有用，還不如悶一點，悶聲發大財。

「澹兮其若海，飂兮若無止」，淡泊啊，像大海般深湛；飄飄蕩蕩啊，好像不知在哪裡停止。

「澹兮其若海」，因為深沉，所以表面很平靜，但是裡面可包容一切。「澹」即「淡」，指淡泊、沉靜的樣子。諸葛亮說「非澹泊無以明志，非寧靜無以致遠」，而我們世俗人，通常追求這個、追求那個，整日焦慮、患得患失，何來明志、致遠呢？

「飂兮若無止」，「飂兮」，飄蕩的樣子。好像真有一點兒逍遙遊了，心態很是隨順，也沒有說要有一定的目的，隨著這個時代的風，吹到哪裡算哪裡。一般來講，我們不希望這樣，總希望找一個地方安身立命。譬如，小夫妻向銀行借錢，買一套小房，生幾個小孩，安居樂業。得道的人則無所謂，哪裡都是家，莫謂征途苦，千山即是家。「若無止」，並不是真沒有一個止的地方，登峰造極也是止，止於至善也是止，怎麼會沒有止呢？老子是止於大道，止於真理的巔峰，止於逍遙與齊物。

「眾人皆有以」，眾人都有所施展發揮。「以」，即運用。有這麼一個資源，不管是自然的、人為的，還是有形的、無形的，我們都要懂得運用，同時，還要把資源的作用發揮到淋漓盡致。這裡，「以」又有延伸、擴充的意思。「眾人皆有以」，可以說是一般人活著，他總希望找到一個安定的地方，建立一個自己可以掌控的平台，然後藉以向外擴充。也就是說，每個人都有他的目的，都希望能夠在這輩子多爭取一點東西。

「而我獨頑且鄙」，唯獨我頑固又鄙陋。「頑」，冥頑不靈；「鄙」，鄙陋。老子似乎是在自嘲：怎麼就我那麼笨，不進行這些人生規劃呢？

「我欲獨異於人，而貴食母」，我想要的單單與別人都不同，是能重視養育萬物的母體——道。一般人的心態都是好高鶩遠，向外追求這個、追求那個，為了追求目標，吃也吃不好、睡也睡不香，還晚上吃泡麵，熬夜去加班。老子絕不這樣，該睡的時候就鼾聲如雷，該吃的時候絕不虧待自己。這也是老子思想對現代文明的反省，希望我們去檢討、反思。

「食母」，指乳母、奶媽。這裡是指道。道就像媽媽一樣照顧一切，不要求回報。有媽媽，就有飯吃。養育萬物的母體就是道，我們要找到這個根源，找到這個慈愛無盡的母體。

第二十一章

孔德之容，惟道是從。道之為物，惟恍惟惚。惚兮恍兮，其中有象；恍兮惚兮，其中有物。窈兮冥兮，其中有精；其精甚真，其中有信。自古及今，其名不去，以閱眾甫。吾何以知眾甫之狀哉？以此。

大德之人的表現，只遵從於道。道這種東西，說它無吧又似乎有，就是恍恍惚惚的樣子。

恍恍惚惚中，又具備了某種形象；雖然恍惚，它卻涵蓋了天地萬物。深遠昏暗的樣子，其中卻具有精微的東西；精微的東西很是實在，其中還有可靠的驗證。

從古代到現在，所命的名稱不會落空，據此可觀察萬物的創始。我憑什麼知道萬物的創始是什麼樣子？根據就在這裡。

「孔德之容，惟道是從」，大德之人的表現，只遵從於道。「孔」，大的意思。「孔德」是由全面觀照萬物後「道」所展現的特性。

「道之為物，惟恍惟惚」，道這種東西，說它無吧又似乎有，就是恍恍惚惚的樣子。關於「惟恍惟惚」，在《莊子．天地》中有：「視乎冥冥，聽乎無聲。冥冥之中，獨見曉焉；無聲之中，獨聞和焉。故深之又深而能物焉，神之又神而能精焉。」這一段的意思是：看上去一片昏暗，聽起來毫無聲響。一片昏暗之中，單單見到了光明；毫無聲響之中，單單聽到了和音。所以，在無比深遠之處，卻有東西存在；在無比神妙之境，卻有真實存在。

「惚兮恍兮，其中有象；恍兮惚兮，其中有物」，恍恍惚惚中，又具備了某種形象；雖然恍惚，它卻涵蓋了天地萬物。

「窈兮冥兮，其中有精」，深遠昏暗的樣子，其中卻具有精微的東西。「窈」，深遠；「冥」，昏暗。「精」，指微小的物質。

「其精甚真，其中有信」，精微的東西，很是實在，其中還有可靠的驗證。「信」，信實、可驗證。對於道的存在問題，老子絕對跟我們打包票，說那不是騙人的，不光是外面那些恍恍惚惚的形象，等你「照見五蘊皆空」了，就發現「道」的真實不虛，你才能夠「度一切苦厄」。

老子以上描寫「道」的四方面「有象」「有物」「有精」「有信」，說明「道」的不虛無，只是不能靠感覺去掌握，因為它「視之不見、聽之不聞、搏之不得」。但是，你不要懷疑，「道」確實是存在的，而且是一切事物存在的基礎。

「自古及今，其名不去，以閱眾甫」，從古代到現在，所命的名稱不會落空，據此可觀察萬物的創始。「甫」，指父親，引申為創始。沒有父親怎麼會有生命？「道」是永恆的，不隨外在的果皮、果肉或者軀殼的成住壞空而消失。假定這個大道不存在，反倒奇怪了，外面那些包羅萬象的萬事萬物存在的基礎，是什麼呢？自古及今，永遠都有人去探尋那個究竟的存在，相信那個存有，或者叫上帝，或者叫佛菩薩，或者叫道。過去心不可得，現在心不可得，未來心不可得，沒有大道，就沒有過去、現在與未來，時空是假象。

「吾何以知眾甫之狀哉？以此」，我憑什麼知道萬物的創始是什麼樣子？根據就在這裡。「眾甫」，萬物的創始。如果地球毀滅了，什麼東西都留不下來？其實，唯有「道」恆存。原始才能要終，追本溯源，宇宙是怎麼開始的，三千大千世界，是怎麼開始的？為什麼能夠知道任何東西的開始呢？因為，你掌握到最後那個道了，所有的東西，就可以通通瞭解，無所不知，無所不懂。所以，《金剛經》說「如來悉知，悉見」。

本章，老子對「道」的描寫，看似若有若無、若隱若現的樣子，但是，其中又「有象、有物、有精、有信」。由此可知，道不但不是虛無，反而是最真實的存在，與一般的存有物（即萬物），是截然不同的。一言以蔽之，道是最後的真實，不隨萬物的生滅而有任何變化。

第二十二章

曲則全，枉則直，窪則盈，敝則新，少則得，多則惑。是以聖人抱一為天下式。不自見，故明；不自是，故彰；不自伐，故有功；不自矜，故長。夫唯不爭，故天下莫能與之爭。古之所謂「曲則全」者，豈虛言哉？誠全而歸之。

委曲可以成全，彎曲下來反而能夠挺直，低窪反而能夠充滿，破舊的反而能夠更新，少求的反而獲得，多要的反而迷惑。因此，悟道的聖人持守住「道」，作為萬事萬物的法則。

不自我表現，所以能夠光明；不自以為是，所以能夠顯著；不自我誇耀，所以能夠成功；不自我尊大，所以能夠長久。

正因為不和人爭，所以全天下沒有人能和他爭。

古代所說「委屈的反而能夠成全」這句話，難道是空話嗎？確實應該保守住這句話，進而能歸向它啊！

「曲則全」，委曲可以成全。「曲」，委曲；「全」，保全、成全。「委曲求全」，就源自這裡。人生很多事情，要從整體來看，不能只看表面，還要看實質。不委曲，往往不能成全，硬碰硬，反而容易產生悲劇。《孫子兵法》強調，「以迂為直」。從表面上看，兩點之間，直線最近，實際上，做事情走直線，往往最為遙遠。如果繞彎走迂迴路線，反而容易達到目的。為了要把事情辦成功，你如果走直線，絕對不容易達到目的，因為你的企圖心太明顯了，前面人為的路障不知道有多少。所以，人生有很多事要委曲婉轉，「曲」不下來，做事情就沒有彈性。做事情，哪有開門就見山，一步就到位的呢？水不是有「事善能」的智慧嗎？就因為水的流動，都是繞彎的，黃河九曲十八彎，終向東流，所以，「曲」才能達到「全」。

注意這個「全」，這是我們人生追求的境界。《孫子兵法》的重要理念就是「全勝」，既保全自己，也保全敵人；既保全自然環境，也保全天地鬼神。這是中國兵法最了不起的地方。只要能達到「保全」的結果，委曲一點，有什麼關係？

「曲則全」，也含有讓的意思。在安徽桐城有三尺巷的故事，清朝宰相張英，也就是張廷玉之父，家人與鄰居爭地皮，他寫給家人的信，就是體現「讓」的情懷：「一紙書來只為牆，讓他三尺又何妨？萬里長城今猶在，不見當年秦始皇。」

《易經》中，有「曲成萬物而不遺」，人想成就萬物，而且一個都不落下，你不得有一點本事嗎？那得設計一個曲的路線去完成，最後才能造就自己、造就別人、造就眾生。

《中庸》還講「其次致曲，曲能有誠」，所以，我們對於一件事情，就得走很多曲折的路，把那些繞彎的地方都搞清楚。下了這個功夫之後，才能夠有成就，這就是下致曲的功夫，該繞的路都得繞，該去的地方都得去。

「枉則直」，彎曲下來，反而能夠挺直。「枉」，彎曲。這就是老子厲害的地方。正如《易經．繫辭下傳》所說的「尺蠖之屈，以求信也」，一種叫尺蠖的昆蟲，行走時，先讓軀體彎曲，然後才能伸直身子。也可以這麼說，所有的正確，都是從錯誤中走出來的。沒有錯誤的發生，正確怎能建立呢？

「窪則盈」，低窪的地方，反而能夠充滿。低窪的地方，水流過會最先注進去。如果你心中早就自滿了，完全不虛心，還怎麼再往裡面裝東西呢？一定要虛心，才能裝下真理大道。

「敝則新」，破舊的，反而能夠更新。在創新未成的前面，有一個敝的階段。在破敝階段，只能因陋就簡。就像很多偉大的發明和創意，雖然所處的環境本身敝舊，但是堅持下去，最後那個創意一旦試驗成功，就可能影響整個世界。這就是「敝則新」。

「少則得，多則惑」，少求的，反而獲得；多要的，反而迷惑。這主要指對於人的心靈而言，欲望越少，越容易獲得真理。西諺說「太多等於沒有」。你擁有太多的物質財富，就要想辦法保護，還要雇保鏢，那就成了包袱，而且越多，越迷惑。在第十二章，老子說「五色令人目盲，五音令人耳聾，五味令人口爽」，就是「多則惑」。所以，老子就不積攢什麼東西，「眾人皆有餘，而我獨若遺」。他把東西都丟光了，啥也沒有，如果生活在現代，可能也沒手機。

「是以聖人抱一為天下式」，因此，悟道的聖人持守住「道」，作為萬事萬物的法則。持守住道，這是人生成功的公式，是一個標準。「抱」，持守。「一」，指整體，也指「道」。「式」，法則。天地，就是因為「抱一」，而「萬物化醇」；男女，也是因為「抱一」，而「萬物化生」。化繁為簡，以簡馭繁。人生的紛爭，都是由簡單變複雜、沒事變有事，就是因為「多則惑」。

「不自見，故明」，不自我表現，所以能夠光明。「見」即「現」。有人超愛「見」的，別人不抬舉他，他自己去表演，爭取讓大家看到，就是希望自己能夠明亮照人，常常毛遂自薦，找一切可能的機會彰顯自己。光明，是從人的止欲修行來的。《易經．艮卦》稱：「時止則止，時行則行。動靜不失其時，其道光明。」

「不自是，故彰；不自伐，故有功；不自矜，故長」，不自以為是，所以能夠顯著；不自我誇耀，所以能夠成功；不自我尊大，所以能夠長久。

老子這裡強調的「不自見、不自是、不自伐、不自矜」和孔子強調的「毋意、毋必、毋固、毋我」（《論語．子罕》），如出一轍。

「夫唯不爭，故天下莫能與之爭。」正因為不和人爭，所以全天下沒有人能和他爭。《易經・謙卦》強調為人處世謙讓不爭，最後必獲亨通善終，正為此意。

「古之所謂『曲則全』者，豈虛言哉？誠全而歸之」，古人所說「委屈的反而能夠成全」這句話，難道是空話嗎？確實應該保守住這句話，進而能歸向它啊！可見，「曲則全」這些話不是老子的原創，自古就有這樣深層的智慧。「豈虛言哉」，哪裡是空話呢？如果你懂得「曲」了，真正能夠「全而歸之」。萬物的歸趨，是實至而名歸，如果沒有實在的東西，你再怎麼虛誇地去宣傳，也不會有好效果。就像《易經・謙卦》稱「勞謙君子，萬民服也」，勞謙的人才會讓人感覺信服。這些不難理解，但是真做到很難。人都想辦法找捷徑，靠著一些行銷包裝手段，企圖以「自見、自是、自伐、自矜」來幫自己快一點成功。這都是在做夢！一個人沒有多大分量，硬充那個分量，怎麼能行？《易經・繫辭下傳》講「勞而不伐，有功而不德，厚之至也。語以其功下人者也」，可見，儒、釋、道在謙德上，有多高的共識！

第二十三章

希言，自然。
故飄風不終朝，驟雨不終日。
孰為此者？天地。天地尚不能久，而況於人乎？
故從事於道者，同於道；德者，同於德；失者，同於失。
同於道者，道亦樂得之；同於德者，德亦樂得之；同於失者，失亦樂得之。
信不足焉，有不信焉。

少講話，就合於自己如此的狀態。
所以狂風不會持續颳一個早上，暴雨不會持續下一整天。
是誰造成這種情形呢？是天地。連天地的運作都不能恆久，何況人呢？
所以有心修道的人，與道同行；修養德行的人，與德同行；失道、失德的人，失敗離不開他。

認同於道的人，道也樂見其得道；認同於德的人，德也樂見其積德；認同於無道、無德的人，失也樂見其迷失。

統治者的信、望、愛不夠，人民就不信任他。

「希言，自然」，少講話，就合於自己如此的狀態。「希」，少。「言」，除了指正式的發言、講話以外，還引申為統治者的政令。「希言」，如果不講話，拈花微笑，大家都有默契。有句話叫「多言賈禍」，就不自然。孔子也說：「天何言哉？四時行焉，百物生焉，天何言哉？」（《論語．陽貨》）

「故飄風不終朝，驟雨不終日」，所以，狂風不會持續颳一個早上，暴雨不會持續下一整天。「飄風、驟雨」，指急風暴雨。這裡老子比喻為事情暴起暴跌，轟轟烈烈一陣子就過去了。秦始皇建立的統一大帝國，不也像飄風驟雨一樣，十五年就結束了嗎？

「孰為此者？天地。天地尚不能久，而況於人乎？」是誰造成這種情形呢？是天地。連天地的運作都不能恆久，何況人呢？風雨是自然界現象的表現，是天地的特殊運作產生的。「而況於人乎」，老子反省得很深入，他絕不迷信。一件事物要恆久太難了，連天地運作造成的現象，都不能持久，我們人類能跟天地比嗎？人太渺小了，人的一生也太短暫了。老子在此借天地所造成自然現象的不能恆久，來比喻統治者的嚴刑苛政，必定失敗。

「故從事於道者，同於道」，所以有心修道的人，與道同行。這些都想通了，想開了，人開始從事於求道，就會種善因、得善果；如果是真心修道，你就跟大道合一；如果人真的與大道合一了，就不會在乎身外之物，最後他就是「道」的化身。

「德者，同於德」，修養德行的人，就與德同行。我們知道，「德」在道家裡面是稍微次一等的境界，所謂「失道而後德」（《道德經．第三十八章》）。

「失者，同於失」，失道、失德的人，失敗必然離不開他。對不起了，這就是自作自受，什麼也不修，就必定是失敗與失落。人一旦失道、失德，這就像佛教講的，六道輪迴永遠伴隨著失落，種因得果，沒有善因，沒有真發心，當然不會修成正果。

「同於道者，道亦樂得之」，認同於道的人，道也樂見其得道。如果你真正發心求道了，大道會歡迎你，佛菩薩會擁抱你，上帝會接納你。如果大家都是「同道」的，先知覺後知，先覺覺後覺，大家跟宇宙大道的節奏契合了，大道也歡迎你加入。

「同於德者，德亦樂得之」，認同於德的人，德也樂見其積德。你真發心修德了，順著人向善的天性去做，就多一個「同志」了。

「同於失者，失亦樂得之」，認同失道、失德的人，也樂見其迷失。這是大多數人的結局，因為我們常常覺得修道、修德太累。所有那些迷惑於假象，不願意用功，也不願意發心的人，就必然墮入失敗的陣營。

「信不足焉，有不信焉」，統治者的信、望、愛不夠，人民就不信任他。作為一個領導者，如果你的誠信不夠，人家當然就不信任你。敵人不信任你，同志也不信任你，太太都還有一點挑。孔子說「信則人任焉」（《論語．陽貨》），誠信就能得到別人的任用。誠信、信仰不是真的，自己信心不夠，不真誠，不夠努力，一定就有不被信任的結果。用在治國方面，也是一樣。

地獄門前僧道多，一切都因為自己。所以，古人要我們「自昭明德」（《易經．晉卦》）、「自強不息」（《易經．乾卦》），反之則是「自我致寇」（《易經．需卦》）。所以我們要問自己：我下過功夫嗎？是真心嗎？

我們不要忘了老子所說的，同於道的，就與道同行；同於德的，就與德同行；同於迷失的，就與失落同行。我們看，同一政黨的叫「同志」；一起修佛的叫「同修」；一起修道的，叫「同道」；一起「據於德」的叫「同德」。其實，我們多數人應該互相稱為「同失」，因為我們都失落了，我們都在「失樂園」。

第二十四章

企者不立，跨者不行，自見者不明，自是者不彰，自伐者無功，自矜者不長。其在道也，曰餘食贅形。物或惡之，故有道者不處。

踮起腳後跟站著，無法站得久；跨大步向前走，無法走得遠；有意自我表現的，反而不能明顯；自以為是的，反而不能顯著；自我誇耀的，反而並沒有功效；妄自尊大的，反而不能長久。

這些行為對道來說，就是些剩飯、贅瘤。有的人厭惡這樣的作為，所以悟道的人更不會這樣做。

「企者不立」，踮起腳後跟站著，無法站得久。「企」，踮起腳後跟站立，引申為企圖心。

人有的時候，自己身材沒那麼高，卻希望站得比較高一點，就像企鵝那樣，踮起腳跟。但是，你踮著腳跟站著，就撐不了多久，因為基礎不紮實。「企者不立」就告訴我們要腳踏實地，人可以有企圖心，但還是要腳踏實地去奮鬥，要務實，不要有幻想。

「跨者不行」，跨大步向前走，無法走得遠。「跨」，大步向前走。想走快一點，就得順著自然的步伐，一步一個腳印往前走。千里之行，始於足下。有的人想要求進步，就用跨步的方式，能長期走下去嗎？這是急功近利，用最短的時間速成，甚至是虛晃一招，純粹是自欺欺人。就像任何生產計畫、業績要增長多少，都要順應自然，而不是美化帳面。實際一點，才能長久。

「自見者不明，自是者不彰，自伐者無功，自矜者不長」，有意自我表現的，反而不能明顯，自以為是的，反而不能顯著，自我誇耀的，反而並沒有功效，妄自尊大的，反而不能長久。這些前面已經講過，比較容易理解。

「其在道也，曰餘食贅形」，這些行為對道來說，就是些剩飯贅瘤。對大道來講，這種自伐、自驕、自是、自見行為，完全沒有必要，因為不僅沒有用，反而有害。「物或惡之，故有道者不處」，有的人厭惡這樣的作為，所以悟道的人更不會這樣做。人都有感應的，一般人看到這類行為，都覺得好笑，覺得有點扭捏作態。所以，真正的悟道之士，絕不會以此自處。

第二十五章

有物混成，先天地生。
寂兮寥兮，獨立而不改，周行而不殆，可以為天下母。
吾不知其名，強字之曰道，強為之名曰大。大曰逝，逝曰遠，遠曰反。
故道大，天大，地大，人亦大。域中有四大，而人居其一焉。
人法地，地法天，天法道，道法自然。

有一個渾然自成的東西，先於天地而存在著。寂然無聲的樣子，空虛無形的樣子，它超然恆存卻不改變，循環運行卻不止息，可以作為天下萬物的根源。

我不知道它的名字，勉強稱它為「道」，勉強替它起個名字就叫「大」。它浩瀚無邊，運行起來周流不息，周流不息就窮極遠處，窮極遠處就返回本源。

所以，道是大的，天是大的，地是大的，人也是大的。宇宙間有四大，而人居其中之一。

人取法地，地取法天，天取法道，而道純任自然。

「有物混成，先天地生」，有一個渾然自成的東西，先於天地而存在著。「物」，指「道」，因為，道是無名的，就以「物」代稱。「混成」，即渾然自成。道是一個混沌的整體，不好去區分，一旦執著於分別，就如同瞎子摸象。萬物在太極的時候，人就很難琢磨，到了「是生兩儀」階段了，才比較好認識。換句話說，萬物被區分之後，才能成為被認識的對象。

「有物混成」，在《莊子．天地》中有說：「泰初有無，無有無名。一之所起，有一而未形。」意思是：在最開始的時候，只是「無」存在，尚未出現「有」，也尚未出現「名」。這就是「一」的由來，混同為「一」而尚未具體成形。

「先天地生」，因為道創生了天地，就像「乾元」統天一樣，沒有什麼東西比「道」更早。

「寂兮寥兮，獨立而不改，周行而不殆」，寂然無聲的樣子，空虛無形的樣子，它能超然恆存卻不改變，循環運行卻不止息。「寂」，形容道的無聲；「寥」，形容道的無形。「獨立」，有超然而存在的意思。沒有任何事物，與「道」同在一個層次上；也沒有任何事物，可以與之匹敵。

「周行而不殆」，「周行」，像圓周循環運行；「殆」，止息。這句話是指道在運用方面廣大無邊而又從不停止，在任何地方都行得通，因為它是最高的自然法則。

「可以為天下母」，可以作為天下萬物的根源。為什麼老子不說「為天下父」？因為道家崇尚柔，這恰恰是《易經》坤卦的原型，可以說，整個天下都是從「無極老母」生出來的。

「獨立而不改，周行而不殆」，一方面，表示「道」是絕對的存在，不會因為任何變故而變化，而這正是其超越性的特點；另一方面，「道」是普遍存在於一切東西的背後。若沒有「道」，萬物就沒有存在的理由；若沒有萬物，「道」也沒法展現出來。

「吾不知其名，強字之曰道」，我不知道它的名字，勉強稱它為「道」。「字」，是動詞，有命名的意思。老子說，我不知道，要怎麼講這個宇宙生命的本體，就勉強給一個稱呼，叫它「道」吧。但是，人也不要執著，大道哪裡會有真正的名字呢？

「強為之名曰大」，勉強替它起個名字，就叫「大」。大道浩瀚無垠，又無所不包，那種強大與偉大，不好形容，只好勉強用「大」來稱呼它。

「大曰逝，逝曰遠，遠曰反」，它浩瀚無邊，運行起來周流不息，周流不息就窮極遠處，窮極遠處就返回本源。「逝」，往、行，指道周流運行不息。「曰」，「就」的意思。「反」，返回。

對於「逝」，孔子在《論語》中說：「逝者如斯夫，不舍晝夜。」說明宇宙間每一個剎那都有舊的東西毀滅，也有新的東西創生，就像剝極而復、新陳代謝的情況一樣。「逝曰遠」，既然很多東西過去了，離我們越來越遠，但它的根源不會消失不見，所以「遠曰反」。「反」，也有反身修德的意思。對於參道的人，有很多的路可以走，只要找到對的通路，反而一下子就到了。

在《易經》泰卦第三爻，就講「無平不陂，無往不復」，沒有只是平坦而沒有斜坡的，沒有只往前行而不返回的。「無往不復」不就是「遠曰反」的意思嗎？萬事萬物的運行、發展，跑得再遠，也會回頭，因為運行軌跡是圓的，這也是「周行而不殆」的意涵。

為什麼大道那麼難參、成佛那麼困難？而有些人不讀書，不認識字，卻能通過頓悟而通？因為他懂得「反」，即從內心世界去找自性。如果往外面找，越找越遠，一天到晚要去西藏，要去尼泊爾，要去不丹，要去南印度，去得再遠，佛還是沒參到。最後不還是「遠曰反」嗎？拜菩薩還要遠求？到處都是。菩薩在家中坐，何必遠燒香？「菩薩」就是你的堂上雙親。人就是很奇怪，對現實不滿，本來身邊有很多可以效法的，卻嚮往遠處的。有的人自己家裡髒得要死，卻穿著制服到別人家裡去清掃，這是真的保潔嗎？

「故道大，天大，地大，人亦大」，所以，道是大的，天是大的，地是大的，人也是大的。「大」不是光指外面所做的事功，因為「至大無外」。老子稱「人也大」，本身有他的理論根源的。人與生俱來的自性就是「大」的。像佛教講，眾生都有佛性，也就是說在理論上，每個人都可以成佛。所以不要小看自己，每個人內心中原有的良知良能，都是「大」的。《易經》中所講的「大人」，是比聖人還要高的境界，「大人者，與天地合其德，與日月合其明，與四時合其序，與鬼神合其吉凶」（《易經．乾卦．文言》）

在王弼的版本中，「人亦大」，改為「王亦大」。「人」是普遍的稱呼。人間最影響眾生禍福的領導人，叫「王」，故我們不要忽略那個王的影響力。

「域中有四大，而人居其一焉」，宇宙間有四大，而人居其中之一。「域」，就是宇宙。老子這裡是為了提醒世人，不可因為自己生命的短暫與脆弱，而妄自菲薄，而應該追求「君子上達」，一步步向上提升，達成與「道」同遊的至高境界。

「人法地，地法天，天法道，道法自然」，人要取法地，地要取法天，天要取法道，道要取法的是那些自己如此狀態的東西。在《易經》中，坤卦代表地，乾卦代表天，坤卦是配合乾卦的，所以地要取法天。但天與地，全部都從道來。「自然」是形容詞，自然而然的意思。一切自己如此狀態的事物，都有自然的特性，包括人後天靠習慣養成的行為的自然狀態。這並不是說，在道上面還有一個「自然」，道本身的特性是「自然」，因此，「道」也稱「天則」。

天則在《易經》乾卦講來，就是「見群龍無首吉，乃見天則」，從分子生物學角度來看，構成人體的分子結構裡面，沒有總部，真正的自然法則是沒有任何人發號施令，真的是「群龍無首」。所以，人體內只要有任何一個東西發號施令，那一定不會自然和諧的。

「人法地，地法天，天法道，道法自然」，這是老子的結論，告訴我們要掌握自然的法則，人要修，就要從人出發，首先是最親近的人，然後是周邊的群眾。「人法地」，地裡面有自然法則，人裡面也有自然法則。「地法天，天法道」，就是追根究源了。

第二十六章

重為輕根，靜為躁君。是以聖人終日行不離輜重，雖有榮觀，燕處超然。奈何萬乘之主，而以身輕天下？輕則失根，躁則失君。

穩重是輕浮的根本，沉靜是浮躁的主宰。所以，體道的聖人整日行走在外，都離不開保障，即使有華麗豐美的物質享受，也能安然超脫，不受左右。作為萬乘大國的君主，怎麼可以憑著輕浮的態度治理天下呢？輕浮就失掉了根本，躁動就失掉了主宰。

「重為輕根，靜為躁君」，穩重是輕浮的根本，沉靜是浮躁的主宰。「君」有主宰的意思。老子一出口，都是千錘百煉的人生經驗，他往往直接講出所得的結論，而沒有論辯過程。對任何事物來說，根本、根基最為重要，這是真正的「常」。所以，人做事，要抓到問題的關鍵點，即

「根本」。我們做人，就要懂得自重；我們做事，就要穩重。尤其作為領導人，如果浮躁，就沒有威信。正如孔子說「君子不重則不威」（《論語．學而》）。

「重為輕根」，作為樹來講，根一定要扎得深，才不容易被風颳倒。所以，《易經》屯卦第一爻稱「磐桓，利居貞」，根基穩固，才利於固守。

「靜為躁君」，人的浮躁與躁鬱的情緒，是產生無妄之疾、無妄之災等憂悲煩惱的根源，心只有沉靜下來，生命才有主宰。

老子告訴我們，「致虛極，守靜篤」，不就可以「觀復」了嗎？面對麻煩事情，為什麼要打坐收心呢？因為靜心是主宰。如果我們缺乏靜心，就一事無成。

「根」字的右邊，是要人止欲修行的艮卦的「艮」。意味著借由止住欲望，回歸本心。到了艮卦上爻，就攀上了心靈高峰，抵達「敦艮」境界，那時人就很厚重了。

「是以聖人終日行不離輜重」，所以體道的聖人整日行走在外，都離不開保障。「輜重」，指裝載衣物、糧食等裝備的車子。在古代行軍打仗都離不開輜重，這是作戰的後勤保障。如果沒有後勤支持，軍隊就走不了多遠。老子以「輜重」作比，說明聖人行道，也不能離開穩重與沉靜這樣的心理素質作為保障。真幹事的大人物，行走坐臥，自然而然都有所心理準備。不管發生什麼驚天動地的變故，他都不動如山，處變不驚。一般人則方寸大亂了。

「雖有榮觀，燕處超然」，即使有華麗豐美的物質享受，也能安然超脫，不受左右。「榮觀」，華麗的居所；「燕」，安適。通常像政治領域或經濟領域的領袖，從物質上來說都過得蠻舒服的，旁邊有秘書，有司機，有侍從，住著華美的公館，這都叫「榮觀」。對於體道的人，這些物質享受對於他們來說，好像完全可以超脫，而不把這些當回事，能淡泊以待。

「奈何萬乘之主，而以身輕天下」，萬乘大國的君主，怎麼可以憑著輕浮的態度治理天下呢？「萬乘之主」，是指擁有一萬輛兵車的諸侯國國君，算得上是大國國君了。

「輕則失根，躁則失君」，輕浮就失掉了根本，躁動就失掉了主宰。這句話呼應前面開頭的那句話。人一旦犯了輕浮的毛病，受外面物欲的左右，心裡就不淡定，則一定失掉根本。身心缺乏主宰，就容易隨波逐流。

可見，人生不管是大的較量，還是小的拚搏，通常是冷靜的，才是最後的贏家；輕浮、躁動的，都是比較容易對付的對象。如果在大家輕躁的時候，能夠穩重就容易勝出。在《易經》中，如果對歸妹卦、漸卦這兩卦作一對比就可以知道，歸妹卦「征凶，无攸利」，就是輕浮、躁動，想急著一步到位，如同懷春的少女一下子就想嫁對人，以找到終身「飯票」，到最後可能是魚死網破一場空；而漸卦，就懂得靜，就懂得重，循序漸進，步步為營，到最後得到大成功。看來，還是心靜的人真正主控全局。

第二十七章

善行無轍跡，善言無瑕謫，善數不用籌策，善閉無關楗而不可開，善結無繩約而不可解。

是以聖人常善救人，故無棄人；常善救物，故無棄物。是謂襲明。

故善人者，不善人之師；不善人者，善人之資。

不貴其師，不愛其資，雖智大迷。是謂要妙。

善於行動的人，不留痕跡；善於講話的，沒有任何過失；善於預測的，不用著草；善於關閉門戶的，不用門栓卻讓人打不開；善於捆綁或締結契約的，不用繩索與契約，卻不能夠解除。

因此，得道的人總是善於幫助人，所以沒有被遺棄的人；總是善於拯救一切，所以沒有被遺棄的。這稱得上是保有人原來啟明的境界了。

所以，善人，是不善人的老師；不善人，是善人的借鑒。

如果不善之人不尊重善人，善人不愛惜不善之人。雖然自以為聰明，其實是大迷糊。這稱得上是精要又奧妙。

這一章是修身、修心，以及處世的大法。得道的高手，就是這種境界。老子在開始還是講結論，沒有告訴我們中間怎麼修才能到這一步。他只是講，修為夠的人到最後就是這個境界。

「善行無轍跡」，善於行動的人，不留痕跡。「轍」原指車轍，即車子走過，車輪所壓出的痕跡，此處比喻人行動過的痕跡。真人不著相，甚至不露相，露相非真人。高手把事情完成了，還不著痕跡。

「善言無瑕謫」，善於講話的，沒有任何過失。「瑕」，小毛病；「謫」，過失。這表示，任何一個言論、任何一套說法都很圓融，讓人找不到一點毛病。我們常說，一個人把話講得滴水不漏，就指這種情況。

「善數不用籌策」，善於預測的，不用籌策。「籌策」，指占卦用的蓍草。「數」，有測算的意思，《易經．說卦傳》「數往者順，知來者逆」之「數」就是如此。善於預測的人，不用任何有形的工具來占卜，想一想就知道未來會是什麼樣。在《易經》革卦中，處於第五爻的君位，爻辭說「大人虎變，未占有孚」，作為領導者一旦達到大人的境界，就有了強大的行動力，做事情「未占有孚」，不需要占卜，因為誠信夠。即老子說的「善數不用籌策」。所以，人要到「善數不用籌策」的境界，很不容易。

「善閉無關楗而不可開」，善於關門的，不用門栓卻讓人打不開。「關楗」，門栓。高手要關門，不讓你掌握到任何東西，根本不用鎖。即使你找到萬能鑰匙，也沒用。換句話說，假定有鎖的話，總是有對應的鑰匙。最高明的「關楗」，根本就是無形的，這就好比它是人與人之間的真誠，以誠相待，以真心換真心，少有人會背離，你自然不用「關住」對方。

「善結無繩約而不可解」，善於捆綁或締結契約的，不用繩索與契約，卻不能夠解除。「結」，指打結、捆綁，引申為締結；「繩」指繩索；「約」指契約、合約。為了鞏固彼此的關係，一般需要定一個合約把雙方綁住，誰違反，就要受處罰。其實這樣的約定，有絕對保障嗎？真正有實力的，或者要耍賴的，說不承認就不承認。

在第一次世界大戰的時候，日本的軍事實力已經發展到非常不得了的程度，尤其是其海軍實力後來居上。那時就制訂了所謂的美、英、法、日、義五國海軍公約，意在限制各國艦艇的數量與噸位。結果，美、英、法、義完全遵守契約，各國生產的航空母艦或者巡洋艦，都是按照契約規定生產。而日本就耍了一些花招，造了很多大噸位的商船，商船就不在公約的限制內，到戰爭爆發時，稍微改造，就變成大軍艦。所以，到第二次世界大戰的時候，日本派往戰場的軍艦數量和噸位，就非常嚇人。當初五國的海軍公約，就沒有綁住日本人。

可見，如果一個人內心不想守約，你們之間最終訂什麼約，都是沒有用的。只有結之以心，結之以誠，才能守約。否則，任何有形的「繩約」，都不能綁住任何人。因此，老子才說，真正善於把彼此結合在一起的，不用繩綁，不用任何合約，最後就是解不開與掰不斷的交情，這就是人們嚮往的生死相隨之情。

《易經》隨卦上爻稱「拘係之，乃從維之，王用亨于西山」，根本不需要任何束縛，百姓就心甘情願追隨。這才是最高境界。拿繩子去綁人，你綁得住嗎？用合約保障彼此權益，那不就是一張紙嗎？善於締結「同心」的大智者，都不靠表面形式。真正的誠意，完全不靠外在的東西來背書。不要用「繩約」去捆綁，讓人自由自在，到最後彼此還分不開，這才是高手的對策。

我們人生有時候要「閉」，有時候要「開」，有時候要「結」，有時候要「解」。這是究竟法門，上乘境界的人就能做到。下乘境界的人就得準備繩約、籌策、關楗，還要用密碼鎖、保險櫃等等。

「是以聖人常善救人，故無棄人；常善救物，故無棄物」，因此，得道的人總是善於幫助人，所以沒有被遺棄的人；總是善於拯救一切，所以沒有被遺棄的東西。這是體道、悟道的聖人慣常的態度，他大慈大悲，救苦救難，絕不是沽名釣譽，而且幫助人時一個都不放棄。雖然有的被救的可能滿身罪孽，聖人也能赦過宥罪。聞聲救苦，還是比較被動的，循聲救苦，就積極主動了，這樣長期下來，甚至就變成一個專業的慈善組織。對於救人，一般人都會有分別心，這個要救，那個不救。這就是泰卦的第二爻所講的「包荒」的意涵。事情在「荒」的階段，發展得還不好，有時候就容易有所選擇和放棄。「常善救物，故無棄物」，「物」，包括人、事、物。也就是說，萬事萬物都要去拯救。

「是謂襲明」，這稱得上是保有人原來啟明的境界了。「襲」，因襲、承襲、保有的意思。「明」，就是啟明，也是「知常曰明」的「明」。「襲明」，進一步講也是得道的意思。

所以，聖人有這樣的心態，就像佛菩薩要度人，善救人，但是救苦救難，還有善救的與不善救的。有時候不善救的，把自己搭上，也沒有救到人。善救人的，就是前面那個心態，懂得善言、善行、善數、善閉、善結的高人，同時又有善救人、善救物那樣寬廣胸懷的人。

「故善人者，不善人之師；不善人者，善人之資」，所以，善人是不善人的老師；不善人是善人的借鑒。「資」，憑藉、借鑒。我們大部分都沒有做到真正「善人」的地步，作為「不善之人」，就要「見不賢而內自省」。我們要拜老師，就要親近善知識，要跟「善人」學，所以「善人」足以做我們的老師。孔子說：「三人行，必有我師焉，擇其善者而從之，其不善者而改之。」（《論語．述而》）其實，人間世充滿了不完美，到處都是瑕疵之人，真正值得取法的善人，少之又少；可是值得我們引以為前車之鑒的，一定是滿坑滿谷，就是我們反面的借鑒，這就是老子所說的「資」。當然，如果世間沒有不善之人了，善人也就沒有了借鑒，沒有用力進取的地方了。假定有一天，地獄真的空了，地藏王菩薩就要改名號了，他也沒地方可住了。所以，善人與不善人是互相需要的。

「不貴其師，不愛其資，雖智大迷」，如果不善之人不尊重善人，善人不愛惜不善之人，雖然自以為聰明，其實是大迷糊。下對上，就叫「貴」，有尊重的意思。人生一定要親近善人，尊重自己的老師。「愛其資」，善人關愛自己的借鑒——「不善之人」，是上對下的關係。《易經》解卦第五爻講「君子維有解，有孚于小人」，表示君子是沒有分別心的，對小人很是包容，總是用信望愛的心去關愛小人。「是謂要妙」，這稱得上是精要又奧妙。

第二十八章

知其雄，守其雌，為天下谿。
為天下谿，常德不離，復歸於嬰兒。
知其白，守其黑，為天下式。
為天下式，常德不忒，復歸於無極。
知其榮，守其辱，為天下谷。
為天下谷，常德乃足，復歸於樸。
樸散則為器，聖人用之，則為官長。故大制不割。

懂得雄強的好處，卻守住雌柔的位子，才可以作為天下的溪谷，讓眾流匯入。
能作為天下的溪谷，恆常的稟性就不會離開，而回復到純真狀態。
知道光亮的好處，卻寧願守在黑暗的位子，可以成為天下的法則。
能作為天下的法則，人恆常的稟賦不出差錯，找回本心就回到「道」了。

知道榮顯的好處，卻寧願處在卑污的境地，如此，就可以包容天下的污垢。能包容天下的污垢，人恆常的稟性就會充足，能回復到最質樸的狀態。本來的質樸離散了，就變成各種有用的器具，悟道的聖人利用這個原理，就成為百官的首領。所以完善的政治是不能割裂人性的。

「知其雄，守其雌，為天下谿」，懂得雄強的好處，卻守住雌柔的位子，才可以作為天下的溪谷，讓眾流匯入。這是《道德經》中的名言，完全像太極圖，陰中有陽，陽中有陰。「雌」與「雄」，就是陰與陽，「雄」代表剛、強、尊；「雌」代表柔、弱、卑。

「守其雌」的人，不是不瞭解雄、陽、剛、實那一面的好處，可是他採取守柔的方式。一般人都想雄起，都想爭勝爭強，但是老子告訴世人，要懂得守柔，要主動願意雌伏。如果要爭雄，別人也會爭，你馬上就變成眾矢之的。人常說「是非只為多開口，煩惱皆因強出頭」，為什麼目前美國陷於不平衡狀態？因為美國稱雄太久了，後續發展乏力，別的國家，像中國就漸漸發展起來了。中國在改革開放四十年來，韜光養晦，埋頭發展經濟，增強國家實力，取得了驚人的效果，此即「知其雄，守其雌」。「守其雌」，其實是要爭雄天下的。就像待在溪谷的人，最後水都往他那兒匯聚。

《易經》升卦講「柔以時升，巽而順，剛中而應，是以大亨」，這就說明，事物的發展得以快速的上升，就是因為有了用柔的智慧。任何事物都有陽剛與稱雄的一面，也有陰柔與雌伏的一面。老子認為，萬事萬物的發展都是圓運動，即循環運行，反復不已。俗話說「坡不會一直上，人不會一直旺」，在這個循環發展、一起一伏中，凡是表面上看起來剛的、強的東西，較容易被摧毀；柔的、弱的東西，反而最後生存下來。

「為天下谿」，「谿」，指溪谷，是低窪的地方，但是有很多水流匯集。在最低的地方，才能接納大量的水資源，這就如同一個聚寶盆。也是老子所云「夫唯不爭，故天下莫能與之爭」。

「為天下谿，常德不離，復歸於嬰兒」，能作為天下的溪谷，恆常的稟性就不會離開，而回復到純真狀態。

「常德」，指恆常不變的德，即人從「道」所獲得的本性與稟賦。體道的人，就是「道不可須臾離也」。人處在低調自修的位置，就不要讓常道、常德片刻離開自己，這才是智者的行為。孔子在《論語》中，特別指出，人要「志於道，據於德，依於仁」。

「復歸於嬰兒」，意指返璞歸真，回到純真的自然狀態。

「嬰兒」，古人常說的赤子，比喻純真自然。儒、釋、道的很多觀念，都強調人要跟嬰兒學習。嬰兒是很純粹、質樸的。等嬰兒稍微長大一點，就不太可愛了，天生的欲望就開始多了，嗜欲一旦深了，欲望就蒙蔽了理智，人就被習氣污染了。

「復歸」的「復」，就是《易經》復卦的意涵，「復見天地之心」，那時人就能認識自己了。「歸」就是回到本來面目，回到心靈的家鄉。

孟子說「大人者，不失其赤子之心者也」（《孟子．離婁下》），修到大人境界那麼高了，就是不失去赤子之心。可見，「復歸於嬰兒」，是人永遠的嚮往。看我們成人世界，平時臉色正的都沒有多少人，因為忙於鉤心鬥角。可是，嬰兒就沒有惡的念想，嬰兒的臉看了就覺得清新可愛，給人的感覺都是美的。

「知其白，守其黑，為天下式」，知道光亮的好處，卻寧願守在黑暗的位子，可以成為天下的法則。持守「知其白，守其黑」這一原則的人，明白水清無大魚，他守在黑暗的那一面，有人就拚命搶白光的那一面，他超脫了競爭。等處在白光那一面的人鬥得頭破血流，無所收獲，他就從黑暗面走出來，最後那個「白」也是他的。

從《易經》晉卦、明夷卦的比較中可以看出，晉卦代表光明的一面，是日出的象；「明夷卦」代表黑暗的一面，是日落的象。作為一個領導人，要包容，懂得裝糊塗，此即明夷卦「用晦而明」的大智慧，即韜光養晦能產生光明。以前皇帝所戴的帽子，前面有個簾子一樣的冕旒，這樣的用意在於，皇帝不要把群臣看得太清楚，否則會發現實在沒幾個好人。可是不要忘了，下面的人看皇帝，也會認為皇帝不是什麼好人。所以皇帝就戴著掛有冕旒的帽子，如此，大家互相看得模模糊糊的。雙方不要瞭解太透徹了，這樣子君臣相處比較好些。

「為天下式」的「式」，指公式，也是法則、規律的意思。「則」是象形字，是用「刀」刻在「貝殼」上。古今中外的經典，就是講各種各類的「則」。中國很多經書的權威一旦確定，從皇帝開始，就把它們刻在石板上或山上，不能隨便改的。

可見，凡逞強用剛的，最後爭得成功的很少，如果順勢用柔，最後取得成功，還得善終的，到處都是。任何事情一定有陰有陽，為什麼有的人一定要站在大家都要瞄準的地方呢？可能因為他耐不住寂寞，智慧不夠。要知道陰極轉陽，陽極轉陰，黑白會互調的。日出轉日落，興盛與衰亡，不都是輪流轉嗎？

「為天下式，常德不忒，復歸於無極」，能作為天下的法則，人恆常的稟賦不出差錯，找回本心就回到「道」了。「忒」，差錯。「無極」，無窮無盡。一個東西假定有一個極，恐怕就有一點問題，沒有極才是圓融的。「道」的用，就是無窮無盡，所以「無極」也指「道」。「復歸於無極」，就是重回道的懷抱。兔子繞山跑，終須歸老窩，人流浪很久了，一定要回老家。這三句，就是「聖人抱一為天下式」的換一種說法。

「知其榮，守其辱，為天下谷」，知道榮顯的好處，卻寧願處在卑污的境地，如此，就可以包容天下的污垢。「榮」，光榮、榮顯。「谷」，溪谷，引申為包容。知道戴上大紅花的光榮，卻待在包羞忍辱的位置，你就能超越競爭圈，最後就等著揀最後的便宜。

「為天下谷，常德乃足，復歸於樸」，能包容天下的污垢，人恆常的稟性就會充足，能回復到最質樸的狀態。「樸」，指未被雕琢的原木，也比喻未被習染的心。換句話說，因為你謙卑、包容，大家都在上面爭，你卻在下面固守，你的德行就夠，最後你就歸真返璞。

「樸散則為器，聖人用之，則為官長」，本來的質樸離散了，就變成了各種有用的器具，悟道的聖人利用這個原理，就成為百官的首領。「散」，渙散、離散。「之」是指「樸散則為器」的原理。剛開始，人的天真、質樸都沒有散，可是所有的事情順著形勢一定要往前走，慢慢地，質樸就散掉了，人不再那麼純樸了，人心險惡等檢驗也多了。

「器」，指有實用價值的器具。是器，就有一定的限量。學數理化的人，今後可能就是科技人，當工程師。但是，人是一個整體，還要修德，要具備人文精神，不能僅僅做一個「器具」。制度的設計，各種創造發明，統統都稱之為「器」。器的用途，就有一定的限制，就不是事物原來純樸狀態時的整體而有大用的。因此，「樸」散了，人生的發展就比較拘礙。像人類文明的發展，可能越來越回不了頭，不能歸真返璞了。我們要瞭解，這是勢所必然的，最早的原生態雖然很可愛，但是一定要接受很多的醜陋與墮落。「樸散為器」，就是道的墮落。

「聖人用之，則為官長」，事業要往前發展，還要保持潔淨不染就很難，把文明廢棄也不可能。那沒有關係，作為領導人，至少要知道原始自然態的可貴，從而進行有效的管理，不要太失控。

「故大制不割」，所以，完善的政治是不能割裂人性的。要正本清源，就不要離開本源太久，經常要校正。文明的發展，如果不建立制度，那是不能夠有效管理的，但是也不要讓制度傷到了人自然的本心。這就叫「大制不割」。有的朝代君主實行嚴刑峻法，在那個制度下，百姓苦不堪言。制度是為了解決問題，為了大家活得更快樂而訂的，如果人性被制度搞得割裂、扭曲了，那麼要改革的就是制度，而不是要改變人性了。

《易經．節卦》稱「節以制度，不傷財，不害民」，如果一個制度勞民傷財，這個制度就割裂人性。所以作為一國的領導者，訂立制度是必要的，那麼訂什麼樣的制度才能夠不割裂人性呢？那就要遵守這一原則：「不傷財，不害民。」

第二十九章

將欲取天下而為之，吾見其不得已。
天下神器，不可為也，不可執也。
為者敗之，執者失之。
故物或行或隨，或噓或吹，或強或羸，或載或隳。
是以聖人去甚、去奢、去泰。

想要靠著人為的造作去治理天下，我看那是不可能的。
天下是一個神妙的重器，對它不可以有妄為，不可以太執著。
妄為的人就會敗壞它，執著於控制就會失去它。
在一切人事物中，有的前行，有的跟隨；有的噓寒，有的吹暖；有的剛強，有的柔弱；有的能用，有的毀壞。
因此，聖人去除過度的、奢侈的、一心要達定點的措施。

「將欲取天下而為之，吾見其不得已」，想要靠著人為的造作去治理天下，我看那是不可能的。

「天下神器，不可為也，不可執也」，天下是一個神妙的重器，對它不可以有妄為，不可以太執著。在古代，權力的工具為「器」，譬如鼎就是象徵國家政權的重器。老子在此是說，自古就沒有哪一個朝代是靠雄霸征服治理天下的。

「為者敗之，執者失之」，妄為的人就會敗壞它，執著於控制的人就會失去它。凡是牢牢抓著政權，最後還是會失去。天下不是皇帝一個人，也不是家天下。秦始皇那麼能幹，橫掃六合，秦朝二世而亡，也就十五年。

「故物或行或隨，或噓或吹，或強或羸，或載或隳」，在一切人事物中，有的前行，有的跟隨；有的噓寒，有的吹暖；有的剛強，有的柔弱；有的能用，有的毀壞。「物」，包含人事物。「羸」，弱的意思。

「是以聖人去甚、去奢、去泰」，因此，聖人去除了過度的、奢侈的、一心要達定點的措施。聖人對一切事情，是真正看透了，他會把自己追求過分、追求最好的欲望通通都去掉。聖人明白物極必反，凡事要求太盛，絕不會是好事。佔有那麼多能全部享受完嗎？除了自己這一輩子享受外，自己的子孫也能一直享受嗎？要知道，富不過三代，「君子之澤，五世而斬」（《孟子·離婁下》）。

一個人死後，留那麼多遺產幹什麼？如果子孫比你強，他自己就會創造財富，你給他留錢，只是在金錢數目上加一些零。如果子孫不如你，你給他留那麼多錢，他不是馬上就敗家嗎？可是，很多人並不理會這些道理。

為什麼要「去泰」，在《易經》中，泰卦在否卦前，也就是說泰極會否來，而不是我們常說的否極泰來，所以，持盈保泰很難。為什麼要「去甚、去奢」？當你無中生有、白手起家，把事業做到一定程度後，可能就到了一個節點，如果再往下發展，也許就超過了你的能力限度。如果你還雄心萬丈，繼續擴張，那你的事業帝國將無以為繼或無力維持，馬上就往下滑落。可見，人通常總是不自覺地膨脹自己的野心而低估周遭環境，那麼最後的失敗就是必然的。

第三十章

以道佐人主者，不以兵強天下。其事好還。
師之所處，荊棘生焉。大軍之後，必有凶年。
善者果而已，不以取強。
果而勿矜，果而勿伐，果而勿驕，果而不得已，果而勿強。
物壯則老，是謂不道，不道早已。

用道來輔佐君主的人，不靠兵力逞強於天下。打仗這種事總會遭到報應。
軍隊所過之處，荊棘叢生。大戰之後，一定出現荒年。
善於用兵的人，求達到目的罷了，不敢靠武力逞強。
目的達成卻不自負，目的達成卻不自誇，目的達成卻不驕傲，目的達成也是出於不得已的防衛，已經達成目的就不必逞強。
萬事萬物一到強壯的階段，就會衰老，所以逞強逞能是不合乎道的，不合於道的事，很快就會消亡。

「以道佐人主者，不以兵強天下。其事好還」，用道來輔佐君主的人，不靠兵力逞強於天下。打仗這種事總會遭到報應。「天道好還」，「善有善報，惡有惡報」，這些俗語正是「其事好還」這句所說的意思。幾家歡樂幾家愁。如果你天天過年似的，別人一直倒楣，那還符合天道嗎？天道是循環運作的，因果業報也是。

「還」，返回。如果一個人總是欺負別人，最後的報應，一定會通通還給他，也許還變本加厲。所以，真正懂得輔佐國君的人，幫國君爭雄天下，不能靠兵力去逞強。無論何時，絕不要走窮兵黷武的路子，這會害了國君和這個國家，輔佐者也不會有好結果。

事情要是做過頭了，下場一定很慘。孟子說「善戰者服上刑」，戰國時期秦國名將白起很是善戰，戰無不勝，為秦國的擴張立下了汗馬功勞，在長平之戰中坑殺趙國降軍四十幾萬，最後也被秦昭王賜死，也可以說是「其道好還」。

你今天打敗他，將來他打敗你；你殺他，他殺你。美國這幾十年就是「以兵強天下」，最後也是「其事好還」。

「師之所處，荊棘生焉」，軍隊所過之處，荊棘叢生。戰爭對環境，尤其是古代對農業生產都造成很大的破壞。只要一個地方成了戰場，農作物被破壞不說，這些良田也通通廢掉了，很快就雜草叢生、荊棘遍佈。

「大軍之後，必有凶年」，大戰之後，一定出現荒年。這是一定的。戰爭中男人都上戰場了，賴以為生的勞力稀少，各種生產進入停頓狀態，國家的自然災荒是難免的。還有些國家經歷一次大的戰爭後，男人都死去一半，人口的發展在短期內也受到極大的限制，從古到今，戰爭造成的饑荒年景就是窮兵黷武導致的無窮禍害。

「善者果而已，不以取強」，善於用兵的人，求達到目的罷了，不敢靠武力逞強。我們做任何事情，沒有不希望得到好結果，但是不種善因，怎會有善果呢？為了自衛而用兵，那是沒有辦法的事，但絕不能逞兵力的強大而耀武揚威。只有那種好勇鬥狠的人，才喜歡逞強，就像美國，永遠想做天下第一。

「果而勿矜，果而勿伐，果而勿驕」，目的達成卻不自負，目的達成卻不自誇，目的達成卻不驕傲。有時候國家碰到需要正當防衛的時候，行動就要很果斷，但是只要用恰當的手段達到目的就好，千萬不要過火。即使真取得一定的成果，也不要驕傲，要有謙德。「矜、伐、驕」這三種心態，都是違反謙道的，不可能有好結果的。《易經》謙卦告訴我們，人要有謙虛的精神，要與天地鬼神維持自然的平衡。這個世界，除了人之外，還有天地，還有鬼神，如果破壞這一平衡態，絕對有業報的。即使你在人類之中沒有了敵手，天地也不會容你，最終的報應絕逃不掉。

「果而不得已，果而勿強」，目的達到也是出於不得已的防衛，已經達成目的就不必逞強。面對敵人需要一點果斷的精神，不能老挨打。伸張正義，積極抵禦敵人，是不得已，人不犯我，我不犯人，人若犯我，我必犯人，這就是積極防禦，這也是唯一讓世界穩定的底線。《孫子兵法．謀攻篇》就說「上兵伐謀，其次伐交，其次伐兵，其下攻城，攻城之法為不得已」，戰爭是採取防衛不得已而為之的手段。

「物壯則老，是謂不道，不道早已」，「已」，消亡、停止。萬事萬物一到強壯的階段，就會衰老，所以逞強逞能是不合乎道的，不合於道的事很快就會消亡。任何事物一旦強壯，並不見得是什麼好事，因為如果把握不住自己，就會逞血氣之勇。在強壯之時，追逐更多的欲望，是非常消耗人力、物力的。老子認為，這不合乎自然之道，會很快因此消亡。《易經》中的大壯卦則告訴我們，當形勢在大壯的時候，就要懂得正固，要懂得「非禮弗履」，不要妄想自己會一直強壯，可能有一些事情在你還沒覺察到時，也許狂風暴雨一下就來了。

第三十一章

夫兵者，不祥之器，物或惡之，故有道者不處。
君子居則貴左，用兵則貴右。
兵者不祥之器，非君子之器，不得已而用之，恬淡為上。
勝而不美，而美之者，是樂殺人。夫樂殺人者，則不可得志於天下矣。
吉事尚左，凶事尚右。偏將軍居左，上將軍居右。言以喪禮處之。
殺人之眾，以悲哀蒞之，戰勝以喪禮處之。

武器是不祥的工具，人們都厭惡它，所以，悟道的人不使用它。
君子平常時重視左方，使用兵力就重視右方。
武器是不祥的工具，不是君子使用的工具，如果不得已才使用它，最好恬淡處之。
勝利了不要自以為美，如果自以為美，就是喜歡殺人。喜歡殺人的人，就不可能在天下達到最終的目的。

吉利的事以左方為尊，凶喪的事以右方為尊。偏將軍居守左方，上將軍居守右方。這是說打仗時要依照喪禮來安排。

殺人眾多，要以悲哀的心情來對待，戰勝了要以喪禮來對待。

「夫兵者，不祥之器，物或惡之，故有道者不處」，武器是不祥的工具，人們都厭惡它，所以悟道的人不使用它。

「君子居則貴左，用兵則貴右」，君子平常時重視左方，使用兵力就重視右方。「居」，日常家居，即平常的時候。老子說，平常家居的時候，是以左方為大。打仗的時候跟平時不一樣，因為打仗不是好事，是不祥。所以，人們平時跟戰時的習慣不一樣。

「兵者不祥之器，非君子之器，不得已而用之，恬淡為上」，武器是不祥的工具，不是君子使用的工具，如果不得已才使用它，最好恬淡處之。有時候，人們因為要解決紛爭，不得已才用武力。但是，君子以德服人，這是中國文化牢不可破的原則。在「不得已而用之」時，人的心態就很重要，君子則以平常心淡然處之。而有些人是嗜殺的，絕不會恬淡待之，一旦到了戰場上，就渾身興奮得不得了。在古代，這種人有時被稱為「戰神」。像秦國那位百戰百勝的白起，他一生的事業就是行軍打仗，最高的業績就是長平之戰。

「恬淡為上」，老子是要我們「淡泊以明志，寧靜而致遠」。如果實在沒有辦法不用武力，那就在使用武力的時候，要淡定，不要嗜殺如命。《人物志》首篇就說：「凡人之品質，中和最貴矣。中和之質，必平淡無味……是故觀人察質，必先察其平淡，而後求其聰明。」看一個人最高的原則不是看起來聰明與否，而是看有無平淡之心。自作聰明的人，沒有辦法做到平淡，真正平淡的人，其實才是聰明而有智慧的。

「勝而不美，而美之者，是樂殺人」，勝利了不要自以為美，如果自以為美，就是喜歡殺人。打仗當然要求取勝，但是勝利了，千萬不要把攻城掠地、殺人盈野當成一件值得驕傲的事情。

「夫樂殺人者，則不可得志於天下矣」，喜歡殺人的人，就不可能在天下達到最終的目的。如果打了勝仗，面對慘烈的殺戮覺得很快樂，這說明此人窮兵黷武、以殺人為樂，絕不可能長久得志於天下。

「吉事尚左，凶事尚右」，吉利的事以左方為尊，凶喪的事以右方為尊。

「偏將軍居左，上將軍居右，言以喪禮處之」，偏將軍居守左方，上將軍居守右方。這是說打仗時要依照喪禮來安排，上將軍是主帥，位居右；偏將軍是副將，偏居左。這是因為戰爭是要死人的，應該以凶事待之，跟平常生活所居守的方位正好相反。

「殺人之眾，以悲哀蒞之，戰勝以喪禮處之」，殺人眾多，要以悲哀的心情來對待，戰勝了要以喪禮來對待。如果打勝仗了，面對著戰後的血腥，還在那邊喝慶功酒，這樣的心態就要命了。可見老子還是希望我們要形成一個禮制，並落實在文化習俗上，即打了勝仗要以喪禮來對待。起碼面對著人命的喪失要有那種悲哀的心情，戰爭不僅給自己帶來生命和財產的損失，也給敵對方帶來同樣的傷害。《論語．子張》中，孟氏使陽膚為士師，問於曾子。曾子曰：「上失其道，民散久矣。如得其情，則哀矜而勿喜。」國家政治一旦一塌糊塗，沒能為老百姓提供安居樂業的環境，以致百姓人心渙散，甚至官逼民反，如果是這樣，即使官府一時鎮壓了民反，也要存悲憫和可憐之情，不能因此高興。也就是說，如果你瞭解到他為什麼造反，對他要有哀憐之心，勸他棄惡從善的同時，自己也要反省。

第三十二章

道常無名，樸。雖小，天下莫能臣。侯王若能守之，萬物將自賓。
天地相合，以降甘露，民莫之令而自均。
始制有名，名亦既有，夫亦將知止，知止可以不殆。
譬道之在天下，猶川谷之於江海。

道一直是無名而質樸的。雖然細微，天下沒有什麼東西能主宰它。政治人物如果能守住它，萬物就會自動歸附。

天地之間陰陽和合，就會降下甘露，人們不必指使它而會自然均勻。

萬物創始，就產生了各種名稱，名稱已經形成就會知道適可而止，知道適可而止就可以避免危險。

譬如「道」在天下的情況，就像江海成為溪谷河川的歸往地。

「道常無名，樸。雖小，天下莫能臣」，道一直是無名而質樸的。雖然細微，天下沒有什麼東西能主宰它。對於道，一直沒有辦法給他一個固定的名稱，就像未被雕琢的原木。一個東西在質樸的狀態時，它可能還沒有名稱，但那時的自然態是最好的。換句話說，真正最強的東西，是在質樸時期，處於無名狀態。

這就像《易經》的謙卦一樣，謙看起來是卑下，但是它六個爻非吉則利，都是好的狀態，這就是老子在第八章所言「夫唯不爭，故天下莫能與之爭」。謙和不爭的心態贏得最後勝利，故曰：「謙。亨，君子有終。」（《易經．謙卦》）所以，人要追求自然質樸態，看似細微不起眼的東西，但是它能降服一切，天下其他東西都不能主宰它，即「卑而不可踰」（《易經．謙卦》），沒有辦法踰越它。

可見，人都要追求復歸自然的本心，即「復見天地之心」，在《易經．繫辭傳》中，孔子對復卦抱有極大的冀望：「復，德之本」「復，小而辨於物」。因為復卦中有天地之心，即掌握到萬物的核心，如同道之樸。這個核心雖小，卻是「德之本」，也最有創造力──「小而辨於物」，天地之心能辨物，能生萬物，就像道之樸「雖小，天下莫能臣也」。

「侯王若能守之，萬物將自賓」，「侯王」代指政治領袖或政治人物。政治人物如果能守住道，萬物就會自動歸附。你看老子也講實用。如果「侯王」守住這個樸和小，即守住這個根本無名的道，天下將沒有對手，因為人與物都要來歸附。換句話說，我們一旦掌握了這個無名的道，掌握了復卦的天地之心，就可以主宰一切，而不被別的東西來役使。

「天地相合，以降甘露，民莫之令而自均」，天地之間陰陽和合，就會降下甘露，人們不必指使它而會自然均勻。

剛柔互濟，陰陽和合，就像自然現象，該下雨就下雨。如果天地陰陽相合，就沒有那些暴戾之氣，不必用嚴刑峻法去要求老百姓，就像天降甘露一樣自動達到均衡，不會給誰降得多誰降得少。謙卦〈大象傳〉說「君子以裒多益寡，稱物平施」，老百姓不患寡而患不均，資源配置合理，當然不必用行政命令，自己就均了。

「始制有名，名亦既有，夫亦將知止，知止所以不殆」，萬物創始，就產生了各種名稱，名稱已經形成就知道適可而止，知道適可而止就可以避免危險。所有的事物剛開始建構的時候，不能永遠在一個無名的狀態。道是「體」，雖然無名，可是當它由「體」啟「用」，一定要給定一個名。有名是從無名來的，要定這個名，永遠不要脫離原先的純樸。可見，現代文明的發展也要適可而止，不然一旦失控，局面就太可怕了，像核武器的發展控制不當就可以毀滅地球十幾次。所以，人要懂得知止，文明就不會有毀滅自己的可能。

「譬道之在天下，猶川谷之於江海」，譬如「道」在天下的情況，就像江海成為溪谷河川的歸往地。道是天下的歸宿。道既是起源，也是歸宿，包容一切。

第三十三章

知人者智，自知者明。
勝人者有力，自勝者強。
知足者富，強行者有志。
不失其所者久，死而不亡者壽。

瞭解別人的是智者，瞭解自己的是通達事理。
勝過別人的有實力，勝過自己的才剛強。
知道滿足的就富有，堅持力行不懈的就是有志。
不離失本份的才會長久不衰，身雖死而「道」不消亡，才算真正的長壽。

「知人者智，自知者明」，瞭解別人的是智者，瞭解自己的是通達事理。我們常說，知人知面不知心，人心隔肚皮。一個人能夠知人，已經是了不起的有智慧之人。在道家中，明比智的境界更高。《易經．繫辭傳》講「復以自知」，要直探核心，就要自知，這種內觀的明，沒有通達萬事萬物之理，是不可能做到的。如果你在自知方面下的功夫不夠，反而養了驕氣，那麼最後不僅自己會出問題，就連「知人」都做不到了。

「勝人者有力，自勝者強」，勝過別人的有實力，勝過自己的才剛強。戰勝人家，贏得主動權，說明你有實力。但在老子看來，鬥力不如鬥智，鬥智不如鬥明。人最大的敵人是自己，故人要懂得戰勝自己，即戰勝自己過度膨脹的欲望，把自己的貪瞋癡慢疑壓制到最低限度。這在儒家，就是「克己復禮」。人常常是天人交戰，常常是一面似魔、一面似佛，如果人能夠戰勝自己，回歸正道，這才是真正的強者。

所以，人真正的敵人不在外面，而在自己的內心，真正的魔是心魔。完全追求外在的成就，結果可能是走運，也可能是毀滅。外在的東西可遇而不可求，可以求的是自己，《易經》中「自強不息」「自昭明德」「自天佑之」諸語，就是如此。可見，人還是要做到「自知者明」「自勝者強」。

「知足者富，強行者有志」，知道滿足的就富有，堅持力行不懈的就是有志。人要怎麼樣才算富足？就要懂得知足。人要是不知足，就算再有錢，也是天下最「窮」的人。一個人能夠自強不息，當他面對挫折時，依然能夠堅持下去，這就代表他有志向。

「不失其所者久」，不離失本份的才會長久不衰。每個人都有他的「所」，這是他的本份，即立足之地。天生我材必有用，如果搞了一輩子，找不到自己奮鬥的時位，就是飄蕩的人生，無所依歸。《易經》旅卦就是「失其所」，失時、失位、失勢，在天地的羈旅中飄蕩。井卦則是開發自性，找到自己的本份，「居其所而遷」。換句話說，你從事的事業都是適合你幹的，不失其所才能幹得久，才能夠有累積的績效出來。

「死而不亡者壽」，身雖死而「道」不消亡，才算真正的長壽。有些人雖然肉身不在了，但是精神永存，這才是真正的長壽。老子是長壽的，距今已經兩千六百多年了，我們還在學習他的智慧和精神。真正的長壽，就代表在精神和思想上有永恆的影響力，儒釋道的創始人都是如此。

《論語・雍也》中，孔子說「仁者壽」，當人掌握了仁，才是真正的長壽、真正的永恆。

第三十四章

大道氾兮，其可左右。
萬物恃之以生而不辭，功成而不有。
衣養萬物而不為主，常無欲，可名於小；萬物歸焉而不為主，可名為大。
以其終不自為大，故能成其大。

大道像氾濫的河水，廣泛地流行在周圍。
萬物依靠著它生存而不推辭，大功告成卻不佔有。
養育萬物而不去主宰它們，它一直是無欲的狀態，可以稱它為「小」；萬物來歸附而不加以主宰，可以稱它為「大」。
由於它從不自以為大，所以能夠成全它的大。

「大道氾兮，其可左右」，大道像氾濫的河水，廣泛地流行在周圍。《易經》泰卦中，也有「左右」的概念。其〈大象傳〉說：「后以財成天地之道，輔相天地之宜，以左右民。」人如果在某個地方經營的形勢達到了泰的境界，根本不必去招商，也不必去拉夫，天下的很多資源都會吸引到他這邊來。大道的吸引力就像聚寶盆一樣，匯聚天下資源。

「萬物恃之以生而不辭，功成而不有」，萬物依靠著它生存，而它也不推辭；大功告成卻不佔有。這就是道家真正了不起的胸襟。世間很多紛爭，很多事業的功虧一簣，就是因為人到最後都想去佔有、控制。《易經》的坤卦象徵大地，大地如同母親，它生養萬物，會控制一切嗎？不會，它會無私地為萬物奉獻滋養。

「衣養萬物而不為主，常無欲，可名於小」，養育萬物而不去主宰它們，它一直是無欲的狀態，可以稱它為「小」。「衣」當動詞用，「衣養」指養育、覆蓋，就好比用衣服把萬物包在裡邊供養與照顧。「衣養萬物而不為主」，雖養育萬物，卻不存有主宰的心理。可見，道呈現的是一種無欲無求的狀態。「可名於小」有如「至小無內」（《莊子．天下》），不能也不必容下任何東西。

「萬物歸焉而不為主，可名為大」，萬物來歸附而不加以主宰，可以稱它為「大」。道就像大海，是在最低位，但是河川溪谷最後通通流到這裡來。也就是說，道真正主導一切、創生一切，但是它不爭那個名號。所以，道看著好像很小，甚至都不好稱呼它，但是它能包容一切，胸襟廣闊無邊。

「以其終不自為大，故能成其大」，由於它從不自以為大，所以能夠成全它的大。悟道的人從不膨脹自己，也不誇耀自己的偉大，更不會居處最大的位置。悟道的人不處在高位，反而能夠成就他實質上的偉大。

我們讀《道德經》，老子的觀念有時候看起來好像和世俗的想法相反，其實這才是最後的真實。譬如人越想要得到什麼東西，最後越沒有辦法得到，如果越不去爭，到最後不要都不行，反而實至名歸。《易經》坤卦的最高境界，把坤的智慧發揮到淋漓盡致，即「利永貞，以大終也」，坤本來是「小」的，乾才是「大」的，可是搞到最後，「大終」成了坤卦的結果。

老子在《道德經》中，特別偏重對坤卦順勢用柔的智慧的發揮，這方面都用到了化境。《易經》是剛柔互濟的，但是老子把柔道領悟得特別深，發揮得特別好，這才創立了道家一派。儒家的創立者孔子從「自強不息」的乾卦去發揮，道家的老子從「厚德載物」的坤卦去闡釋，儒、道兩家的配合如同乾坤互濟，誰若能兼採二者之長，定是大智慧人物。

第三十五章

執大象，天下往。往而不害，安平太。

樂與餌，過客止。

道之出口，淡乎其無味，視之不足見，聽之不足聞，用之不足既。

誰掌握了大道，普天下的人都來投靠。投靠他而不互相妨害，於是大家就和平安泰到極點。

音樂和美好的食物，使過路的人都為之停步。

用言語來表述大道，平淡而無味，看它也看不見，聽它也聽不見，它的作用是無限制的。

「執大象，天下往」，誰掌握了大道，普天下的人都來投靠。「大象」，比喻大道。道一定有象。「執」，掌握。我們任何一個創意，在還沒落實成形前，先是意念催生象。象在形先，如果象正確，你就緊守住象，不要偏離，就像不要偏離大道一樣。如果掌握了大道，何愁天下人不來歸往？

「大象」是老子所描繪出來的願景，誰掌握了「大象」，「往而不害，安平太」，投靠他而不互相妨害，於是大家就和平安泰到極點。天下歸往就是「王道」，就是大家追求的安泰和樂的人生。如果吸引大家都追隨這個道，那麼結果絕對不會造成傷害。可見，緊守大道而不失，就會吸引天下人去追隨，大家也不會互相傷害，社會呈現一片和平安泰之象。

「樂與餌，過客止」，音樂與美食，會讓過路的人為之停步。名利都是「餌」，很多人因此就吞了那個「鉤」，聞香下馬。人們看到一個滿足自己欲望的東西，就想要停下來，那些做美食行銷的，要吊人家的胃口，就會想盡辦法讓顧客駐足。

「道之出口，淡乎其無味，視之不足見，聽之不足聞，用之不足既」，用言語來表述大道，平淡而無味，看它也看不見，聽它也聽不見，它的作用是無限制的。道屬於「天籟」，想聽又聽不到，可是永遠用不完，取之不盡，用之不竭。一般人希望從外觀上追求視聽感覺，享受熱鬧狂歡的娛樂，可是，道是淡而無味的，當人真正用平淡來用世時，卻是永遠用不完。

我覺得老子寫到這一章時，一定是滿腹牢騷，因為他喊了半天，提出一個「大象」要人們去執守，天下歸往的卻特別少。所以他還得出關。

第三十六章

將欲歙之，必固張之；將欲弱之，必固強之；將欲廢之，必固舉之；將欲取之，必固與之。是謂微明。

柔弱勝剛強。

魚不可脫於淵，國之利器不可以示人。

將要壓制它，必定抬高它；將要削弱它，必定先使之堅強；將要廢棄它，必定先提舉它；將要奪取它，必定先給予它。這就叫作從最幾微處明白。

柔弱可以戰勝剛強。

魚不可以脫離深水，關乎國家利害的重器不可以向人炫耀。

「將欲歙之，必固張之」，將要壓制它，必定抬高它。「歙」，收縮、壓制；「張」，擴張、抬高。要打擊對手，最後希望把對方壓制下去，必定先養他的驕氣，即先抬高對方，這就是反其道而行之。如果直接打壓對手，他一定反彈，可能你就達不到目的。這也是老子「反者，道之動」的原理運用。

「將欲弱之，必固強之；將欲廢之，必固舉之；將欲奪之，必固與之」，將要削弱它，必定先使之堅強；將要廢棄它，必定先提舉它；將要奪取它，必定先給予它。如果有人認為另一個人擁有美好的東西，覺得他不配，就想搶奪過來。在沒搶奪之前，他還先給予對方東西，這樣做，一方面是向對方表示善意，另一方面是讓對方衝昏頭腦；實際上自己的心裡早就盤算，先給他，將來遲早會回到自己手裡，對方只是暫時保管。

在《三十六計》裡面，有一計稱「假虞伐虢」。春秋時期，晉國的軍隊要向虞國借道，去伐虢國，不然就得繞道。而從虞國的國土經過，是要行賄的，晉國就送了一些寶玉、良馬給虞國國君。虞國國君貪婪心作祟，認為晉國那麼好的東西都肯給自己，應該沒有野心，而且只是借一條道罷了。結果晉國打敗了虢國，回頭就把虞國滅了。那麼原先送給虞國國君的寶物，又物歸原主。這就是「將欲奪之，必固與之」的典型範例。可見，能不能識破對方先給你的東西是「釣餌」，就看你是否利慾薰心，昏了頭腦。

「是謂微明」，這就叫作從最幾微處明白。一般人就喜歡耍弄小聰明，而聰明外露是最容易失敗的。聰明要藏起來，那才是真聰明，要懂得韜光養晦。《易經．繫辭下傳》就說：「君子知微知彰，知柔知剛，萬夫之望。」有些事情在隱微不顯的階段，就要先看明白，那就是明智的。

所以，人做事要有一定的隱秘性，要低調，甚至要懂得拋煙幕彈，讓人家看不出來。當別人看不出來時，就表示有成功的機會。

「柔弱勝剛強」，柔弱可以戰勝剛強。這句話算是老子的名言，而且在實際生活中大家的體會頗深。當你的實力不夠，不能與對方硬碰硬，否則要付出很大的代價，那就想辦法用柔弱的辦法來對付，時日一長，柔弱的一方可以翻身勝過剛強的一方。換句話說，「柔弱勝剛強」不能硬碰硬，要懂得忍讓包容、委曲婉轉。

「魚不可脫於淵，國之利器不可以示人」，魚不可以脫離深水，國家的利器不可以向人炫耀。在人間世，不管是有形的事物，還是無形的事物，大家都想據為己有。那麼，只有像魚一樣待在深水裡，不被人發現，才不會被捕捉。一個國家的秘密武器或者獨一無二的技術，也絕不要輕易讓外人瞭解。有殺傷力的利器，絕對不能讓競爭者知道，否則對方會千方百計來竊取。換句話說，平日行事不能鋒芒畢露，心中想的不能讓人家知道，即使是你身邊的人都要保守秘密。正如《易經．繫辭上傳》所說「幾事不密則害成」，事情的機密一旦洩露，就會導致失敗。

第三十七章

道常無為而無不為。侯王若能守之，萬物將自化。化而欲作，吾將鎮之以無名之樸。無名之樸，夫亦將不欲。不欲以靜，天下將自定。

道體總是不刻意作為，結果無所不為。治理國家的人如果能堅守這個道理，萬物將自我化育、自生自滅而得以充分發展。萬物自行衍化卻有人想有所作為，我將用道的無名真樸去遏阻。無名的真樸狀態，也將使人不產生貪欲。不起貪欲，讓心趨於清靜，天下自然就回歸於穩定、安寧。

「道常無為而無不為」，道體總是不刻意作為，結果無所不為。從表面看，這句話似乎前後矛盾，其實一點都不矛盾，因為其中是有層次的。正因為道體順應自然，清靜無為，萬物都由道而生，所以實際上道是無所不為。

《易經》中，強調損極轉益，即損卦和益卦。損卦讓人「懲忿窒欲」，即讓人無為。益卦「利有攸往，中正有慶」，其基礎就是上一卦損卦，即無為是無不為的基礎。損之所以能獲益，就是因為無為清靜，不會被自己的欲望驅使而利慾薰心。「懲忿窒欲」的目的，是要遷善改過，才會有大收穫。也就是說，要獲益，前面先得做損的功夫。老子說「為學日益，為道日損，損之又損，以至於無為，無為而無不為」（第四十八章），這才是真理大道。

「侯王若能守之，萬物將自化」，「侯王」，政治人物，指治理國家的人。治理國家的人如果能堅守「無為而無不為」這個道理，萬物將自我化育、自生自滅而得以充分發展。

無為，能無不為；相反，有為，不能無不為。因為，統治者如果欲望太多，在很多方面就走不通。人要守「無為而無不為」這個原則，萬物才會各順其性地自生自長，根本就不要天天去操勞，本身就會發展得很好。現代所謂的自動化管理，其實就是最少的管理；「無為而無不為」，這才是最好的管理。「自化」是最節省人力物力的，因為其合乎自然規律。

只要你能夠無為，「懲忿窒欲」，就會少犯致命的錯誤。時機一旦成熟，一切就會水到渠成。正如「有心栽花花不開，無心插柳柳成蔭」（〈增廣賢文〉）。有時候，越強求越沒辦法得到。

「化而欲作，吾將鎮之以無名之樸」，萬物自行化育卻有人想有所作為，我將用道的無名真樸去遏阻。「鎮」，遏阻。萬物之中，只有人有貪欲，而且想要妄為，其他動物不可能超出自然運作的範圍，所以，老子要用無名的真樸去遏阻。

「無名之樸，夫亦將不欲。不欲以靜，天下將自定」，無名的真樸狀態，也就是使人不產生貪欲；不起貪欲，讓心趨於清靜，天下自然就回歸於穩定、安寧。人的欲望很可怕，一旦產生邪念就會產生很大的破壞作用，此時就要用無名的真樸來遏阻，讓欲望不要瘋長。樸的好處就在這裡。

所以，要對付欲望的瘋長，一定要自己的內心清虛。如果妄動，不僅不能把動盪的局面處理好，反而人心更亂。

德

經

第三十八章

上德不德，是以有德；下德不失德，是以無德。上德無為而無以為，下德無為而有以為。上仁為之而無以為；上義為之而有以為。上禮為之而莫之應，則攘臂而扔之。故失道而後德，失德而後仁，失仁而後義，失義而後禮。夫禮者，忠信之薄，而亂之首。前識者，道之華，而愚之始。是以大丈夫處其厚，不居其薄；處其實不居其華。故去彼取此。

上乘德行境界的人不自以為有德，因此反而稱得上有德；下乘德行境界的人不放下對德的執念，反而不夠稱得上有德。

德行上乘的人純任自然無所作為，進而能無心作為；德行下乘的人不去作為，卻是有心這樣的。上等行仁表現的人有所作為，但皆出於愛心，是無所為而為；上等義行的人有所作為，而且有所為而為。

上禮的人制訂很多禮儀制度，有心為之，如果得不到回應，就伸手拉人強行。所以，失去了「道」而後才有「德」，失去了「德」而後才有「仁」，失去了「仁」而後才有「義」，失去了義而後才有「禮」。「禮」這個東西，是忠信不足的產物，而且是禍亂的開端。

那些自認為先知先覺的人，追求道的虛華，才是愚昧的開始。因此，大丈夫立身處世，敦厚為上，而不澆薄；心地實在，而不流於浮華。所以要捨棄澆薄虛華而採取樸實敦厚。

「上德不德，是以有德」，上乘德行境界的人不自以為有德，因此反而稱得上有德。「德」，就是人實際的行為表現，也分上下、高低。換句話說，人的心靈境界是有檔次的。比較更高明的德，心中沒有「德」的執念，一切行為表現，自然而然，不是有心表現德，也不刻意求德，更不會自恃有德。如《金剛經》所說「應無所住而生其心」。「上德」的人，如此去表現德，只是覺得這樣心安，並沒有想到「德」與「不德」的問題，更不會沽名釣譽。這樣的人在為公益捐贈的時候不會去召開記者招待會。

有些事情，有心操作與無心操作就差很多。剛開始的起心動念是最好的，因為沒有特定目的。《易經》中講感情的咸卦就是如此。咸是「無心之感」，雖然感應強烈，但是無心的，自然而然。單從字的構成來說，「咸」跟「感」的不同，也能說明意涵不同。「感」是「咸」字加一個「心」，表示有心，特別有「感」，但是感觸多了，愁又會出來，即多愁善感。如果覺得「感」還不夠，再加一個「心」，那就是「憾」了，「心」太多，你一定求不到想要的東西，反而自尋煩惱，徒留遺憾。

「下德不失德，是以無德」，下乘德行境界的人，不放下對德的執念，反而不夠稱得上有德。「不失德」，心中沒丟棄對德的執念，一直恪守形式上的德。凡是為德有所用心，為善必欲人知，就怕失掉名聲，反而算不上真正有德的人。老子在第二章就說過「夫唯弗居，是以不去」。

「上德無為而無以為」，德行上乘的人純任自然無所作為，進而能無心作為。佛教也強調要重視「無為法」，「有為法」是空的。「無為」，純任自然，不刻意妄為。「無以為」，指人的居心而言，是無心作為的意思。沒有一定為了什麼目的才要怎麼做，甚至在人前還要裝一個樣子。上德境界的人，自然清靜無為，他並不是刻意為了想要扮演某個角色才去做的，就是圖個心安，覺得這樣比較舒服、自在。

「下德無為而有以為」，德行下乘的人不去作為，卻是有心這樣的。德行下乘的人，有時候也裝成一個無為的樣子，但是他有目的。在沒有達到目的之前，他覺得「無為」比較好賣，就學一點無為的樣子。實際上那是假的無為，是有目的的表現。

「上仁為之而無以為」，上等行仁表現的人有所作為，但皆出於愛心，是無所為而為。在老子的眼中，仁比德的層次低。仁人君子看到人家亂成一團了，急需救助，就見義勇為。幫了就幫了，也沒想那麼多，並不是為了領見義勇為獎金，才去救助。「上仁」的人，實際上就是孔子所說的「見善如不及，見不善如探湯」（《論語‧季氏》）那類人。

「上義為之而有以為」，上等義行的人有所作為，而且有所為而為。義的層次又比仁的層次低。「上義」的人，凡事都要計較是非曲直，評估一番，甚至可能想為將來謀算。「義」，合宜。合宜就是行其所當行，為其所當為，但何謂「當行」與「當為」，就必有評估與準則。這樣一來，就是有所為而為了。

「上禮」的層次更低了，更表面化，形式化了。「上禮為之而莫之應，則攘臂而扔之」，上禮的人制訂很多禮儀制度，有心為之，如果得不到回應，就伸手拉人強行。「攘臂」，舉臂；「扔」，拉、引。

「上禮為之」，用個禮節規範去要求，可是得不到明顯的回應，就強壓迫人家，拽人家的手，要人家就範。這就有點惱羞成怒了，行為境界越來越低。

在老子眼裡，人的心靈境界從「道」往下滑落變成「德」，再往下掉落變成「仁」，「仁」下面是「義」，「義」下面是「禮」。到了「禮」，就變成一個形式化的制度，甚至禮教吃人。有的人不想遵守禮，卻強迫人家來遵守。可見，老子的時代已是亂世，周朝那一套制度完全沒有辦法約束人，很多禮制徒具形式，而表面上還維持著假仁假義。老子把這一章放在〈德經〉的第一章，有點警醒世人的意味。

「故失道而後德，失德而後仁，失仁而後義，失義而後禮。夫禮者，忠信之薄，而亂之首」，這一段的意思是：所以，失去了「道」而後才有「德」，失去了「德」而後才有「仁」，失去了「仁」而後才有「義」，失去了義而後才「有禮」。「禮」這個東西，是忠信不足的產物，而且是禍亂的開端。

從某種程度上來說，這實際上是一種墮落，說明維繫社會和諧的原則，每下愈況。老子對此罵得很凶。一般人都講究外面流於形式的一些虛偽制度，或者規範、法條，其實完全看不到敦厚誠樸，看到的都是人情澆薄。

「前識者，道之華，而愚之始」，那些自認為先知先覺的人，追求道的虛華，才是愚昧的開始。「前識者」，徒有華美的表象，沒有實質的內涵。在動亂的時代，會有很多假先知，即自以為聰明的人，跑出來誤導群眾，而真正的大道面前門可羅雀。門庭若市的，大部分都是「魔」在作祟蠱惑人心。可見，老子批判浮華之人毫不留情。

「是以大丈夫處其厚，不居其薄；處其實不居其華。故去彼取此」，因此，大丈夫立身處世，敦厚為上，而不澆薄；心地實在而不流於浮華。所以要捨棄澆薄虛華而採取樸實敦厚。

第三十九章

昔之得一者：天得一以清，地得一以寧，神得一以靈，谷得一以盈，萬物得一以生，侯王得一以為天下貞。

其致之也，謂：天無以清，將恐裂；地無以寧，將恐廢；神無以靈，將恐歇；谷無以盈，將恐竭；萬物無以生，將恐滅；侯王無以貴高，將恐蹶。

故貴以賤為本，高以下為基。是以侯王自謂孤、寡、不穀，此非以賤為本邪？非乎？

故至譽無譽。

是故不欲琭琭如玉，珞珞如石。

過去凡是得到整合體的，可以描述為：天達到了整合狀態就清明，地達到了整合狀態就安寧，神達到了整合狀態就顯靈，谷達到了整合狀態就充盈，萬物各自達到了整合狀態就各自生長，管理國家的侯王做到了整合就能作為天下正固的典範。

由此推衍，就意味著：天不能清明，恐怕就要崩裂；大地不能寧靜，恐怕就要廢棄；神不能顯靈，恐怕就要停歇；山谷沒有水注入，將要枯竭；萬物不能生長，恐怕就要滅亡；侯王不能重視自己的高位，恐怕就要跌倒。

所以，尊貴要以卑賤為根本，高位要以低位為基礎。因此，侯王自稱為「孤」「寡」「不穀」，這不就是以賤為根本嗎？不是嗎？

所以，最高的稱譽是沒有任何一種美譽可用來恰當稱呼。

所以，不願像美玉那樣璀璨耀眼，寧可像石頭般堅實。

「昔之得一者」，過去凡是得到整合體的。這裡的「一」，不是數量詞，而是整體不可分割的意思。《易經．繫辭下傳》中才有「天下之動，貞夫一」的概念。《易經．繫辭上傳》第五章稱「一陰一陽之謂道」，此處的「一」為動詞，有統一、合一之意，意即統合陰陽的就是道。

孔子向老子問道，主要學到了「一」。孔子掌握了「一」之後，創造了一個「元」的概念，改「一」為「元」。如《春秋》開篇就說「元年『春』王正月」，把「一年」稱為「元年」。後來每年的一月稱為元月，一月的第一天稱作元旦。

人若能掌握到「一」，就能夠化繁為簡，以簡馭繁。愚笨的人用好多種方法也解決不了的問題，聰明的人一旦抓到「一」，就很快把問題給解決。這就像老子在第二十二章說過的「聖人抱一為天下式」。

對我們現代人來講，老子本來已經夠古了，他說「昔之得一者」，意思是還有比他更古老的看法。這就是長期傳承的智慧，老子認為，在他那個時代很少有人「得一」了，就是因為人的欲望太多，簡單的事情反而都變得複雜了。過去的人能夠掌握「一」的奧秘，會顯現在什麼方面呢？且看老子如何闡述。

「天得一以清」，天達到了整合狀態，就清明。

「地得一以寧，神得一以靈，谷得一以盈」，地達到了整合狀態，就安寧；神達到了整合狀態，就顯靈；谷達到了整合狀態，就充滿。

「萬物得一以生」，萬物「得一」了，就會自然生長。

「侯王得一以為天下貞」，管理國家的侯王做到了整合，就能作為天下正固的典範。

我們如能抓到那個「一」，就能發揮「清、寧、靈、盈、生、貞」六大好處的效應。

否則，將適得其反。「其致之也，謂」，由此推衍，就意味著我們的宇宙秩序會亂掉。下面就是六種壞處：「天無以清，將恐裂；地無以寧，將恐廢；神無以靈，將恐歇；谷無以盈，將恐竭；萬物無以生，將恐滅；侯王無以貴高，將恐蹶。」「無以」，不能的意思。

「天無以清，將恐裂」，現在臭氧層出現的破洞，就說明天出問題了。

「地無以寧，將恐廢」，近年來，地球上常常有大地震，就是如此。

「神無以靈，將恐歇」，如果神不顯靈，廟就沒有人去拜了。像臺灣有很多形形色色的道場，怎麼到最後不顯靈了？大概是沒有「得一」吧。主持廟觀的大師，本身就沒有辦法清淨，沒有「得一」，神何以顯靈呢？

「谷無以盈，將恐竭」，山谷如果沒有水注入，不就慢慢乾涸了嗎？

「萬物無以生，將恐滅」，萬物不能自然生長，還有存在的必要嗎？

「侯王無以貴高，將恐蹶」，侯王如果不能「得一」，就不會重視自己的能力和作用，國家得不到很好的管理，他怎麼能坐得穩自己的位置呢？說不定要不了多久，就會被別人拉下台來。

「故貴以賤為本，高以下為基」，所以，尊貴要以卑賤為根本，高位要以低位為基礎。這是很簡單的原理，從《易經》卦爻的形象，也可以看出來。在一個卦中，凡是下面都是陰爻的卦，下面都「空」了，上面的陽爻通常就站不住，如《易經》十二消息卦中的姤卦（䷫）、遯卦（䷠）、否卦（䷋）等。高層之所以能維持住，因為有基層民眾的支撐，要是基層流失，哪裡來的高層呢？像復卦是德行的根本，就因為復卦（䷗）最下面唯一的陽爻一元復起的巨大力量。

「是以侯王自稱孤、寡、不穀」，因此，侯王自稱為「孤」「寡」「不穀」。居上位的人就要瞭解這一最簡單的道理。雖然暫時居高位，也要提醒自己，應該謙虛為懷。國君自稱「寡人」，即寡德之人。「孤家」，即孤獨無德之人。為什麼以前皇帝要稱孤道寡呢？因為，如果他失德、失道，隨時都可能變成孤家寡人、獨夫亢龍。也就是說，人民不支持他了，他就真的變成孤家寡人了。

「不穀」，即不善。「穀」，就是穀物糧食，以前為官的俸祿稱為「穀」。一旦為官的表現不好，失去民意的支持，被免職了，他就沒有辦法再領取俸祿。所以，「穀」引申出來有善於為政的意思，「不穀」就是「不善於為政」。「侯王」自稱為「不穀」，可以經常提醒自己務必要善政，否則隨時可能丟掉位置。

對於我們一般人，常常自稱「在下」「鄙人」，這也是一種謙稱。所以，位置越高的人，越要懂得謙。「孤、寡、不穀」的稱呼，就在於經常提醒自己，位置越高，其實越可能淪為孤寡的境地。確實是這樣，高處不勝寒，領導人是沒什麼知心朋友的，如果為政失德，那就意味著要被推翻了。

「此非以賤為本邪？非乎」，這不是把卑賤作為根本嗎？難道不是嗎？很多的制度、很多的稱呼都蘊含了教化與警示的意義。不要以為眼前的利益、眼前的高位會永遠保持下去，大道的運作是循環又返回的，優勢隨時可能會失去。

「故至譽無譽」，所以，最高的稱譽，是沒有任何一種美譽可以恰當去稱呼它。如果你還能找到一個形容詞，去稱讚某一種聲譽，這就不是最高的稱譽。人們對堯帝的稱譽就是如此，孔子說：「大哉堯之為君也！巍巍乎！唯天為大，唯堯則之。蕩蕩乎！民無能名焉。」（《論語・泰伯》）老百姓找不到任何話來稱讚堯，說明堯真是太偉大了。堯就符合「至譽無譽」的情況。

「是故不欲琭琭如玉，珞珞如石」，因此，不願像璀璨耀眼的美玉，寧可像石頭般堅實。「琭琭」，形容玉很美的樣子。我們看到臺北故宮博物院翠玉白菜那樣的美玉，一般人都希望追求，老子卻說不要存那種想法。他說，寧願做一塊樸實的石頭。玉象徵高貴的上層，石頭象徵樸質的基層，老子告誡我們，不要去追求一般人都嚮往的華美亮麗，要安分守己，過堅實如石的樸質人生。

第四十章

反者道之動，弱者道之用。
天下萬物生於有，有生於無。

道活動的特點表現在返回與循環方面，道的效用表現在順勢用柔方面。
天下萬事萬物都產生於有形有名的東西，有形有名的東西產生於無形無名。

「反者道之動」，道活動的特點表現在返回與循環方面。「反」，「反復其道」的「反」，「物極必反」的「反」。有三方面的含義：相反相成、反向運動、循環往復。

道的運動是有規律的，就像鐘擺，總是從此端擺到彼端，不斷地重複。春、夏、秋、冬四季的運行，也顯示出由重複而循環的外貌。實質上，一切事物重複與循環的運動，從根本的角度來看，其實都是在返回到它的根源，即源自道又返回於道。道是萬物存在的理由與根源，換句話說，我們所觀察到的萬象，只不過是「道」的「返回」活動，沒有其他目的可言。

「弱者道之用」，道的效用表現在順勢用柔方面。「弱」，柔弱的意思，有順勢接受之意，也有無為之意。

既然萬事萬物都要返回其根源（道），那麼人只能隨順。隨順看似柔弱，其實並非消極無奈，而是順著返回的趨勢所展現的「無目的」的姿態。有時，顯示柔弱也是一種手段，人就要學習順勢用柔的智慧，「柔弱勝剛強」。有時自己的資源與實力不夠，不能硬碰硬，就要懂得借力使力，這樣的思考就叫「用」。正如老子說的「有之以為利，無之以為用」。

另外，「利」字與「用」字含義不一樣。「利」字是「禾」，與「刀」相構成，意思是拿著鐮刀去收割穀物。這就是「有之以為利」，代表只有有了現成的資源，人們才可以去獲取。如果沒有現成的實物，你就要懂得無中生有的智慧，即「用」。「用」字就像一個網路結構，你只要參與網路，善用網上的資源，就可以自己建立官網，共用一些資源，那樣就無窮無盡了，這就是「無之以為用」。

弱者是道之用，強者本身就直接可以「利」。所以要懂得順勢用柔的智慧，要善於發揮「用」的智慧。《易經．謙卦》稱「謙謙君子，用涉大川」，一般的卦都稱「利涉大川」，此處則說「用涉大川」，說明只要擁有好的心態，再大的危險也都能過去。升卦講「柔以時升」，而不是「剛以時升」，說明只要時機到了，結果就是「用見大人，南征吉」。

「天下萬物生於有，有生於無」，天下萬事萬物都產生於有形有名的東西，有形有名的東西產生於無形無名。我們常說「無中生有」，有形生於無形。無形的東西最難對付，任何東西只要有形，反而都可以對付。再了不起的人、再能幹的人，都有其個性上致命的弱點，都有可以應對的「罩門」，如果對方無形無象，就很難對付他。處亂世最高的智慧，就像風一樣，無形無象，不可捉摸。在亂世的時候，如果還在顯示個人的「有」，那他遲早會出事。人如果是「有若無，實若虛」，別人就很難對付他。這就是越低調越成功，越成功越低調。如果人做到了低調，就算他不成功，至少也不會出事。

任何事物發展到一定的階段，非回頭不可，因為「反者道之動」。原先走在前列的人，後來落伍了，原先稍後的人，反而一下子擠到了前頭。這種事情多得很。像康有為先生在「戊戌變法」的時候，是全中國最時髦的人，到辛亥革命之後，就變成了「遺老」，都沒人理會他了。

第四十一章

上士聞道，勤而行之；中士聞道，若存若亡；下士聞道，大笑之，不笑不足以為道。故建言有之：明道若昧，進道若退，夷道若纇，上德若谷，大白若辱，廣德若不足，建德若偷，質真若渝。大方無隅，大器晚成，大音希聲，大象無形，道隱無名。夫唯道，善貸且成。

上等的讀書人聽懂了道，勤奮去實行；中等的讀書人聽懂了道，感覺半信半疑；下等的讀書人聽懂了道，報以大笑，不被這類人嘲笑，就不足以稱為道。所以，古代立過言的人留下來這樣的話：光明的道好像昏暗不清，前進的道好像後退，平坦的道好像崎嶇，最高的德行像山谷般又深又虛，最純的白色像含有了污垢，有盛德的人好像不夠好，有剛健之德的人好像怠惰，質樸的德好像有改變。最大的方正沒有稜角，最大的器具沒有固定的形狀，最大的聲音聽不到，最大的形象看不到，道隱微不顯也沒有名稱。

只有道，才善於創生萬物並且完成它們。

「上士聞道，勤而行之」，上等的讀書人聽懂了道，勤奮地去實行。「聞」，不僅僅是聽到，還有聽懂的意思。「上士」，指自我要求高的讀書人。「上士」聽到大道之後，能夠起共鳴，然後就努力修行。像孔子最得意的弟子顏回，就是這種「上士」，他能聞一知十，更能「不貳過」。

「勤而行之」，在《易經．繫辭下傳》中，憂患九卦第一卦是履卦，就說明踐行的重要。高明的人明白道是好東西，希望自己能信受奉行，實踐起來就很勤奮。這就是乾卦第三爻所揭示的道理：「君子終日乾乾，夕惕若，厲无咎。」乾卦代表天則，第三爻就是人位。人如果不好好體會道，並把道落實，就太可惜了。淨空法師的口頭禪是「真幹啊」，證嚴法師的口頭禪則是「用心啊」，他們兩個結合起來，就是「用心真幹啊」，確實如此，不用心沒有用，不真幹也沒有用。

「中士聞道，若存若亡」，中等的讀書人聽懂了道，感覺半信半疑。那些自我要求不是特別高的人，並不能夠完全做到信受奉行。對於大道，有時候覺得好像應該相信，有時候自己雖然相信了，又不能夠篤實。換句話說，就是對於道的踐行，還沒有養成恆定的習慣。資質以及修養沒有那麼高的人，應該是居多數的人。孔子說「唯上知（智）與下愚不移」（《論語．陽貨》）。這說明，絕大部分人都是屬於中等才智的。

「下士聞道，大笑之，不笑不足以為道」，下等的讀書人聽懂了道，報以大笑，不被這類人嘲笑，就不足以稱為道。這就是世間大部分有成見的淺薄之人的情況。他們覺得「道」太可笑了，甚至還淺薄的認為，凡我不能理解的，肯定是不存在的。可是，修道、講道的人，看到這類「下士」的反應，反而覺得這些人幫自己做了一個反面肯定。

由此看來，作為真理、大道，要能雅俗共賞、普及實踐，該有多難！除了相信之外，還要看個人的根器與恆心。既然是明道了，一定要有這種認識。上士、中士與下士，各人根器不同，不能強求。

禪宗五祖弘忍在黃梅傳了一輩子道，最後有幾個「上士」？有幾個「中士」？孔門弟子三千，只有七十二賢，只佔百分之二點四，好歹能傳孔子衣缽的顏回還早逝了。

「故建言有之」，所以，古代立過言的人留下來這樣的話。在老子之前的中國人留下很多經典的話，然後老子整理出來，就放在這裡藉此告誡世人。

「明道若昧」，光明的道好像昏暗不清。「知其白，守其黑」，也是「明道若昧」的意思。

「進道若退」，前進的道好像後退。一般人都拚命鑽營，幾百個人爭一個位置，爭不到就想辦法抹黑對方。如果是老子碰到這樣的事，他就會顯得很保守，行為上會表現出好像在往後退的樣子。「若退」，好像後退的意思，但不是真的退。這與「夫唯不爭，故天下莫能與之爭」，是一樣的道理。這才是老子道術的厲害。《易經》謙卦告訴我們，為人要謙下、退讓，最後就是「亨，君子有終」。《易經》乾卦也告訴我們，為人不要不知道進退，該退的時候一定要退，不然，最後一定難看，甚至前功盡棄，故人在「潛龍」的階段，要「遯世無悶，不見是而無悶」。「潛龍」本來就是一種「遯」的狀態，沉潛靜修很重要。老子在第七章所說的「後其身而身先，外其身而身存」，也就是「進道若退」。

「夷道若纇」，平坦的道好像崎嶇。「夷」，平坦。「纇」，指絲的節，絲有節，就不平。大道本來是坦坦蕩蕩的，正因為人心不平，有太多欲望，他所行進的道就成了不平的了。換言之，平常心才是道。

《易經．否卦》稱「君子以儉德辟難，不可榮以祿」，君子會飽受小人的迫害，所以平常的時候要保護好自己，不要太突顯自己的善行與德行。雖然世道難行，可是我們可以藉著某種偽裝、保護色，去行最平的大道，這就是「夷道若纇」。不要像一些追求過度優秀，不懂得委曲婉轉的人那樣。不管是男人還是女人，如果在某方面表現太出色了，就容易遭人怨尤，就一定成為眾矢之的。

人生自然嚮往坦坦蕩蕩的大道，希望彼此都可以真誠心對待，但人生的實際情況會是這樣嗎？不會。就連經營宗教團體都得要用一些術。如果你僅有純粹的大愛，絕搞不起那麼大的組織。因為有組織就有紛爭，一定需要一套智慧的辦法管控。當然真誠很重要，不然你完全白活。不過還是要注意不能「事無不可對人言」，畢竟人心險惡。所以人要善良，還要強悍、有智慧，董仲舒的《春秋繁露》中就有一篇名曰「必仁且智」，有仁心仁德的同時，絕對要有智慧。

「上德若谷，大白若辱」，最高的德行像山谷般又深又虛，最純的白色像含有了污垢。最高的德像山谷一樣，特別虛心，特別包容。

「廣德若不足」，有盛德的人好像不夠好。

「建德若偷」，有剛健之德的人好像怠惰。「建」通「健」，剛健的意思。「偷」，偷懶、怠惰。在德行修養方面「終日乾乾」的人，表面看起來好像很懶散，一點都不與眾不同。人雖然幹得很歡實，有很多了不起的建設，但是外面千萬不要宣揚，也不要讓別人看出自己在拚命幹。對外表現好像很懶散，好像也沒做什麼，其實都在暗中佈局、做功德。這就要有高智慧，尤其處亂世時，更是如此。

「質德若渝」，質樸的德好像有改變。「渝」，改變。做人處事，彈性非常重要。人要靈活，要通權達變。活在這個世上，你不能完全裡外如一，否則，社會越複雜，你的存活率越低。但是怎麼變，也不要影響到你的本質，做人的質樸絕對不變。好像隨波逐流，其實沒有，要在「濁」中保留自己的「清」。蓮花都是長在污穢的地方，特別乾淨的地方能長出蓮花嗎？

「大方無隅」，最大的方正沒有稜角。

「大器晚成」，最大的器具沒有固定的形狀。「晚」，當「免」講，是「無」的意思。「成」，定。所以，孔子說「君子不器」，君子不做一個有特定用途的器具。

「大音希聲」，最大的聲音聽不到。據科學家研究，宇宙間最大的聲音，人是聽不到的。如果把這種聲音縮小到千萬分之一，會把人的耳膜震破。

「大象無形」，最大的形象看不到。象在形先，一個意象，一個構思，在還沒有落實時，頭腦中就先有了象；形是落實到比較具體的東西。有的象就很顯著，而且也不輕易定形，甚至根本就沒有形。世界上，無形肯定要比有形高明得多。無形，不是一天到晚掛在嘴巴上去宣揚，但是最撼動人。有形像《易經》豐卦的上爻「豐其屋」，蓋再大的房子，最後也得失敗。埃及的金字塔那麼大，徒留後人遊覽而已。如果是無形的，就如同建在每一個人心中的精神支柱，永遠沒有辦法摧毀。

「道隱無名」，道隱微不顯，也沒有名稱。

「夫唯道，善貸且成」，只有道善於創生萬物並且完成它們。「貸」，施予，引申為借貸、貸款。「道」能幫助我們克服人生的艱苦，有取之不盡用之不竭的能量。「善貸」，意思是說長於布施。永遠施予人，而不要人還。大道沒有與人簽什麼約，但會幫助我們成就、成德。

進一步來說，「善貸且成」，道施給我們的，其實也就是我們本來就有的。只是通過悟道這一刺激，我們的自性得以開發。道讓人成功，這說明天助不是迷信，其實是自助。這就是《易經》大有卦的上爻所說的「自天佑之，吉无不利」，自中就有天，天道就藏在我們的自性裡頭，端看你會不會開發。如果開發成功了，那麼精神的財富是不會枯竭的。

第四十二章

道生一，一生二，二生三，三生萬物。
萬物負陰而抱陽，沖氣以為和。
人之所惡，唯孤、寡、不穀，而王公以為稱。
故物或損之而益，或益之而損。
人之所教，我亦教之。
「強梁者不得其死」，吾將以為教父。

道展現為不可分割的整體；不可分割的整體，又展現為陰與陽兩個方面；陰陽兩面交相激蕩形成第三個方面——和諧體；陰面、陽面、陰陽和合面，這三者共同產生了萬事萬物。

萬事萬物都是靠著陰的一面而能持守住陽的一面，由陰陽兩面激蕩而形成和諧。

一般人所厭惡的就是成為「孤家」「寡人」「不穀」，但是王公卻用這些來稱呼自己。

對任何事物，表面上看來受損，實際上卻是得益；表面上看來得益，實際上卻是受損。
古人拿來教誨人的，我也用它來教導人。
「強暴的人死無其所」，我將用它當作教化的開始。

「道生一」，道展現為不可分割的整體。「一」，指完整不可分割的整體。不要把它當成數量詞。萬事萬物都有其特定方面的整體，而這些方方面面的整體都是從道展現得來的。

「一生二，二生三」，不可分割的整體，又展現為陰與陽兩個方面；陰陽兩面交相激蕩形成第三個方面——和諧體。任何一個完整不可分割的統一體，一定都有陰陽兩面。並不是僅有陰和陽的出現，就能夠形成萬物了。陰、陽兩面一定要達到和合狀態。那時的狀態，就叫「第三方狀態」，簡稱「三」。譬如，「剛柔互濟」「天地絪縕」「男女構精」都屬於陰陽和合。這樣才有後續的發展，並產生出新的東西。新產品都屬於「第三方」。這個第三方一定是陰陽達到「和」的狀態，才能創生出來。

《易經・繫辭下傳》講「陰陽合德而剛柔有體」。陰與陽如果不合德，就不會有剛柔相結合的統一體。一旦「天地絪縕」（陰陽二氣交合），就實現「萬物化醇」了。男女一旦構精，「萬物化生」，就有新生命產生了。如果陰陽和合的狀態不能產生，就會「龍戰于野，其血玄黃」（《易經・坤卦》），最後導致毀滅。

「三生萬物」，陰面、陽面、陰陽和合面，這三者共同產生了萬事萬物。就是說陰陽生和合，陰、陽再與和合共同生成萬物。老子這裡告訴我們，道是完整不可分割的整合體，是無定在又無所不在的，任何事物都有道。道展現出來，就是一個整體狀態，而每一個整體都有陰、陽兩面。陰陽兩面就會互動，一旦互動到最好的狀態（即達到和了），就能生生不息。

「道生一，一生二，二生三，三生萬物」，這個原理要認真體會，從哲學到政治，從商業到實用，處處要領悟什麼是「一」。佛教修心重視不二法門，「不二」就是「一」。如果不能夠掌握整體，而落在片面、偏見上，事情一定不能成功。

人的生命（包含身心靈）也是一個整體。人心的運作活動，包括知、情、意，也是一個整體。能把心分割成幾部分嗎？否則，人一定精神分裂。

不管是人做事，還是萬物發揮功能，只有整體才會產生力量。整體中就有陰、陽兩面，陰、陽自己就要調和。調和了，什麼都能產生出來，此所謂「自性生萬法」。等到你懂得「一陰一陽之謂道」，心中有了太極的概念，最後運用成熟並得心應手，就能達到「陰陽不測之謂神」的地步。

「萬物負陰而抱陽，沖氣以為和」，萬事萬物都是靠著陰的一面而能持守住陽的一面，由陰陽兩面激蕩而形成和諧的。陰、陽不是各自分開，這是一體兩面，不是截然對立的，如同太極圖，你中有我，我中有你。像日出與日落、光明與黑暗，就是一體的兩面。

笨的人，就讓自己內心的陰、陽兩面天天鬥，實際上是內耗。明智的人，就認識到人的精神世界本來就有陰有陽。《易經．睽卦》稱「天地睽而其事同也，男女睽而其志通也」，就是因為不一樣，陰陽互補，才有可能產生新的東西，即「沖氣以為和」。

「和」太重要了。人際關係、國際關係一定要和，和則生，不和就滅。人際、國際不要怕接觸，更不要怕衝突，接觸之後才發現對方跟自己不一樣。當彼此不一樣時，就找出一個新的配合點，一旦凹凸上了，正好可以互補。

如果不互相接觸，怎麼會有「和」產生呢？《易經》的小畜卦「密雲不雨」怎麼來的？就是因為沒有「沖氣以為和」。等達到「和」了，就「既雨既處」（已經下雨）了，問題不就解決了嗎？

在故宮中，有三大殿——太和殿、中和殿與保和殿，是皇帝議事的地方，其意也是在追求「和」。可見，從身體這個小宇宙到外界的大宇宙都是求「沖氣以為和」，所以不要迴避接觸，不要怕衝突。

「人之所惡，唯孤、寡、不穀，而王公以為稱」，一般人所厭惡的，就是成為「孤家」「寡人」「不穀」，但是王公卻用這些來稱呼自己。一般來說，孤家、寡人或不善都是很糟糕的人生境況。換句話說，一個人處在王公那樣的位置，如果不注意修德，就很有可能落得這個下場。所以明白這個道理的王公，就用謙卑的稱呼來警示自己，以此提示自己不要濫用權力，否則最後就真的淪為「孤、寡、不穀」了。

這樣的戒慎恐懼態度，不只是中國文化才有，西方也有，譬如有些人在書桌上擺放骷髏頭，就是警示自己。明代大儒王陽明則是天天面對棺材，提醒自己修德。如果人在富貴的時候，不去修德，命運的「孤、寡、不穀」說不定就來了。正如孔子說：「德之不修，學之不講，聞義不能徙，不善不能改，是吾憂也。」（《論語．述而》）所以，人要不斷警示自己，不斷提高自己的修為與能力。

「故物或損之而益，或益之而損」，所以，對任何事物，表面上看來受損，實際上卻是得益；表面上看來得益，實際上卻是受損。「物」，包含人、事、物。「或損之而益，或益之而損」，這也是《易經》損卦與益卦所包含的原理。對一些事情，人懂得「懲忿窒欲」與「遷善改過」，即減損自己的欲望與負面情緒，自己的心反而會更寬，也容易獲益。以退為進，先損後益，吃虧就是佔便宜，就是類似的道理。一個人只想著自己吃乾抹淨，最後必然吃大虧。

因為，損、益是一個整體，如果人要求達到損益盈虛的最佳平衡，就要準備如何做到「沖氣以為和」。如果一個人把這兩面分割，只希望自己一直獲益，而不願意吃虧，就完全割裂了整體性，結果一定會失敗。

一個人看事情，如果能從長遠、整體的角度來看待，就不會只考慮自己的利益了。我賺了錢，別人也要賺錢。當你想著把所有的好處都佔了，結果會怎樣？或者說會有這種事發生嗎？所以人在思考事情時，眼光要放長遠，對整體性的掌握特別重要，很多人往往是佔小便宜吃大虧。

「人之所教，我亦教之」，古人拿來教誨人的，我也用它來教導人。

「『強梁者不得其死』，吾將以為教父」，「強橫的人不得善終的」，我將用它來作為教化的開始。「強梁」，強橫。「父」，開始。強橫的人就陽剛過度，不懂得「沖氣以為和」，在天地人鬼神的範圍內，再強橫的人也不可能天下無敵。他怎麼可能逃得過恢恢天網，最後當然不得善終。

第四十三章

天下之至柔，馳騁天下之至堅。
無有入無間，吾是以知無為之有益。
不言之教，無為之益，天下希及之。

天下最柔弱的東西，能夠駕馭天下最堅強的東西。無形的東西可以進入沒有間隙的東西裡面，我因此懂得了不刻意作為的好處。不特別講話的教導，不刻意作為的好處，天下很少有人能做到。

「天下之至柔，馳騁天下之至堅」，天下最柔弱的東西，能夠駕馭天下最堅強的東西。「馳騁」，克服、驅使、駕馭。「至堅」，最剛強。「至柔」，當柔達到最高的地步，就可以無堅不摧、無敵不克。《易經》坤卦「用六」代表「至柔」：「利永貞，以大終也。」即把坤卦至柔的功夫發揮出來，就可以以柔克剛、借力使力，把所有陽剛的資源吸收過來從而壯大。其〈文言傳〉也稱坤「至柔而動也剛，至靜而德方」，坤卦至柔，一旦陰極轉陽，在變剛的瞬間爆發的力量是巨大的；靜到最高程度，無論周邊如何運轉，總能安然不動。

當然，「天下之至柔，馳騁天下之至堅」有一個前提，那就是先要判斷形勢，才能順勢用柔。

「無有入無間」，無形的東西可以進入沒有間隙的東西裡面。「無有」，無形，看起來是虛無的。「無間」，結構上沒有任何間隙。有些東西柔到一定的地步，就是無形無象，譬如風、電流、氣體等。我們知道，要切割堅硬的鋼板，並不適用堅硬的金剛刀，而是用氧焊去切割。但是我們要知道「無有」並不是絕對空無，而是一般情況下，人的肉眼看不到。實際上氣也是一種存在。「無間」也不是絕對一點沒有間隙，如果在顯微鏡下觀看，到處都是洞，這還只是物質層面，對於精神層面來說，也是如此。

「無間」是至剛，「無有」是至柔。是百煉鋼厲害還是繞指柔厲害？就如滴水能把石穿透，風能無孔不入。

「吾是以知無為之有益」，我因此懂得了不刻意作為的好處。「無為」才對我們的身心真正有益，人切不可造作與妄為。《金剛經》有言：「一切有為法，如夢幻泡影，如露亦如電。」但前提條件是，內心要效法大道，一切自然而然。

「不言之教，無為之益，天下希及之」，不特別講話的教導，不刻意作為的好處，天下很少人能做得到。「不言之教」的前提是要有身教，或者在對方心中樹立典範。樹立典範就是《易經》蒙卦所講的「利用刑人，用說桎梏」，「刑人」即「型人」，典範、榜樣的意思。利用榜樣的力量，幫助對方擺脫精神上的枷鎖。《易經》中還有「不言之象」的說法，「不言」反而包含更豐富的意涵。但是，由於一般人根器不夠，欲望與業障太深，很少人能真正領悟並踐行。「無為之益」，一般人都想有為，結果什麼也沒為，那就不用說受益了。「天下希及之」，也是老子的無奈，能做到「不言之教，無為之益」的人確實很少。

第四十四章

名與身孰親？身與貨孰多？得與亡孰病？
甚愛必大費，多藏必厚亡。
故知足不辱，知止不殆，可以長久。

名聲與生命本身哪一個更親近呢？生命與財貨相比，哪一個更重要呢？得到（名聲、財貨）與失去（生命或健康），哪一個更有害呢？
太愛某樣東西，損耗一定很多；太多收藏財貨，損失一定很重。
所以，知道滿足就不會遭受羞辱，知道停止就不會有危險，這樣才可以保持長久。

「名與身孰親？身與貨孰多？得與亡孰病」，名聲與生命哪一個更親近呢？生命與財貨相比，哪一個更重要呢？得到（名聲、財貨）與失去（生命或健康），哪一個更有害呢？有些人為追求身外的名聲與財富，卻是以支付身體健康為代價。還有像「貪夫徇財，烈士徇名」，貪財的人為財而死，重義輕生的人為名而獻身，這一類人在道家看來，不值得取法。為了虛名，搞得自己飲食起居失調、身心失衡。要那個名幹嘛？人一走，誰還記得你？

老子在此質問我們：一天到晚花那麼多心力在財貨、名聲、得失上，怎麼不花一些心力在自己的生命上呢？人一輩子能吃多少？能喝多少？能用多少？像有些貪官貪污的財貨只能偷偷收藏，不敢示眾。這就更加入迷途了。

「甚愛必大費，多藏必厚亡」，太愛某樣東西，損耗一定很多；太多收藏財貨，損失一定很重。對於男女情、親子情，如果太執著，結果一定是非常消耗的。對人愛過頭，一定大耗心神，同時也絕對承受不了一旦失去對方的痛苦。還有一些人喜歡收藏這收藏那，譬如有的專門搜集房子，有的專門搜集美女，有的專門搜集古董等等。其實從長遠來說，房子那麼多，你只能睡一間；美女那麼多，那是刮骨鋼刀；古董那麼多，每天提心吊膽做保全，一旦遇上天災，全部報廢。這些費盡財力、心力搜集的，也是死後不能帶去，一切只是在你身邊經過。

像圓明園原來收藏了大量歷代珍貴文物，卻被洋人攻入，大肆搶掠、焚燒，皇家博物館的寶物就流入外人之手。《易經》的豐卦就警告我們，「多藏必厚亡」。「豐其屋」有什麼用？最後還不是被迫流離他方。一個人建立豐功偉業時，事業如日中天，資源無窮無盡，但是後面就意味著會失去一切，而且豐卦之後的旅卦也告訴我們，「鳥焚其巢」，身外之物沒有一個留得住，像森林中的火蔓延一樣，一下子就燒光光。

「故知足不辱，知止不殆，可以長久」，所以，知道滿足，就不會遭受羞辱；知道停止，就不會有危險。這樣才可以保持長久。人有時候會為了爭名爭利，卑躬屈膝，逢迎拍馬，天天想辦法算計這算計那，自己都覺得很卑微，這就是受辱。人生想要最後不受辱，你就得善於知足。

「知足」，指心理上的節制。行為上的節制，則是「知止」。人除了要懂得「知足」之外，還要懂得「知止」，「知止」就不會冒險犯難。正如《易經》艮卦的〈彖傳〉說：「時止則止，時行則行，動靜不失其時，其道光明。」這樣的話，才可以保持長久的平安。

第四十五章

大成若缺，其用不弊。大盈若沖，其用不窮。大直若屈，大巧若拙，大辯若訥。靜勝躁，寒勝熱。清靜以為天下正。

最高境界的完滿像有缺陷似的，這樣它的作用才不會產生弊端。最大的充滿像是空虛似的，作用起來卻沒有窮盡。最正直的路子像是曲折似的，最大的技巧好像笨拙似的，水準最高的辯才好像口齒不利似的。

寧靜可以克服浮躁，寒冷可以克服炎熱。能夠持守清靜才是處天下的正道。

「大成若缺，其用不弊」，最高境界的完滿像有缺陷似的，這樣它的作用才不會產生弊端。「大成」是很了不起的成就。孔廟有「大成殿」，因為孔子是中華文化的集大成者。《易經》井卦上爻〈小象傳〉稱「元吉在上，大成也」，井卦象徵著自性的開發，這一爻意味著，當人們開發出來一個無窮盡的東西，可以讓所有人都享受到福祉，就達到了「大成」境界，也就是佛家所說的功德圓滿。

在道家看來，成功之後要低調。通常來說，一個事物太完美後面總會出問題。即使從裡到外都挑不出一點毛病，人也要在心理上存有不足感，即好像還沒有完成的感覺。以「若缺」的心態去對待，這樣事物的生機才能永遠不絕。《易經．序卦》說「物不可窮也，故受之以未濟終焉」，這是針對《易經》六十四卦最後兩卦（既濟卦和未濟卦）而言，也就是說，任何事情達到「既濟」（一時的成功）了，要開啟下一步，而不是「大成」，這時要懂得思患預防，要讓自己覺得還是有一些缺陷沒能補足，這樣人就懂得低調，不會因為自滿而遭人嫉妒。任何事物一旦完滿，一定有弊端。所以事情成功了要留一點餘地，還可以有空間騰挪，同時也是自己進一步努力的空間。任何事情太圓滿了，絕非好事，而且不可能持久，按照損益盈虛的原則，一定會有麻煩找上門來。

「大盈若沖，其用不窮」，最大的充滿像是空虛似的，作用起來卻沒有窮盡。「沖」，空虛。最大的充滿看起來好像不滿，還有很多空間。虛空才能「其用不窮」，等塞滿了，事物不就快完蛋了嗎？《易經》大過卦（䷛）的卦形為什麼有死象呢？就因為中間塞滿了。而頤卦充滿了生機，因為頤卦（䷚）的中間是空的。所以，任何人如果有那種佔滿的心，一點機會都不留給競爭者或者下一代，最後的下場就是死路一條。

「大直若屈」，最正直的路像是曲折似的。「屈」，曲的意思。我在前面講過「曲成萬物而不遺」，要成就萬物，就需要旁通，不能走直線。有時候委曲就是為了求全，即老子說的「曲則全」。任何事情想一步達到全特別難，一定要靠曲的方式才可行。

「大巧若拙」，最大的技巧好像笨拙似的。「巧」，技巧，屬於人為的方面。「巧」跟「拙」是相反的意思。《孫子兵法》講「兵聞拙速，未睹巧之久也」，打仗的時候，久戰不決一定不利；即使招數難看一點也沒有關係，千萬不要往後拖。也就是說，手段笨一點沒關係，只要得到實惠，立竿見影就好。寧願笨一點，大方樸實，不要耍巧。在藝術創作上，有些作品看起來很拙，但是拙得好美。而那些專在形式上取巧的作品，則是匠氣十足。

「大辯若訥」，水準最高的辯才好像口齒不利似的。「辯」，口才犀利，辯才無礙。「訥」，言語遲鈍，口齒不利。「若訥」，不是真的表達不清，而是說根本不靠言語。王弼注解此句時說：「大辯因物而言，己無所造，故若訥也。」大辯的人完全由事物本身來表露，自己不言說，所以顯得遲鈍的樣子。不說話，如孔子所言：「天何言哉？四時行焉，百物生焉，天何言哉？」「天何言哉」，到時候一說，就成了。這說明天也是「大辯」。在這一點上，孔子跟老子樹立了中國人的一個指標，即無聲勝有聲、不言之教勝過言教。不講話比善辯有用，強辯反而沒有什麼力量。

「靜勝躁，寒勝熱。清靜為天下正」，寧靜可以克服浮躁，寒冷可以克服炎熱。能夠持守清靜才是處天下的正道。處事冷靜，一定勝過毛躁。人就是喜歡有為，心中有貪念，想要勝過人家，想要巧取豪奪，所以永遠是燥熱的表現。《莊子・達生》就說：「有張毅者，高門縣薄，無不走也，行年四十而有內熱之病以死。」這種熱衷於名利的人結果「內熱」早死。人處在那樣的境地，就感覺很苦。費盡心機，求不到，不是苦死了嗎？

人在熱情衝動的時候，根本看不清楚事情的真相，那時不能成事，只會敗事。只有頭腦超級冷靜，才不會犯錯。故老子說「清靜以為天下正」。道家強調內心清靜、清心寡欲，不要妄為。這樣對身體、對精神都好。清靜心修行，才是人生的正道。

第四十六章

天下有道，卻走馬以糞；天下無道，戎馬生於郊。

禍莫大於不知足，咎莫大於欲得。

故知足之足，常足矣。

天下步入正道時，讓善跑的馬回到耕田的地方去；天下大亂時，戰馬就在郊野出生。天下的災禍沒有比不知足更大的了，天下的罪過沒有比貪得無厭更大的了。因此，懂得滿足的這種滿足，就能永遠滿足了。

「天下有道，卻走馬以糞；天下無道，戎馬生於郊」，「卻」，退卻、退回；「糞」，作動詞用，耕田；「戎馬」，戰馬，打仗時騎兵衝刺的馬。天下步入正道時，讓善跑的馬回到耕田的地方去；天下大亂時，戰馬就在郊野出生。

為什麼會有戰爭？就因為有些野心家貪得無厭，古今中外一直是這種情況。美國不就是一直想稱霸世界嗎？中華文化傳承的是王道，是「己所不欲，勿施於人」的恕道，美國奉行的是「己之所欲，必施於人」的霸道。美國認為對它好的價值觀，各國都要接受它。但是，任何事物，即使你是出於善意，強迫人家接受，就是「霸道」。更何況你認為好的對別人來說不見得真的好。儒家的恕道最了不起的地方就在於此，你想要的，怎麼知道別人也需要呢？我們不喜歡人家加在自己身上的東西，也絕對不要施加在別人身上。

「天下有道」，當各個國家的政治都上軌道的時候，沒有戰爭，天下就太平，老百姓也能安居樂業。既然沒有仗可打，「卻走馬以糞」，戰馬就去協助耕田，轉移到經濟生產上來。

「天下無道」，如果天下大亂，連年征戰，那麼戰馬也會跟著遭殃——「戎馬生於郊」。這意味著什麼？因為天天打仗，母馬都被派上了戰場，甚至母馬懷孕了，也來不及送到後方生產，小馬也得出生在郊野的戰場上。

「禍莫大於不知足，咎莫大於欲得」，天下的災禍沒有比不知足更大的了；天下的罪過沒有比貪得無厭更大的了。這種戰禍就是因為執政者的貪心，或者幾個野心家為達目的不擇手段，就讓幾十萬人，甚至幾百萬人上戰場。你看，第一次世界大戰和第二次世界大戰死了多少人，耗費多少財力、物力！這都是人的佔有欲惹的禍。

「故知足之足，常足矣」，只有知足，才是恆常的滿足。要懂得知足，而且要一直保持知足這種感覺。但是，人需要的很少，想要的太多。其實，人一天能吃多少東西，一輩子能享用多少呢？如果能及時知足，就永遠是富足的狀態。如果不知足，就永遠處於一種饑渴的狀態。

第四十七章

不出戶，知天下；不窺牖，見天道。
其出彌遠，其知彌少。
是以聖人不行而知，不見而明，不為而成。

不出大門，就能明白天下事物的道理；不看窗外，就能明白自然之道。
自己走得越遠，自己明白得越少。
因此，聖人不走出去就能知道，不必親見就能明白，不必刻意做就能成功。

「不出戶，知天下；不窺牖，見天道」，「戶」，指門；「牖」，窗戶；「天下」，指自然之道。不出大門，就能明白天下事物的道理；不看窗外，就能明白自然之道。像諸葛亮在臥龍崗做隱士時，就知道天下三分了。

天下萬事都有規則可循，萬物都有原理可遵。《易經．繫辭下傳》說：「天下同歸而殊途，一致而百慮。」我們只要內觀反省，化私去欲，理性思考，大道自然可見。

「其出彌遠，其知彌少」，「彌」，更的意思。自己走得越遠，自己明白得越少。老子此處提示我們，道本來就在每個人的心中，要瞭解它，只有靠心靈的覺悟。孟子說：「萬物皆備於我矣。反身而誠，樂莫大焉。」（《孟子．盡心上》）就是如此。

「是以聖人不行而知，不見而明，不為而成」，因此，聖人不走出去就能知道，不必親見就能明白，不必刻意做就能成功。這就是說，悟道的聖人，能花最少的力氣得到最高的成效，這要修到道家的聖人才有這樣的表現和水準。一般人都是拚命走很遠，結果反而走得越遠，知道得越少。換言之，一般人的「行、見、為」，皆為私欲所驅使，嗜欲越深，結果天機越淺。如果順自然做事，掌握了事情運作的規律，就能達到「易簡而天下之理得」，用力少，而成功多。

第四十八章

為學日益，為道日損。
損之又損，以至於無為，無為而無不為。
取天下常以無事，及其有事，不足以取天下。

做學問的方法是每天增加一點點知識，追求大道就要每天減少一點點欲望、偏見等。減少之後還要減少，一直到不去刻意作為的地步，自然無為，便能無所不為。贏取天下在於順應自然而無造作妄為，如果有意多事，就沒資格贏取天下了。

這一章的思想跟《易經》的損卦與益卦有莫大關係，可見，孔子、老子的思想與《易經》的淵源很深。

「為學日益，為道日損」，做學問的方法是每天增加一點點知識，追求大道就要每天減少一點點欲望、偏見等。從小時候開始，我們都希望念最好的初中、高中，考上重點大學，最好能進一步去外國深造。不少人一路這樣走來，最後回到國內發揮所學。可事實是，一些人學有所成，有了施展的機會，卻忘了去私欲、減偏見，從而甘為外國做傳聲筒，幹下了禍國殃民的事。

「為學日益」，就像子夏所說的「日知其所亡，月無忘其所能」（《論語．子張》），每天都要懂一些自己所不知道的知識，可是與此同時，人也越來越執著，本來的天真沒有了。所以一定要重視東方的教化，注重智慧與德行的並修，讓自己的心返璞歸真。在學知識的同時，要去除習染，養正、守正，而不只是讓知識越來越豐富。有時候人的知識越豐富，可能智慧反而越低。追求學問，追求知識，要每天都有進步，即做加法、乘法的工作。可是為了修道，需要人每天減損一點點，需要「懲忿窒欲」。每天都要減少一點負面的情緒與貪多的欲望，要把這當成日課，才能「苟日新，日日新，又日新」（《大學》）。讓自己的欲望越來越簡單，這樣人才能以簡馭繁；而欲望多的人，只會把簡單的事情複雜化。

「損之又損，以至於無為，無為而無不為」，減少之後還要減少，一直到不去刻意作為的地步，自然無為便能無所不為。減損的功課也要做到日積月累。這個損的功夫是沒有止境的，直到哪一天達到無為的境界，就是損極轉益了，即「無為而無不為」。也就是《易經》裡面從損卦的「懲忿窒欲」轉到益卦的「遷善改過」，接著而來的是「利用為大作，利有攸往，利涉大川」。老子所講的這段，其實全部的智慧就在損、益兩卦裡面。

為什麼為道要「日損」呢？老子實際上是要讓我們每天養成反省的習慣。這在《論語．學而篇》就講到了，即曾子說：「吾日三省吾身：為人謀而不忠乎？與朋友交而不信乎？傳不習乎？」如果一個人每天能對自己的行為進行檢驗，把那些可能造成自己犯錯的貪、嗔、癡、慢、疑等減損一些，那些障礙越來越少，這樣修為就是達到「無為」的地步，無為就能無不為。

老子對「為學日益」沒有繼續發揮下去，而是就「為道日損」繼續發揮。說明他對知識的多寡並非熱衷，更注重人對道的體悟。人從事損的修為，不是一天的工夫，一曝十寒是沒有用的，而是每天都要下功夫。只要到了無為的境界，人就會身輕如燕，了無掛礙，能無不為。那時，他就沒有佛家所謂的「顛倒夢想」，而是抵達究竟涅槃了。

在這裡，老子把無為的概念作了一個正解。「無為」不僅不是消極的，反而是特別積極的，到最後什麼都能做。無為者心理很健康，能量很正面，連贏取天下這樣的事情，他都若無其事，感覺沒有什麼了不起。

在《易經．繫辭下傳》中，孔子談到憂患九卦時，就說「損，德之修」「益，德之裕」。「裕」指資源特別多，能量用不完。故「益長裕而不設」，說明做事自然從容，不必巧用心機，絕不會像王熙鳳一樣，到最後反誤了卿卿性命。而「損以遠害」則說明減損欲望可以遠離禍害。一個人只要欲望沒有處理乾淨，即使取得了成就，那也是暫時的，最後一定被膨脹的欲望衝垮。所以，老子要我們「損之又損」，第一次損可能把欲望、偏見處理掉一部分，第二次再處理掉一部分，最後把欲望、偏見等除淨磨光，而抵達一種無為的境界。到那時，一個人做事情時，出手就是不凡。別人搞不定的事情，他都搞得定。可見人一旦做到了清靜無為，沒有了包袱，沒有了嗜欲，對事情的判斷就很準確，做最偉大的事情也是睥睨群雄。

「取天下常以無事，及其有事，不足以取天下」，贏取天下在於順應自然而無造作妄為，如果有意多事，就沒資格贏取天下了。「取天下」這種主張，在《莊子》中是不容易看到的，而在老子來說，就有這樣的雄心。老子指點江山，贏取天下好像若無其事，不會像一般人那樣汲汲營營或咬牙切齒。老子的心態好像沒事似的，輕鬆自如，不管是做什麼大事，好像都跟日常閒居一樣，從容自在。這就是他的修為。對我們來說，不要講「取天下」了，就是做一點小生意，開一個小公司，常常都為一些瑣事弄得緊張兮兮的。

「取天下常以無事」，這種氣魄很大，這種修為是裝不出來的。像我們俗人，想做一點事，因有所求，就怕失敗。為了應付那不可知的危機與意外，每天都在積極的計畫、追進度。這在老子看來，都是「有事」。換言之，如果你的修為與心態不夠，再怎麼千算萬算，也不敵老天一算。像張良這種幫劉邦取天下的人物，是擁有道家大智慧的人。他能不拘泥於陳規，必要時，甚至可以不守信用。很多艱困的形勢，經過他一思考，隨機應變，馬上就知道該怎麼辦了。在我們一般人來說，常常是坐困愁城、一籌莫展。

第四十九章

聖人無常心，以百姓心為心。
善者吾善之，不善者吾亦善之，德善。
信者吾信之，不信者吾亦信之，德信。
聖人在天下，歙歙焉，為天下，渾其心。百姓皆注其耳目，聖人皆孩之。

聖人沒有恆久不變的意念，以百姓的意念作為意念。
善良的人我善待他，不善良的人我也善待他，這樣可讓人人歸於善良。
守信的人我信任他，不守信的人我也信任他，這樣可使人人守信。
聖人主政天下，立足於謹慎收斂啊，治理天下，使百姓的心歸於渾樸。百姓都凝視靜聽，聖人把他們都當成純真的孩童。

「聖人無常心，以百姓心為心」，聖人沒有恆久不變的意念，以百姓的意念作為意念。「常」，恆久不變。佛家講「諸行無常」。如果人的意念總是處於恆常不變的話，就容易被自己所捆綁，自然不能做到「不可為典要，唯變所適」（《易經．繫辭下傳》）。外界的事物總是無常的，如果人認為處理事情總是一成不變的答案，他該如何應變呢？

人的行動受心驅使，如果能做到「無常心」，心中就沒有執著與隨意的假設，這也就沒有成見與偏見了。「以百姓心為心」，就是說，不是為了個人的私心，而是以所有基層百姓的意見向背當成自己的主張。沒有一定要怎麼樣，也沒有一定不怎麼樣，但是尊重民意、尊重時代潮流。這就如孔子所說的「無可無不可」。等一段時間後，百姓的心變了，聖人的心也跟著變，這就是「與時偕行」。

聖人一點都不執著、拘泥，絕對不主觀，不要求天下人的看法都跟自己看齊。正因為聖人的智慧這麼靈活，所以才能夠「見善則遷，有過則改」，才能夠「與時偕行」。聖人的心就像鏡子一樣，這正是老子一直推崇的水的智慧，即「動善時，事善能」。

「善者吾善之，不善者吾亦善之，德善」，善良的人我善待他，不善良的人我也善待他，這樣可讓人人歸於善良。「德」，同「得」，得到的意思。這是做人的最高功夫了，就是「厚德載物」、包容一切的心態。也是老子「知常容，容乃公，公乃全」的信念。對於善良的百姓，聖人自然善待他；對於不善良的百姓，聖人也善待他。這對於一般人來說太難做到了，一般人的分別心還是太重。俗話說「宰相肚裡能撐船」，人要學會包容，你的包容有時會感化不善的人。再者說，善人就一定永遠是善的嗎？不善的人就不會改過向善嗎？萬事萬物，包括人在內，都是在變化的。

李白詩云「天生我材必有用」，如果有了這樣的態度，作為領導者，可以用的人就取之不盡、用之不竭，不會一味地去同人切割，以致自己的路子越走越窄。

戰國時代四公子之一的孟嘗君，他所用的門客，就有雞鳴狗盜之徒。那時四大公子的門下食客可以說是涵括黑白兩道，什麼人都有，有些人有時表現得不善，作為他們的東家，就要對自己所用的人有信心。如此就能秉持遏惡揚善的原則，讓不善的人趨於善。《易經》說「一陰一陽之謂道」，就代表構成道的兩面，既有善也有不善，但是能統合陰陽的才是道。換言之，聖人沒有那麼多分別心。分別心重的人，只會讓家人變成陌路，屬下離心離德。

「信者吾信之，不信者吾亦信之，德信」，守信的人我信任他，不守信的人我也信任他，這樣可使人人守信。

對於「不信者吾亦信之」這句話，一般人不容易做到。譬如，本來對方該還我的錢，怎麼能開空頭支票呢？對方為什麼講得那麼滿，結果卻沒做到呢？這時，你是不是要撤回對人家的信任？在老子看來，那不一定。

我們每個人的人生，一定會遭遇很多挫折，或者遭逢很多難堪的境遇，並不能因為這個原因，就影響到我們心中的「孚」（《易經》中「孚」的概念，包含了信望愛的意蘊）。通過受挫，甚至讓我們的「孚」得到錘煉，經得起考驗才是「有孚」。人處在順境的時候，算不得真正的「有孚」。在人生遭遇坎坷，甚至險難重重時，人若還能矢志不渝，才稱得上「有孚」。

每個人都會犯過失，有時人所犯的過錯是由於自身的壞習慣而造成的無心之過。所以不能因為別人一次之過就給他徹底否定，一定還要再給他機會，讓他可以遷善改過，最後才有可能成就「大信」，即人人都能守信。

老子對待善者、不善者和信者、不信者的態度，這種聖人的無差別對待，正如《聖經》中的一句話：「日頭照好人，也照歹人；上天降雨給義人，也給不義的人。」

「聖人在天下，歙歙焉，為天下，渾其心」，聖人主政天下，立足於謹慎收斂啊，治理天下，使百姓的心歸於渾樸。「歙」，充分收斂。「渾」，渾濁，這裡作動詞，使歸於渾樸。「渾其心」，就是使百姓進一步達到「無心」。

每個人的生命都來自「道」。從「道」來看，宇宙萬物就是一個整體。同樣，相對於宇宙中的動物、植物來說，人類就是一個命運整體，如果人用「渾心」對待人，就不會做一些簡單的捨棄，而能無差別地從整體的角度看待。《莊子·應帝王》云：「南海之帝為倏，北海之帝為忽，中央之帝為渾沌。倏與忽時相與遇於渾沌之地，渾沌待之甚善。倏與忽謀報渾沌之德，曰：『人皆有七竅以視聽食息，此獨無有，嘗試鑿之。』日鑿一竅，七日而渾沌死。」渾沌本來就是未分的混同狀態，沒有分割的整體。可是，一旦鑿破七竅，就脫離了渾沌之心，最後七竅流血而死。人心之所以可怕，就因為不能夠「渾」，大家都在比賽誰更精明、更計較。小孩子剛生出來的時候，就是渾心狀態，也叫赤子之心。一長大之後，就有計較心了，這個是我的，那個是你的。

「百姓皆注其耳目，聖人皆孩之」，百姓都凝視靜聽，聖人把他們都當成純真的孩童。「注」，專注之意。聖人如同佛陀本尊，百姓就是佛無窮盡的化身與分身。他們蒙受到聖人的關愛，覺得聖人不偏心，好像對大家都有無窮的善意與照顧。

人最容易犯的毛病，就是心中老有人為的劃分界限，搞對立鬥爭。拚命強調彼此的不一樣，偏偏忘了大家所具有共同的東西。忘了人同此心，心同此理。

「百姓皆注其耳目」，聖人怎麼回報呢？聖人就把他們當成純真的孩童。母親對自己所生的孩子們，會有那麼多計較嗎？是俊還是醜，智商是高還是低，母親還是一樣愛他們。

第五十章

出生入死。生之徒，十有三；死之徒，十有三；人之生，動之於死地，亦十有三。夫何故？以其生生之厚。蓋聞善攝生者，陸行不遇兕虎，入軍不被甲兵；兕無所投其角，虎無所用其爪，兵無所容其刃。夫何故？以其無死地。

走出生地而有生，入於死地而致死。屬於自然長壽的，佔十分之三；屬於自然短命的，佔十分之三；本來想要長壽，卻自己走入死路的，也佔十分之三。這是什麼緣故？恰恰是因為奉養太厚，享受過度了。曾聽說過，善於養護生命的人，在地上行走不會遇到犀牛、老虎的攻擊，進了軍隊也不穿戴鎧甲、攜帶兵器；犀牛在他身上沒有用角攻擊的地方，老虎在他身上沒有用爪子攻擊的地方，兵器在他身上也沒有下刀的地方。為什麼會這樣？因為善於養生者，根本就沒把自己置於死的境地。

「出生入死」，走出生地而有生，入於死地而致死。「出」，出於世；「入」，入於地。這句話，老子講的是生命發展的自然道理。所有生命的歷程都是從出生走向死亡的過程。存在主義哲學家海德格說：「人是走向死亡的存有者。」人剛開始出生，呱呱墜地，到最後，終化為無形。

「生之徒，十有三；死之徒，十有三；人之生，動之於死地，亦十有三」，屬於自然長壽的，佔十分之三；屬於自然短命的，佔十分之三；本來想要長壽，卻自己走入死路的，也佔十分之三。「徒」，類；「動」，妄作妄為，如放縱嗜欲、戕害身心等；兩個「之」字都是走向的意思。

每個人的壽命是有一定額度的。有些人不亂來，懂得清心寡欲，知足常樂，就能夠盡享天年。根據老子的統計，這樣的人大概佔總數的十分之三。沒有能夠盡天年的，或者因為疾病而中間夭折的，或者像發生戰爭的時候，一批一批死掉的，這在老子觀察來看，大概佔總數的十分之三。可是另外還有一些人，只能怪其找死，本來可以活得好好的，卻因縱欲過度、酗酒無節，或者尋求刺激等，總之是自己亂來。這裡也包括那些不懂得按自然規則養生的人，譬如整日大魚大肉，內臟器官不堪負荷，就可能導致人的速死。老子觀察，此類人大概也佔總數的十分之三。

「夫何故？以其生生之厚」，這是什麼緣故？恰恰是因為奉養太厚、享受過度了。換句話說，本來有些人可以安享天年，結果因為不善養生而把自己糟蹋了，這個佔的比例也非常之高。所以人的養生與後天的修為很重要。

「生生」，前一個「生」是動詞，養生的意思；後一個「生」是名詞，生命的意思。「生生」，在老子看來是負面的做法，「生生之厚」是更負面的做法。有些人想活得好，想活得長，拚命去追求所謂的養生，錢花了大半個口袋，結果往往適得其反。誰都貪生怕死，但是，為什麼一些人居然會做出導致讓自己速死的行為呢？這就是過度的欲望在作祟。貪圖放縱欲望的快樂，等到身體出狀況了，還想再求靈丹妙藥或者特殊的法門去延續這種享樂的期限。這就叫「生生之厚」。這都是違反自然。如果人一直順自然養生，根本不必花這麼多錢去補救。這一點在現代社會表現得更嚴重。常常有報導猝死的案例，就因為紊亂的生活方式造成的。養生行為違反自然、違反人性，時間久了，結果能好嗎？像秦始皇與李世民，通通都走這條路子，他倆都想長生不老，派人搜尋長生不老藥。看起來他們好像特別厚待自己，也用盡天下的資源和勢力，結果反而是更快地走向「死地」。其實帝王想長壽，簡直就不大可能。看他們的後宮有多少「老虎」？據歷史學家統計，中國歷代帝王平均壽命之低，是不可想像的，偏偏這些人是最不願意死，但是帝王都想佔盡人間一切便宜，天道允許這種事嗎？那不可能嘛。自私自利而用盡一切能夠運用的資源，想讓自己活得長，活得舒服，卻走向「死地」的路子，其實都是自己過高的欲望造成的。

上到王公貴族，下到一般的眾人，常常都是如此，都是在貪欲中葬送了自己。本來自自然然的養生，喝一點稀飯，吃一點青菜，可能還活得很好，活得很長。恰恰因為他們天天山珍海味，又是享受名貴保健品等，結果卻適得其反。

「蓋聞善攝生者，陸行不遇兕虎，入軍不被甲兵；兕無所投其角，虎無所用其爪，兵無所容其刃。」這一段的意思是，曾聽說過善於養護生命的人，在地上行走不會遇到犀牛、老虎的攻擊，進了軍隊也不穿戴鎧甲、不攜帶兵器；犀牛在他身上沒有用角攻擊的地方，老虎在他身上沒有用爪子攻擊的地方，兵器在他身上也沒有下刀的地方。

「攝生」，就是最善於養生的，即順自然養生。真正會養生的人，就是順著自然狀態，沒有那麼多機心。老子這裡講得像神話似的，「善攝生」者天生好像能發出一些很祥和的氣場，沒有猛獸找他的麻煩，也不會招惹刀兵之災；而那些不善養生的人，反而是越有防備心，越有機心，越過度保護自己的，最後反而什麼災禍都找上門來了。

「夫何故？以其無死地」，為什麼會這樣？因為善於養生者，根本就沒置自己於死的境地。現實生活中，很多人往往是自己找死，好勇鬥狠就是找死。

可見，養生的基本道理就是順自然。莊子在〈養生主〉中談到的有名的庖丁解牛的故事就是如此。庖丁使用十九年的刀都不會捲刃，好像新的一樣，這就是順自然的功效。順自然，就不會破壞生命自然的法則，如此才能生生不息。

第五十一章

道生之，德畜之，物形之，勢成之。是以萬物莫不尊道而貴德。

道之尊，德之貴，夫莫之命而常自然。

故道生之，德畜之，長之育之，亭之毒之，養之覆之。

生而不有，為而不恃，長而不宰，是謂玄德。

道創生萬物，德蓄養萬物，萬物展現為各種形體，情勢使萬物生長。因此，萬物沒有不重視道且珍貴德的。

道之所以受到萬物的重視，德之所以受到萬物的珍貴，就在於道與德不支配萬物，進而聽任萬物自然生長。

所以由道來創生，由德來蓄養，進而再培育萬物，長成萬物，愛護萬物。

創生萬物卻不據為己有，作育萬物卻不仗恃己力，完成萬物卻不加以控制，這真是奧妙玄遠的德。

「道生之，德畜之，物形之，勢成之。是以萬物莫不尊道而貴德」，道創生萬物，德蓄養萬物，萬物展現為各種形體，情勢使萬物生長。因此萬物沒有不重視道且珍貴德的。「德」，指道創生萬物之後，存在於萬物裡面的「道」，即稟性。就像《易經》乾、坤兩卦一樣，乾卦講乾道變化，坤卦就講厚德載物。也就是說，乾為道，坤為德，即「天生之，地畜之」。

「物形之」，就是「乾道變化」「雲行雨施，品物流形」（《易經．乾卦》）的意思。「勢成之」，就是坤卦〈大象傳〉所講「地勢坤，君子以厚德載物」。乾卦講的是形，坤卦講的是勢。《孫子兵法》也講「積形成勢」，先有〈形篇〉，才有〈勢篇〉，再有〈虛實篇〉。《易經》離卦所講的文明發展，也要一個蓄養的功夫，有積澱和深厚的底蘊，才會大發光明——「以繼明照于四方」。

「道之尊，德之貴，夫莫之命而常自然」，道之所以受到萬物的重視，德之所以受到萬物的珍貴，就在於道與德不支配萬物，進而聽任萬物自然生長。道與德之所以尊貴，就因為不矯情、非人為，是本來就應該這樣的。但是，道與德對人的重要性，就像萬物需要陽光、空氣和水一樣，本身就是自然而然的需要。

「故道生之，德畜之，長之育之，亭之毒之，養之覆之」，所以由道來創生，由德來蓄養，進而再培育萬物，長成萬物，愛護萬物。「亭」作「成」解，「毒」作「熟」解，「覆」指最好的愛護與保護。這就是自然的生命力，希望道創生的東西發育得好。這一段就是對《易經》坤卦德行的發揮，即「含弘光大，品物咸亨」。

「生而不有，為而不恃，長而不宰，是謂玄德」，創生萬物卻不據為己有，作育萬物卻不仗恃己力，完成萬物卻不加以控制，這真是奧妙玄遠的德。「生而不有，為而不恃，長而不宰」，老子不止提過一次。「生而不有」，對待自己創造的東西，自己不需要佔有，讓他自由自在發展，就像父母對小孩一樣。「為而不恃」，「為」不是一般的有為，而是無為，最後的結果是無不為。真有了不起的貢獻，自己不覺得有什麼了不起，不會把它當回事。

「長而不宰」，讓很多事物從小長成大、從弱長成強，但是自己絕不去控制。這代表一個人不管是對權力還是對很多資源有了充分的掌控後，仍能心胸開闊，不去控制。

第五十二章

天下有始，以為天下母。
既得其母，以知其子；既知其子，復守其母，沒身不殆。
塞其兌，閉其門，終身不勤；開其兌，濟其事，終身不救。
見小曰明，守柔曰強。
用其光，復歸其明，無遺身殃，是為習常。

天下萬物有一個本源，就以它作為天下萬物的母體。
既然明白了天地萬物的母體，就可瞭解由這個母體創生出來的「子」——天地萬物了；既然瞭解天地萬物，再返回守住天地萬物之母的道，一輩子就不會有危險。
塞住情欲的孔道，關閉情欲的門徑，終身就不會有憂勞；開啟情欲的孔道，助長情欲的完成，終身不可救藥。
發現細小，稱為啟明；持守柔弱，稱為堅強。

運用其光芒，返照內在的明，不會給自己帶來災難，這就叫作形成了習慣的常道。

「天下有始，以為天下母」，天下萬物有一個本源，就以它作為天下萬物的母體。「天下有始」，這和《易經》乾卦「萬物資始」的意思類似。「以為天下母」，有了乾卦就有坤卦，有了天就有地。用上帝造人的說法，先有了亞當，後有夏娃，亞當和夏娃偷吃禁果，然後就繁衍了人類。

「既得其母，以知其子；既知其子，復守其母，沒身不殆」，既然明白了天地萬物之母，就可瞭解由這個母體創生出來的「子」——天地萬物了；既然瞭解天地萬物，再返回守住天地萬物之母的道，一輩子就不會有危險。道是萬物的本源，必先於萬物而存在，所以稱為「始」。從作用上來說，道能創生天地萬物，所以又可稱為「母」。「子」是母生出來的，這裡指萬物。如果我們能瞭解萬物的根源——母，就容易瞭解「母」所創生出來的東西。譬如文化基因，也是一樣的。如果要瞭解一種文化的源頭，就必須弄明白這種文化最古老的經典，因為不同的文化母體，生發出不同的文化種子，其成長形態也一定有它的特色，那個特色叫「獨特性」。從個人來講，即每個人都不一樣；從民族來講，每個民族的特點都不一樣；從企業來講，每個企業的文化都不一樣。中國文化有其獨特性，西方文化有其獨特性，其源頭各不一樣。

母是本，子是末，得母知子，就是執本御末。所以，既然懂得了道的根本，就還要回去，守住那個源頭，掌握那個根本。正如第十四章，老子說「執古之道，以御今之有」。為什麼說中國文化先秦那一段特別重要？因為當時思想發展確實很自由，各家思想精彩紛呈，可以說是百花齊放、百家爭鳴。很多原創性的思想是從那時闡發出來，而不像到了秦朝以後，君權專制而使思想受到壓制。早年外國人研究漢學，還有中國學者反省，一致認為中國到漢朝以後就沒有思想了。因為漢朝以後的思想都替帝王服務了。原創性的思想，在春秋戰國時已經講完了，確實是如此。

「塞其兌，閉其門，終身不勤」，堵塞住情欲的孔道，關閉情欲的門徑，終身就不會有憂勞。「塞」，堵塞。「兌」，指耳目口鼻等一切的開竅孔。「門」，門徑。「勤」，憂勞。《易經》中有一個兌卦，兌卦就象徵情欲的開竅口。喜、怒、哀、懼、愛、惡、欲都要通過開竅孔發出來。人的竅是專門給自己找麻煩的，所以兌卦有毀折之象。「塞其兌，閉其門」就說明，人不要亂講話，不要縱欲。「塞其兌」就是要讓人止欲修行。但是要做到止欲是很難的，人之欲壑難填如精衛填海。所以先哲們還是強調人要懲忿窒欲，不去壓抑情欲，而是讓情欲有節制。

「閉其門」就如《易經》坤卦的「含章括囊」和節卦的「不出戶庭」，低調內斂，才會少惹禍。

「開其兌，濟其事，終身不救」，開啟情欲的孔道，助長情欲的完成，終身都不可救藥。「濟」，助長。人如果讓自己的欲望完全不受任何節制，譬如愛講什麼就講什麼，愛幹什麼就幹什麼，只要我喜歡，沒有什麼不可以，這樣的人「終身不可救藥」。

道家強調無為而治，清新自在就好。善於為道的人，就能做到節欲，做事也是很雍容的。他終生好像都沒有很用力在做事情，更不會咬牙切齒、夙興夜寐的幹。他做什麼事，談笑自如，從容輕鬆，就像庖丁解牛般，最後把牛豁然肢解了，所使用的刀子還不鈍。這是道家大不一樣的地方。這就是「終身不勤」。沒有看到他很辛苦，但是他把事情處理得周到圓滿。

我們看，一旦掌握住做事情順自然的竅門，做起事來哪有那麼多煩惱呢！有些人屬於工作狂的，因為他受欲望所驅使，想追求大的業績，天天跑斷腿，也沒有辦法解脫。

「見小曰明，守柔曰強」，發現細小，稱為啟明；持守柔弱，稱為堅強。「小」，隱微的意思。知機察微就是「見小」。小的事物順著情勢的發展一定會變大，如果要處理就要趁早下手，否則等到發展壯大的時候，你才去處理，就來不及了。就如《易經》坤卦初爻所說的「履霜堅冰至」，「履霜」相對於「堅冰」來說就是「小」，只有「見小」才能明「履霜」之後的「堅冰」之禍。還有如乾卦的初爻「潛龍」是「小」，五爻「飛龍」就變「大」了，如果到了上爻「亢龍」就已經回不去了。所以對個人的智慧來講，自知之明就是「見小」，我們要做到復卦的「小而辨于物」，才可探知核心的真相。

「守柔曰強」，老子說「柔弱勝剛強」「天下之至柔，馳騁天下之至堅。無有入無間」，守柔才是真正的強，才是最後的強。守柔的好處也可能是，由於人家逼你堅持到最後，一旦陰極轉陽，就無堅不摧了。韓信守柔，沒有跟小太保鬥氣，最後做了大將軍。張良守柔，所以得到黃石公給的太公兵法。勾踐守柔，最後就能復國。

下面，老子又告訴我們光與明的境界是不一樣的。

「用其光，復歸其明」，運用其光芒，返照內在的明，一個東西為什麼能發光呢？因為有明。換句話說，「明」是「光」的體，「光」是「明」的用。就如乾卦是明，坤卦是光。乾卦為什麼有明呢？因為「大明終始」，到坤卦的時候，乾卦的明就發了光，即「含弘光大，品物咸亨」。

「無遺身殃」，不會給自己帶來災難。人只要掌握到核心的智慧，這一輩子都沒有問題，即做什麼都能成功，不會給自己帶來災殃與後患。有人拚命幹了一輩子，完全違反道家這一套原則，囂張跋扈，就算自己這一輩子不出事，到他兒子或者到他孫子時，一定會出事。這就叫「遺其身殃」，報在子孫。《易經》說「積不善之家，必有餘殃」，後遺症很嚴重。朱元璋開國時期，為保子孫基業，大殺功臣，致使國家幾無獨撐朝局之大臣，明朝也沒幾個好皇帝，一代比一代昏庸。

「是謂習常」，這就叫作形成了習慣的常道。這句話是這一章最後的結論，老子提示我們，要瞭解人生的常道，並形成習慣。常道本來就是自然而然的，等人瞭解了，就直接順著去做。做久了習慣成自然。我們要把常道慢慢變成一種習慣，無論做什麼事情都要懂得運用常道、順從常道。用這個理念來修習，久而久之就習慣成自然。

古人云「少成若天性，習慣成自然」，如果從小養成好習慣，那些品德就如自己的天性一樣。

第五十三章

使我介然有知，行於大道，唯施是畏。大道甚夷，而人好徑。朝甚除，田甚蕪，倉甚虛；服文彩，帶利劍，厭飲食，財貨有餘。是謂盜夸，非道也哉！

假使讓我很清晰分明的瞭解，並順著大道去踐行，只有施予人，才讓我擔心。大道極為平坦，可是一般的人卻偏好走捷徑。朝廷腐敗而混亂，田地很是荒蕪，倉庫甚是空虛；他們卻穿著錦繡的衣服，身佩鋒利的寶劍，享受著饜足的酒食，搜刮來的錢物怎麼都用不完。這種人簡直是大強盜頭子，他們實在不合乎道啊！

「使我介然有知，行於大道，唯施是畏」，假使讓我很清晰分明的瞭解，並順著大道去踐行，只有施予人才讓我擔心。「使」，假使。「介」，分明。「有知」，瞭解得很清楚。

「唯」，只有。「畏」，擔心、害怕。人生就要行於大道。《禮記．禮運》說「大道之行也，天下為公」，學了道，明白之後，一定要付諸實踐，這叫知而後行。

對「唯施是畏」的「施」字，諸家解釋有歧義。有人認為「施」應該念「迤」，意思是邪僻的意思。按照這樣的解法，是說行大道就不要走歪路。這個解法我表示異議。如果說行於大道時，走入邪路是自己所害怕的，這是一般人的常識，這種說法等於是廢話。我認為這裡的「施」字是布施、施恩的意思。基督教講，施比受有福。佛教也講施，有財施、法施、無畏施。照講，當我們擁有豐厚的資源，就要去布施，要去幫助別人。但是，道家就怕這種布施會有後遺症。這種布施有為、居心，就像做善事，做太多的動作，唯恐不為人知，這種情況大多華而不實，搞不好會變質。

對儒家來講，有能力的人照顧別人，無可非議，幫助別人的人本身可能是沽名釣譽，有時都不清楚自己為什麼要做這個事情。一旦居心不正，就沒有辦法清靜無為，將來可能都不見得是好的果報，甚至可能是在造孽。老子既然講，人在念頭上要「損之又損，以至於無為」，所有故意做出來的一些事情，只要是造作有為，就不是什麼好事。老子對此反省得很深。所以，清醒的人對所有要行的大道，對所有世間一切鋪張出來的那類布施，都要先保留看法，先觀察再行動。除非有把握，不要亂施予，很多的施予不知不覺都是違反自然，摻雜了很多不純粹的東西。很多表面的施予實際上就是在造孽。假定不去施予，就算沒有正面的貢獻，至少不會造孽。像老子這樣的人，要鼓動他隨便捐款恐怕很難。從這一點來看，我是中了老子的毒了，去寺廟、道觀都不捐獻，因為不知道這個布施最後到哪兒去了，你沒看到很多修行人的手上戴一堆鑽戒嗎？

「大道甚夷，而人好徑」，大道極為平坦，可是一般的人卻偏好走捷徑。「夷」，平坦；「徑」，捷徑。坦坦蕩蕩的大道很少人走，一般人都偏好走捷徑。對於當官的人來說，賺錢最快的途徑就是受賄。很多人辦事情都喜歡抄小路、走後門，正投其所好。這是不是「人好徑」？因為走大道，總感覺繞太遠了。兩點之間直線最近，走捷徑一下就到了，大多數人都不願意走坦坦蕩蕩的大道或正道。

《論語》中就出現一個喜歡走大道，不喜歡走小路的人，這個人叫澹台滅明。孔子弟子子游說，這個人「行不由徑」，他走路都「踢正步」，絕不走後門。而且，澹台滅明這個人不是公事，絕不到上司的辦公室來。很多人都覺得，走捷徑才比較精明，能一步登天。其實在老子與孔子看來，那都不是大道，大道是坦坦蕩蕩的，沒有什麼見不得人的事。

在這種情況下，我們看到很多檯面上冠冕堂皇的措施，如很多的布施行為和善行，我們就先要在腦子裡打問號。這個布施的人真的像他表面上做的那樣高尚嗎？現實中很多冠冕堂皇的事物，裡面實際上臭不可聞。可見人性有其很大的弱點，好行小徑的人太多。

「朝甚除，田甚蕪，倉甚虛」，朝廷腐敗而混亂，田地很是荒蕪，倉庫甚是空虛。「朝」，朝廷；「除」，借為污，腐敗的意思；「蕪」，荒蕪。老子是說，政府裡面，朝廷裡面，腐敗而混亂。可是「田甚蕪」，老百姓苦，正因為上面過得太好了，才拚命剝削下層的百姓。老子在春秋時代已經很清楚地看到這種狀況了，很多資源都集中在上面，上面的人過著紙醉金迷、光鮮亮麗的生活，下面則民不聊生。如果再有戰爭，老百姓就更沒有時間種田了。《孫子兵法》說十萬大軍一出發，七十萬個家庭都得停工。然後，「倉甚虛」，就是說國家都沒有存糧了，糧食都被「大老鼠」（特權階級）消耗光了。

「服文彩，帶利劍，厭飲食，財貨有餘。是謂盜夸，非道也哉」，他們卻穿著錦繡的衣服，身佩鋒利的寶劍，享受著饜足的酒食，搜刮來的錢物怎麼都用不完。這種人簡直是大強盜頭子，他們實在不合乎道啊！「服」，穿著；「厭」同「饜」，飽足；「夸」，大的意思。那些權貴階層吃一頓飯的花銷頂一個老百姓一年的口糧。他們整日腦滿腸肥，穿的都是好漂亮的官袍，然後帶利劍，財貨還有餘。他們不是強盜是什麼？老子的憤慨可想而知。

第五十四章

善建者不拔，善抱者不脫。子孫以祭祀不輟。修之於身，其德乃真；修之於家，其德乃餘；修之於鄉，其德乃長；修之於邦，其德乃豐；修之於天下，其德乃普。故以身觀身，以家觀家，以鄉觀鄉，以邦觀邦，以天下觀天下。吾何以知天下然哉？以此。

善於建立的不能被拔除，善於持守的不會脫落。子孫以此而行，可以世代享受祭祀，而不斷絕。

這種修養用在自己身上，德行才會真實；用於家庭，德行就會寬餘；推廣到一鄉，德行就會長久；推廣到一國，德行就會豐盈；推廣到一天下，德行就會普遍。

所以，可以從我的自身去觀察別人，從我的家庭去觀想別的家庭，從我的鄉里去觀想別的鄉里，從我的邦國去觀想別的邦國，從我時的天下去觀想別時的天下。

我怎麼能夠知道天下的情況呢？就是因為上述的道理。

「善建者不拔，善抱者不脫。子孫以祭祀不輟」，善於建立的不能被拔除，善於持守的不會脫落。子孫以此而行，可以世代享受祭祀，而不斷絕。

「建」，建立。始無今有，過去沒有的東西現在有了，這個過程叫「建」。譬如「建國」「建侯」「建德」。老子這裡主要講要建立自己的道、建立自己的德。能夠傳之永久的就是道與德，那些急急忙忙建立起來的不紮實的東西，只為博取虛名或者短利，就容易拔掉。

《易經》乾卦初爻「潛龍勿用」，其〈文言傳〉就稱「確乎其不可拔」。「潛龍」是潛伏在地底下的龍，象徵打好自己的基礎。不管是修德還是修業，基礎一旦牢固，人家想要破壞、拔除，都不可得。

「善抱者不脫」，「抱」，持守。老子講「萬物負陰而抱陽，沖氣以為和」，持守住一個東西，永遠不會掙脫，因為已經跟自己合而為一了。

前一句講創業，後一句講守成。如果這個標準都做到了，中國怎麼會有那麼多朝代呢？每個朝代最後都出問題，有的是不善建的被拔除了，有的是不善抱持的被人家搶走了。可見，「善建者」需要革故鼎新，「善抱者」需要生生不息，香火永續。所以從創業到守成，就在考驗一個人的思考是不是很長遠，能不能持守住道與德。

「子孫以祭祀不輟」，如果善於建德守道，不僅自己可以享受福祿，而且可以惠及子孫，代代不斷享受祭祀。這就是《易經》所說的「積善之家，必有餘慶」。

從《易經》的角度來說，豐卦上爻「豐其屋」，只知貪圖居處華美，結果「蔀其家，闚其戶，闃其無人，三歲不覿，凶」，就不屬於「善抱者」，這樣一定脫落。渙卦第五爻君位「渙王居」，就屬於「善建者不拔，善抱者不脫」，因為任何有形的廟、任何道場，都有可能被摧毀，如果是無形的，就像把「廟」建在別人的心裡，就永遠不會被摧毀。無形的影響無定在，無所不在，這才是真正的智慧。

「修之於身，其德乃真；修之於家，其德乃餘；修之於鄉，其德乃長；修之於邦，其德乃豐；修之於天下，其德乃普」，這種修養用在自己身上，自己的德行才會真實；用於家庭，德行就會寬裕；推廣到一鄉，德行就會長久；推廣到一國，德行就會豐盈；推廣到天下，德行就會普遍。

「修之於身，其德乃真」，如果把以上修養用在我們個人的小宇宙方面，德行就產生真實的意義。有點像道家所說的真人。

「修之於家，其德乃餘」，像儒家的格、致、誠、正，推廣出去，修之於家，那種德行就會有寬裕，用不完。

「修之於鄉」呢？「其德乃長」，德行就會一直成長，一直發展。

「修之於邦」呢？「其德乃豐」，德行如日中天，很豐盈，資源就不得了了。

「修之於天下」呢？「其德乃普」，德行普遍施予，對全天下的人都能照顧到。

「故以身觀身，以家觀家，以鄉觀鄉，以邦觀邦，以天下觀天下」，所以，可以從我自身去觀察別人，從我的家庭去觀想別的家庭，從我的鄉里去觀想別的鄉里，從我的邦國去觀想別的邦國，從我時的天下去觀想別時的天下。

「吾何以知天下然哉，以此」，我怎麼能夠知道天下的情況呢？就是因為上述的道理。老子前面說，他不出門就知道天下事，即「不出戶，知天下；不窺牖，見天道」，他就是用這樣的類推思考，從小的自我到大的天下，都是一套邏輯。

第五十五章

含德之厚，比於赤子。蜂蠆、虺蛇不螫，猛獸不據，攫鳥不搏。骨弱筋柔而握固，未知牝牡之合而朘作，精之至也。終日號而不嗄，和之至也。知和曰常，知常曰明。益生曰祥，心使氣曰強。物壯則老，謂之不道，不道早已。

在修為上含藏德行最厚的人，可以同天真無邪的嬰兒相比擬。有毒刺的螫蟲、毒蛇不會刺傷他，猛獸不會捕捉他，凶鳥不會搏擊他。

筋骨雖然柔弱，拳頭能夠握得很緊，雖然不知道男女交合之事，小生殖器卻能勃起，是精氣最純正的緣故。

雖然整天號哭，嗓子卻不沙啞，這是因為血氣柔和又專注的緣故。

知道柔和就叫常道，知道常道才叫明智。反之，過分養生就是災殃，以欲望之心驅使生理的本能，就是逞強。

萬物強大盛壯的時候趨衰敗，這就表示不合於道，不合於道的事很快就會結束。

「含德之厚，比於赤子」，在修為上含藏德行最厚的人，可以同天真無邪的嬰兒相比擬。「厚」，敦厚。「含」，含藏。「赤子」，指赤身的嬰兒。嬰兒的意象柔弱，天真純潔，無知無欲。孟子就說過「大人者，不失赤子之心也」。赤子沒有私心，沒有佔有欲，沒有那個鉤心鬥角的想法，裡面自然就含了厚德。

一般人長大到一定程度，離赤子之心就越來越遠了。我們若要修到「含德之厚」，就得歸真返璞，返回本心、初心。這就是老子講的返老還童。所以，人要找回真我，就需要回頭，回頭修到最後，又妙合自然，恢復天真了，即「見山又是山」了。

「蜂蠆（ㄔㄞˋ）、虺（ㄏㄨㄟˇ）蛇不螫（ㄓㄜ）」，猛獸不據，攫鳥不搏」，有毒刺的螫蟲、毒蛇不會刺傷他，猛獸不會捕捉他，凶鳥不會搏擊他。

毒蟲、毒蛇都是有毒的東西，猛獸、攫鳥屬於兇猛動物，這跟前面講的善於養生的人不會被老虎、犀牛找麻煩一樣的道理。當人處在一個柔和態時，愛他都來不及，怎麼會侵害他呢？人恰恰因為太逞強，老是跟人家起衝突，硬碰硬，敵人就特別多。

假如修到嬰兒那種天真狀態了，「含德之厚」，就會「仁者無敵」，跟別人都不起衝突，百毒不侵。連那些獅子、老虎、猛禽等，也不會來找麻煩，即災禍不會找上門。除非實在是發了瘋的禽獸，一般情形下，牠也不會對小孩下手。所以，小孩子在什麼狀況下也不懂得害怕，反而是我們成人經常害怕。

「骨弱筋柔而握固，未知牝牡之合而朘（ㄗㄨㄟ）作，精之至也」，筋骨雖然柔弱，拳頭能夠握得很緊，雖然不知道男女交合的事，小生殖器卻能勃起，是精氣最純正的緣故。「握固」，指握拳緊固。禽獸類中雌性的稱「牝」，雄性的稱「牡」。「牝牡」，引申為陰陽。「朘」，陽根。「作」，勃起的意思。

我們看嬰兒的小手，當他握住的時候，一般是掰不開的。我們人生都想掌握一些東西，希望不要被別人掰開搶走，就要學嬰兒，嬰兒抓住一個東西，就牢牢地抓著，因為他很專注。

「未知牝牡之合」，以嬰兒來講，他是不可能知道男女交合之事的，可是小孩的陽根有時候還是會勃起。這種情形就叫「朘」。這是與生俱來的本性，沒有到青春期就有自然的反應。老子說，這是因為嬰兒的精氣神很充足、很純正的緣故。

「終日號而不嗄（ㄕㄚˋ），和之至也」，「號」，哭的意思。「嗄」，指沙啞。「和」，柔和、和諧的意思。小孩雖然整天號哭，但嗓子不沙啞，這是因為血氣柔和又專注的緣故。而我們成年人號哭一段時間，嗓子早就啞了，就是因為內心沒有達到「和」的狀態。

「知和曰常，知常曰明。益生曰祥，心使氣曰強」，知道柔和就叫常道，知道常道才叫明智。反之，過分養生就是災殃，以欲望之心驅使生理的本能，就是逞強。「祥」，本來的意思是指禍福，這裡指災殃。「益生」也不是正面的表達，而是「以其生生之厚」的意思。像大吃補品，就屬於「益生」。人有時候過分對自己好，反而是災難，因為沒有順自然養生。

「心使氣曰強」，一般人常在欲望或憤怒面前忍不下來，受本能的驅使而當下爆發，也就奮不顧身了，這就是逞強。

「物壯則老，謂之不道，不道早已」，萬物強大盛壯的時候，就趨向衰敗，這就表示不合於道，不合於道的事很快就會結束。在《易經》中，當事物到了大壯卦階段，絕對不是好事。萬事萬物太強壯了，就會消耗得快，衰老得特別快，這不合乎自然之道。不合乎道就衰敗了，因為你提前把生命揮霍完了。大壯卦代表陽宅，也就是說，當你「大壯」完之後，就是「大過」（《易經》中的大過卦，代表棺槨，即陰宅），住完「陽宅」就住「陰宅」。

第五十六章

知者不言，言者不知。

塞其兌，閉其門；挫其銳，解其紛；和其光，同其塵。是謂玄同。

故不可得而親，不可得而疏；不可得而利，不可得而害；不可得而貴，不可得而賤。故為天下貴。

明智的人不隨便說話，言說的人不明智。

堵塞情欲出口，關上感官門徑，收斂鋒芒，排除紛爭，調和光芒，混同塵垢，這就是神奇的同化境界。

所以人們沒辦法同他親近，也沒辦法疏遠他；不能讓他得利，也不能讓他受害；無法使他高貴，也無法使他卑賤。因此他得到天下人的重視。

「知者不言，言者不知」，明智的人不隨便說話，隨便說話的人不明智。有大智慧的人不會一天到晚亂講話。我們常看到一些喜歡講話的人，講起話來滔滔不絕，有時還表現出巧言令色。這都是不明智的行為。如果一個人對事物的瞭解，僅僅落到言的層次，這屬於比較低層次的，因為講出來的跟大道畢竟還是有一些距離。要知道，「道，可道，非常道。名，可名，非常名」。

「塞其兌，閉其門；挫其銳，解其紛；和其光，同其塵。是謂玄同」，堵塞情欲出口，關上感官門徑；收斂鋒芒，排除紛爭；調和光芒，混同塵垢。這就是神奇的同化境界。

「銳」，指銳氣。人一旦鋒芒畢露，傷人又傷己。人年輕的時候就容易這樣，口無遮攔，想幹什麼就幹什麼。老子要我們用塞、用閉的功夫，把自己銳利傷人的一面磨鈍一點，這樣才好處世。

「和其光」就是「含弘光大，品物咸亨」（《易經．坤卦》）的境界。人的光芒是可以表現的，但是要給人和煦溫暖的感覺，像冬天的太陽一樣，不要強烈到讓人不舒服。

「同其塵」，不要把自己標榜得高高在上，要能跟所有人混在一塊。

從以上可以看出，這裡面的很多毀折來源，都是因為「兌」。「兌」是《易經》八卦之一，代表言說，也代表情欲的開竅口。老子提出「塞其兌」等，意在提示人，人的修為就要在兌的表現上多下功夫。也就是《易經》所告訴我們的針對兌卦的表現，應該下艮卦止欲修行和損卦「懲忿窒欲」的功夫。

「故不可得而親，不可得而疏；不可得而利，不可得而害；不可得而貴，不可得而賤。故為天下貴」，所以人們沒辦法同他親近，也沒辦法疏遠他；不能讓他得利，也不能讓他受害；無法使他高貴，也無法使他卑賤。

「不可得而親，不可得而疏」，對這種處世態度的人，想跟他親近，好像也找不到具體好的辦法，可是如果想要疏遠他，也很困難。看來用常人的處世方法與他交往，好像都達不到目的。

「不可得而利，不可得而害」，想跟他產生什麼利害相關的關係，他都表現得很淡然，好像無所謂似的。

「不可得而貴，不可得而賤」，他那種人完全可以自我主宰，不會隨人起舞。別人要用什麼藉口整他，也辦不到。但是我們的人生常常是「趙孟能貴之，趙孟能賤之」，也就是說，如果人與人之間不是真正的道義之交，那麼能讓你尊貴的人，也可以讓你完蛋。

「故為天下貴」，這樣的人不為世間任何名利糾葛所動，當然值得天下人重視。

第五十七章

以正治國，以奇用兵，以無事取天下。
吾何以知其然哉？以此：天下多忌諱，而民彌貧；民多利器，國家滋昏；人多伎巧，奇物滋起；法令滋彰，盜賊多有。
故聖人云：我無為而民自化，我好靜而民自正，我無事而民自富，我無欲而民自樸。

用正道治國，用奇謀作戰，用不妄做事情來贏取天下。
我憑什麼知道是這樣的？是根據以下事實：天下的禁令多了，百姓就愈貧困；百姓爭鬥的利器多了，國家就滋長混亂；人們的智巧多了，奇怪的事情就滋長了；法令越是明細，盜賊反而越多。
所以，聖人說：我無所作為，而百姓自行變化；我愛好清靜，進而百姓自行歸正；我無所事事，進而人民自行富足；我沒有貪欲，進而人民自然純樸。

「以正治國，以奇用兵，以無事取天下」，用正道治國，用奇謀作戰，用不妄做事情來贏取天下。

「以正治國」，在儒家來說，就是誠意、正心、修身、齊家、治國、平天下。治國要依循正道，不能亂來，有其常軌。

「以奇用兵」，在《孫子兵法》中，用兵講究出奇制勝，光用正道不行。「兵者，詭道也」，兵以詐立，整個兵法的智慧就建立在「詐敵」的基礎上。兵不厭詐，要懂得欺敵，利用虛虛實實的形勢。所以，治國和用兵，即政治跟軍事，其重點不一樣。

「以無事取天下」，道家的基本態度又出來了。贏取天下人的心，好像若無其事，就像《易經》坤卦的「黃裳元吉」，垂衣裳而天下治。作為公司的總經理，一個禮拜上一天班，就把事情處理得好好的。所以，人沒事別找事，有事也不怕事，無為而治最好。像道家這種治國的高手或者公司治理的高手，絕不會表現出一臉苦相，不勝負荷，咬牙切齒，甚至還給自己綁定一個「必勝」的緊箍咒。「易簡而天下之理得」，順自然而為最好。順自然練兵與發展組織，就是豫卦的「由豫」。「由」，就像田中小草，自然而然的破土而出，不用壓，也不用拉。這裡的「以無事取天下」，在前面，老子有類似的觀點：「取天下常以無事，及其有事，不足以取天下。」

「吾何以知其然哉，以此」，我憑什麼知道是這樣的，是根據以下事實。老子說，他自己得出的結論，一般人可能不服氣，他就在下面作出輔助性的說明。

老子先從負面講起。

「天下多忌諱，而民彌貧」，天下的禁令多了，百姓就愈貧困。沒有自信的管理者就怕有事，因而會設定很多禁令。這樣做的結果，反而使得民生凋敝。如果老百姓沒有活力貢獻出來，生活自然很苦。治國不就是希望富強康樂嗎？結果老百姓更貧困了，因為政令的禁忌太多。這就不是自由開放的體制。譬如百姓申請開公司，本來一週的時間就可以登記完成的事情，結果因為政府禁忌太多，需要一年才能登記完畢。辦一件事情，光是蓋章都沒完沒了，這樣就影響國家的行政效率，進而影響百姓的生活。統治者沒放開手，不懂得無為而治，就不懂得抓大放小。有這麼多限制，以致形成惡性循環，老百姓的力量發揮不出來，整個國家的經濟情況就很糟糕，老百姓越來越貧困。

「民多利器，國家滋昏」，百姓爭鬥的利器多了，國家就滋長混亂。為什麼老子前面講「國之利器，不可以示人」？這就像潘朵拉的盒子，一旦打開之後，就啟動了人的貪欲與爭鬥之心。你會用機心，別人也會用機心。如果大家都掌握了「利器」，就會互相傷害。只有彼此的互信才能讓整個國家走上正確的軌道。這就像《易經．益卦》所說「有孚惠心」，才能「有孚惠我德」。相反地，如果朝野對立，大家都不在互惠、互信、互愛、互利的基礎上行事，而是採取對抗，這個國家就越來越混亂。

「人多伎巧，奇物滋起」，人們的智巧多了，奇怪的事情就滋長了。貪污有技巧，做壞事有技巧，算計人有伎倆，很多奇奇怪怪的社會亂象就越來越多。像雨後春筍一樣，邪僻的事情層出不窮，就是因為源頭偏了。

「法令滋彰，盜賊多有」，法令越是明細，盜賊反而越多。這就像皮球，越壓反彈越大，整個社會基本上已經偏離了正確軌道。秦朝統治的十五年間，法令彰顯到什麼程度？到了後來，各地的盜賊又多到什麼程度？最後陳勝、吳廣把旗子一扯起來，整個政府就壓不住了。

「故聖人云：我無為而民自化」，所以聖人說：我無所作為，而百姓自行變化。「化」就是潛移默化，領導人就是社會的指標，上樑正了，底樑就不會太歪。這就像《易經》觀卦的君位，即五爻〈小象傳〉所說：「觀我生，觀民也。」上位者自己就是一個好的典範，自然引起百姓的觀仰與效法。

「我好靜而民自正」，我愛好清靜，進而百姓自行歸正。領導人不要一天到晚妄動，一下推出這個措施，一下推出那個措施，一看效果不好了，又收回成命。如果上面的人清靜無為，沒有那麼多不必要的動作，百姓自己就歸於端正了。從道家來講，這就是《易經》所謂的「易簡而天下之理得」，具體的做法就是化繁為簡，以簡御繁。第三十七章，老子不是說「不欲以靜，天下將自定」嗎？都是同樣的道理。讓一切歸於自動化管理，不要強制百姓一定要去怎麼樣做。

「我無事而民自富，我無欲而民自樸」，我無所事事，進而人民自行富足；我沒有貪欲，進而人民自然純樸。莊子講，一旦人有了機心，有了對付別人的心，就像會傳染似的，即使以前再純樸的人，等他吃了幾次虧之後，他也要掌握「利器」，進而去與人鬥智了。

第五十八章

其政悶悶，其民淳淳；其政察察，其民缺缺。禍兮，福之所倚；福兮，禍之所伏。孰知其極？其無正也。正復為奇，善復為妖。人之迷，其日固久。是以聖人方而不割，廉而不劌，直而不肆，光而不耀。

為政寬厚，人民就純樸；為政嚴苛，人民就狡詐。災禍中有福利相靠近，福利中有災禍在潛伏。誰知道他們其中的究竟，因為，這沒有一個定準。正再轉換為邪，善又轉換為惡。人們的迷惑，本來很久了。

因此，有道的聖人方正而不生硬，有稜角而不傷害人，直率而不放肆，光亮而不刺眼。

「其政悶悶，其民淳淳；其政察察，其民缺缺」，為政寬厚，人民就純樸；為政嚴苛，人民就狡詐。

「禍兮，福之所倚；福兮，禍之所伏」，災禍中有福利相靠近，福利中有災禍在潛伏。人生都希望趨吉避凶，希望有福報，不要遭禍災。實際上，禍福有相互轉化的關係。人常說，大難不死必有後福。艱難的環境，讓人苦死了，可是這時往往能造就人，因為艱難的境地能鍾煉人應付人生坎險的能耐，也能產生出智慧。歷史的進程，就是「殷憂啟聖，多難興邦」。

人在得意的時候，自認為洪福齊天，很走運，怎麼樣都能成功，可是這種驕傲的心態裡面就隱藏了災禍的種子。《易經》中的既濟卦（䷾），是描繪人追求到成功，但是既濟卦的君位第五爻就埋伏了禍根：「東鄰殺牛，不如西鄰之禴祭，實受其福。」這一爻爻變就變成黑暗的明夷卦（䷣）。如果人沒看到「既濟」中的「明夷」，他的心態還是那麼囂張，喜歡揮霍；再往下發展，就會走向滅亡，即既濟卦的上爻所講的滅頂之災：「濡其首，厲。」

「孰知其極，其無正也」，誰知道其中的究竟，因為這沒有一個定準。人做的很多事情，往往要到蓋棺才能有定論。不經過一段時間，就看不出最後究竟是禍還是福。所以，人就不要輕易下結論。人生遭禍的時候，也要保有平常心；人生有福的時候，也不要樂極生悲，人有時候是先笑後號啕。人在笑的時候，大概是福，可是，等福裡面埋伏的禍發出來了，往往禍發不可救，可能還沒來得及笑完，他就又要哭了。有時候，人是先號啕而後笑，這就是「禍兮，福之所倚」。有時候想想，人的失戀不也是他未來美滿婚姻之所倚？

「其無正也」，說明沒有定準。所以不要倉促下結論，看待事情需要深入觀察，等深入觀察久了，大概就會有一個正確的判斷。就像我們看《易經》的卦與爻，當我們把短期、中期、長期搞清楚了，就不會輕易下結論。

可見不是所有的福裡面都藏著禍，也不是所有的禍裡面都藏著福，這不一定。是福就不是禍，是禍就躲不過。為什麼說「不聽老人言，吃虧在眼前」？因為老人們經歷了太多的禍福，瞭解表面的現象是咋回事。

「正復為奇，善復為妖」，正再轉換為邪，善又轉換為惡。陰極會轉陽，陽極會轉陰，樂極會生悲。「正復為奇，善復為妖」就是太極圖的變化。有人本來過去一直都是行得正、坐得正，固守正道，可是後來當他遇到挑戰，他可能會往相反的方向變化。人在年輕的時候，往往想著要去改造社會，最後反而都被社會所改造。或者，當人處於在野的時候，他批判執政黨貪污；當他由在野黨變成執政黨之後，貪污起來比誰都快。換句話說，一個人如果沒有經過真正欲望的考驗，講的話通通不算數。

不管是禍福相依，還是「正復為奇，善復為妖」的多變性，這在《易經》中都有表現。如復卦第三爻「頻復，厲」，爻變就成明夷卦，就由「天地之心」變成「黑暗之心」，這就是「一念天堂，一念地獄」。

「人之迷，其日固久」，人們的迷惑，本來很久了。老子說人之所以會迷失，是因為偏離了「元亨利貞」的本性。從無妄卦的第一爻到第二爻，可能只偏一點，可是等到了上爻，就偏離千萬里以外，根本回不了頭。所以，那時碰到的都是天災人禍，就因為人開始的時候就執迷不悟。

這是老子的慨歎。那要怎麼辦呢？老子說要有一個最圓融的處世方法，任何走極端的、自以為是的，正邪轉來轉去的，最後都討不到好。

下面就是聖人所具備的超越常人的修為。

「方而不割」，內心方正而不生硬勉強。人處世還是要保有方正，該有的規矩要有，該有的稜角要有，但是要避免讓自己的「方」割傷別人。即要「挫其銳，解其紛，和其光，同其塵」。老子在前面不是講「大方無隅」嗎？就是說最大的方正沒有九十度的銳角。坤卦第二爻是「直方大，不習無不利」，就是說不要拿自己的方正去勉強要求一切人。

「廉而不劌」，銳利而不傷害別人。「劌」，傷害。有時候清官還誤國呢，因為清官太標榜自己的清廉，就刺傷了很多不清廉的同僚。所以處世圓融很重要。《易經．繫辭傳》說：「卦之德，方以知，圓而神。」所以，人處世由圓而方，才能由智到神。

「直而不肆」，直率而不放肆。「肆」，放肆的意思。「肆」就是完全不考慮別人的感受，完全不懂得含蓄，不懂得包容。我們可以直率，但是言行不要到放肆的地步。

「光而不耀」，發出亮光而不耀眼。我們講過乾明坤光，乾卦是「大明終始」，坤卦是「含弘光大」。耀眼不是會引發別人的嫉妒嗎？不是會刺激人家嗎？這跟前面講的「和其光」是一樣的意思。

第五十九章

治人事天，莫若嗇。

夫唯嗇，是謂早服；早服謂之重積德；重積德則無不克；無不克，則莫知其極；莫知其極，可以有國；有國之母，可以長久。

是謂深根固柢，長生久視之道。

管理眾人、奉守道，沒有比儉約更好的心態。

正因為懂得儉約，可以說是早做準備；早早地服從道，就是重視累積德行；重視積德就沒有什麼不可戰勝的；沒有什麼不可戰勝，就無法明白他力量的究竟；無法明白他力量的究竟，就可以把管理國家的重任交給他；掌握了管理國家的道，就可以一直長久下去。

這就是根子紮得深了，根本堅固了，才是長久生存的道理。

「治人事天，莫若嗇」，管理眾人、奉守道，沒有比儉約更好的心態。「事天」，就是侍奉道。「嗇」，心思儉約。老子在此提示人要懂得含蓄內斂，千萬不要張牙舞爪。總之，要愛惜資源，做事沒有把握以前，不要輕易出手，不要輕易揮霍，更不要刻意標榜，為人應謹小慎微。

「治人事天」的功效表現在《易經》坤卦上，就是懂得順承天，把事情圓滿完成。在坤卦初爻時，要懂得辨識警訊，看到霜，馬上就要想到需要節制、防範了，不然就會發展成堅冰。然後，人在五爻時，懂得「黃裳元吉」，從而避免上爻所說的「龍戰于野，其血玄黃」。

「治人事天，莫若嗇」這一句，跟老子標榜的「儉」也是貫通的，老子說自己有「三寶」：「一曰慈，二曰儉，三曰不敢為天下先。」（第六十七章）

「夫唯嗇，是謂早服」，正因為懂得儉約，可以說是早做準備。人若懂得「嗇」字訣，即道家低調內斂的心態，他很早就能夠服膺於常道，信受奉行了。「早服」，指比別人更早地參透人生的智慧。既然這是一條正路，越早進入這一條正路，今後人生就會越少犯錯，最後人生的果報就越好。所以晚服不如早服。人常說「千金難買早知道」。武則天為《華嚴經》開經偈云：「無上甚深微妙法，百千萬劫難遭遇。我今見聞得受持，願解如來真實義。」其用意就在於說，如信受奉行《華嚴經》，人生的劫難就會少很多。

「早服謂之重積德」，早早地服從道，就是重視累積德行。《易經》有「積善之家，必有餘慶；積不善之家，必有餘殃」之說，說明積惡滅身、積善成德，一個是滅，一個是成，這兩者都是因為「積」的結果。還有大有卦第二爻也稱「積中不敗」，意即累積中道，最後才立於不敗之地。乾卦第三爻講「終日乾乾，夕惕若，厲无咎」，揭示人要在半天之內，一定能改過的「積德」精神。

「重積德則無不克」，重視積德就沒有什麼不可戰勝的。重視積德，不管人生碰到何種艱難困苦，最後都能百戰不殆。孔子講「克己復禮」，就是針對自己與生俱來的欲望去戰勝它，不受欲望所驅使。人只有克己才能復禮，才能恢復天地之心。

「無不克，則莫知其極」，沒有什麼不可戰勝，就無法明白他力量的究竟。「極」是究竟的意思。對於什麼樣的困難他都能戰勝，就沒有人知道他的智慧與力量的境界到哪個地步。對一般人來講，完全不能承受的困苦情境，他怎麼都若無其事，而且還百戰不殆？「莫知其極」的境界，在《大學》裡叫「無所不用其極」，在《中庸》就叫「無入而不自得」，實際是指在什麼環境下，都能夠成就個人，他能「無可無不可」，他可以「素富貴，行乎富貴；素貧賤，行乎貧賤；素夷狄，行乎夷狄；素患難，行乎患難」。以上這些表現就叫「無不克」，也可以說是「仁者無敵」。

「莫知其極，可以有國；有國之母，可以長久」，無法明白他力量的究竟，就可以把管理國家的重任交給他；掌握了管理國家的道，就可以一直長久下去。這還是老子的一個比喻，永遠是以母親做比喻。「母」才會生出一切，這裡象徵事物的根本，象徵大道。人掌握了根本，就可以長久維持，千年不倒，生生不息，永續經營。要是沒有掌握住道所表現的奧秘，沒有最高的領導統御之道，人是一定不能長久的，也許狂風暴雨一陣子，就過去了。只有解決問題的能量大到沒有辦法理解，才可以把治理國家的重任交給他。

「是謂深根固柢，長生久視之道」，這就是根子紮得深了，根本堅固了，才是長久生存的道理。「柢」指樹根。本固枝榮，根深柢固。《易經》復卦是「德之本」的象徵，其初爻為陽爻處在最下面，就如同「深根固柢」，撐起一切。

有人建議把「長生久視」的「視」改為「事」，其實沒有必要，活得長才看得久。確實，有時候人真活得長久了，就把什麼事情都看透了。看到那些華而不實、囂張跋扈、過分得意的人都往生了，到最後就看誰的氣更長。

《三國演義》開篇詩云：「滾滾長江東逝水，浪花淘盡英雄。是非成敗轉頭空，青山依舊在，幾度夕陽紅。白髮漁樵江渚上，慣看秋月春風。一壺濁酒喜相逢。古今多少事，都付笑談中。」青山、夕陽依舊如斯，白髮漁樵看盡人間事。那些風流人物、是非成敗皆付諸東流。我們常說的百年老店、千年王朝、萬年文化，一定有其「長生久視」的道理。它的根紮得很深，創意的源泉就源源不絕。現在地球上人類的古文明，唯一深根固柢、長生久視的就是華夏文明。這就是其他那些古文明為什麼沒有保存下來的原因之一。

第六十章

治大國，若烹小鮮。以道蒞天下，其鬼不神；非其鬼不神，其神不傷人；非其神不傷人，聖人亦不傷人。夫兩不相傷，故德交歸焉。

治理大國，就像在煎小魚。用道來治理天下，好像表現得不夠神乎；不是表現得不神乎，而是神乎到不傷害人的境界；不是神乎到不傷人，聖人也不傷人。道與聖人兩不相傷，所以累積的德就匯總回來了。

「治大國，若烹小鮮」，治理大國，就像在煎小魚。如果不是烹飪高手的話，對於煎一條小魚，火候稍微把握不好就會煎爛。高手才懂得那個力道和火候。

「以道蒞天下，其鬼不神」，用道來治理天下，好像表現得不夠神乎。不合乎道的做法，後遺症會產生一堆，或者即使短期好像達到某種效果，從長期來看一定出事，因為「善復為妖」。治理者奉守道，來面對天下的一切事情，其心態要像煎烹一條小魚一樣無為而治。

「非其鬼不神，其神不傷人」，不是表現得不神乎，而是神乎到不傷害人的境界。怎樣發揮本領，都不至於傷害到那個環境，不至於傷害到別人，這樣才顯示出你的神奇。做到一出招，就可以達到圓滿的結果，但是又不會傷害到別人，這才是高手。有時候，我們所做的事情，其結果即便好，卻往往沒有辦法做到無後遺症。

道家都是整體考慮問題的，不強調短期內的鋒芒犀利。所以，不會要求華而不實，而是考慮得面面俱到。道家一般用這種比較拙樸的招式，看起來並不花哨。因為不花哨，人家往往都覺得這沒有什麼了不起。「神」是一種精神，一種神乎其神作用的影響力。「其鬼不神」並非說治理的水準不高，而是其圓融的效果不造成對任何人的傷害。

一般人對這種「治大國，若烹小鮮」的無為而治做法，看不出其中的高妙，覺得這很普通，不夠刺激，其政策的影響力好像不神。老子認為這不是不高超，而是高到一般人都沒有辦法理解。

戰國時期的韓非子，其思想很厲害，但是會傷人。這是因為韓非子雖然聰明，但他對人性沒有做很高的預期。他曾講，人與人之間不能推心置腹，連父子之間都得用計算之心相對待。這話就說得有點過火了，跟儒家宣導的忠信原則完全背離。韓非這麼聰明的人，很懂智謀，他在實際的政治舞台上還沒出手表現，最後就下獄被毒死。他的思想基本上還是從他的老師荀子性惡論一路發展來的。所以，韓非子為代表的法家思想立足於用法、用術、用勢，可是用法家思想建立的秦王朝，前後也不過十五年就滅亡了。

「非其神不傷人，聖人亦不傷人。夫兩不相傷，故德交歸焉」，不是這種道神乎到不傷人，聖人也不傷人，道與聖人兩不相傷，所以累積的德就匯總回來了。道家的聖人以「方而不割」「廉而不劌」為必要的條件，處理社會、人際、國際關係都是一樣。「兩不相傷」，沒有相互傷害。但是在現實社會中，很多人的實際表現就是「交相害」。你出一招，我還一招克你，對方再尋一招反制，如此冤冤相報，沒完沒了。看到世人因人事陷入互相傾軋中，老子就希望用平時看著不起眼卻又最深奧的智慧去調和人世矛盾，進而治國平天下。

第六十一章

大國者下流，天下之牝，天下之交也。
牝常以靜勝牡，以靜為下。
故大國以下小國，則取小國；小國以下大國，則取大國。
故或下以取，或下而取。
大國不過欲兼畜人，小國不過欲入事人。夫兩者各得所欲，大者宜為下。

大國要像居於江河下游那樣，使天下江河交匯在這裡，處在天下雌柔的位置。雌柔常常是靠著靜定來勝過雄強，這是因為它居於柔下的緣故。

所以大國能用謙下的態度對待小國，就可以得到小國的擁戴。小國能用謙下的態度對待大國，就可以得到大國的支持。

所以，或者大國對小國謙讓能夠取得小國的擁戴，或者小國對大國謙讓能夠見容於大國。

大國不要過分想統治小國，小國不要過分想順從大國。這兩者都可滿足願望，大國應該表現謙下。

「大國者下流，天下之牝，天下之交也」，大國要像居於江河下游那樣，使天下江河交匯在這裡，處在天下雌柔的位置。「下流」，不是罵人的話，而是江河下游，聚集上游的一切。如果人的心胸像大海一樣那麼開闊，雖處低位，但包容一切，自然就開朗。如果心胸如小河、小溪、小溝，與別人之間就容易爭鬥。莊子就說，這像在蝸牛角上的爭鬥。

《中庸》講「小德川流，大德敦化」，川流發源於高山處，開始往下流的階段，嘩嘩的聲音很響亮，到最後通通流到大海裡面，也就趨於安靜了。因為大海吸收一切，最沉靜，也特有深度與厚度。老子講「受國之垢，是謂社稷主；受國不祥，是謂天下王」。什麼是大國的氣魄？大國的姿態就是善於處低下。這不是謙德嗎？《易經．謙卦》稱「卑而不可踰」，江河匯海是勢所必趨，位置再怎麼高、再怎麼彎曲的河川，最後通通得流到大海中。這種情況就叫「大德敦化」，也就是老子說的「大國者下流」的意思。

「天下之牝」，如上一章「德交歸焉」一樣，是坤卦的概念，即順勢用柔。「牝」，屬於陰性的、包容的。「天下之交」，是天下交匯的意思。大海最後匯集百川，不強迫人家怎麼樣，而是勢所必至。

所謂的「王道」實際就是人心所歸往，即使我沒有要你來，而你卻來了，因為你非來不可。這種情況就是需卦第五爻所象徵的情景，即「需于酒食，貞吉」。這是需卦的君位，只要佔據要害位置，就能吸引人非到這邊來不可，因為每個人都需要。處在那個位置也不用急，根本不必汲汲營營去招商，擺出一個姿態在那邊等就可以了。看前面人家「需于郊」「需于沙」「需于泥」，還「需于血」，那真是辛苦死了，而處在第五爻的人就坐在那邊等，他就是「天下之交」「天下之牝」，懂得守柔、守靜，穩坐釣魚台。

所以，我們做任何事情要設法營造成需卦第五爻的情勢。換句話說，只要位置選對了，行業選對了，將來你根本不用急，就在那邊等，等到最後人家急急忙忙來報到，這就是需卦第六爻講的「有不速之客三人來」，對方不請自來，且非來不可。這實際上就是大海的優勢。

「牝常以靜勝牡，以靜為下」，雌柔常常是靠著靜定來勝過雄強，這是因為它居於柔下的緣故。「牡」為雄，「牝」為雌。「牝常以靜勝牡」，其實就是以柔克剛、柔弱勝剛強，老子的思想處處受《易經》坤卦的啟發。我們可以說整部《老子》就是《坤乾易》，也就是《歸藏易》。

當然，牝不是永遠「以靜勝牡」，還要看怎麼運用。要做到柔弱勝剛強，常常需要懂得「利牝馬之貞」，才能成為最後的勝利者。懂得靜，不好動，也不好鬥，終成為最後的勝利者，即雌的贏了雄的，牝到最後勝牡了。

「以靜為下」，就是因為靜得住，所以能夠待在柔下的地方，不跟人家做無謂的爭鬥。而靜不下來的人，對於小利益都是要爭的，可是他最後卻勝不了。

「故大國以下小國，則取小國，小國以下大國，則取大國」，所以，大國能用謙下的態度對待小國，就可以得到小國的擁戴。小國能用謙下的態度對待大國，就可以得到大國的支持。老子以上的觀念就運用到當時實際的國際關係了。在國際關係中，真正了不起的大國要對小國很客氣，要很謙下，要替小國服務，要濟弱扶傾。而實際上，像現代西方的大國是對小國一定頤指氣使，把小國的國民作為廉價勞工使用，這實際上在行經濟侵略。歷史上強大的帝國主義不都是這一套嗎？那是「大國以上小國」的觀念在作祟。

可是在春秋時代，老子看到這種格局，他主張越是大的國家對小的國家反而要客氣，反而要擺出服務的心態，反而要謙卑。「則取小國」的意思，如果那樣做，小國就不戰而附了，都擁護大國了。也就是說，大國根本不需要去併吞小國，最後小國一定是歸往於大國，不需要用戰爭去消滅對方，這就叫「取小國」，用「取」，而不是攻打。這是多麼善意的互動關係，一點都不造成傷害。所以，大國要懂得用謙的心態去對待小國，去幫助對方發展經濟，而不是把自己的污染工業轉移到小國去，或者盤剝對方，更不是去掌控對方的經濟命脈。那是帝國主義的思維方式，最後非失敗不可。

「小國以下大國，則取大國」，對於小國呢？那更不用講了，因為你勢不如人，對大國當然要低調、客氣、親近。如果小國與大國一天到晚橫眉豎目，挑事抗爭，那不是找死嗎？小國認識到自己實力不如人，就不要沒事找事。要對大國客氣，以換得對方善意的回饋，就可以在大國那邊得到一些發展的支援。大國一旦幫助你了，就等於是贏取了大國的信賴，自己也不會有一個強大可怕的敵人，然後是依靠大國的資源支持得以生存發展。

「故或下以取，或下而取」，所以，或者大國對小國謙讓能夠取得小國的擁戴，或者小國對大國謙讓能夠見容於大國。「而」是能夠的意思；「以」是順勢。大國取小國，就是完全順著自然的道理。換句話說，不管大國對小國，還是小國對大國，都要保持謙的態度，只要雙方都有這種善意，彼此才有前途。

「大國不過欲兼畜人，小國不過欲入事人」，大國不要過分想統治小國，小國不要過分想順從大國。大國就是要讓那些小國來跟自己靠攏，他變成盟主，而不是控制小國。小國呢？如果自己實力小，至少希望換得平安，甚至能夠取得資源，而不是做大國的附庸。

「夫兩者各得所欲，大者宜為下」，這兩者都可滿足願望，大國應該表現謙下。

第六十二章

道者，萬物之奧，善人之寶，不善人之所保。
美言可以市，尊行可以加人。人之不善，何棄之有？
故立天子，置三公，雖有拱璧以先駟馬，不如坐進此道。
古之所以貴此道者何？不曰：求以得，有罪以免邪？故為天下貴。

道是萬物最尊貴的，是善人的珍寶，也是不善人的保佑。
美好的言論可以贏得尊重，美好的行為可以幫助他人。人即使有不善的行為，道怎麼會放棄他呢？
所以，奉立天子，設置三公的時候，雖然先有拱抱之璧，後有四匹馬駕的車作為獻禮，但還不如跪著獻上大道。
古時候為什麼重視道呢？不正是因為求它庇護就可以得到滿足，有了罪過也可以得到赦免嗎？所以，道才是全天下最尊貴的東西。

「道者，萬物之奧，善人之寶，不善人之所保」，道是萬物最尊貴的，是善人的珍寶，也是不善人的保佑。「奧」指房屋的西南角，是尊者所處的地方，引申為尊貴。在前面老子已經有類似的觀念。道家是沒有什麼分別心的，一旦善人悟道了，就覺得這個道真是寶貝。善人把道看得太尊貴了，終身信受奉行。

如果一個人的資質不夠，或者人生充滿了挫折，一旦悟道，他的生活馬上不一樣了，會被道保護得很周全。這就是老子說的「善者吾善之，不善者吾亦善之」。

「美言可以市，尊行可以加人」，美好的言論可以贏得尊重，美好的行為可以幫助他人。修過道的人就會影響到自己的言與行，以至於漸漸地表現出美言與美行。有道者的氣質確實不一樣。一個人有本領，有實力，對人又那麼和善，大家就會很尊重他。如果你還有善意的布施行為，可以照顧到人家。換句話說，不僅自己修得好，還幫助別人修得好，這才是自覺覺人。我們希望世間很多的言行能夠往美的方面走，所以，人一旦悟道的話，就須終身信受奉行。這個道才是「無上甚深微妙法」，我們要視若珍寶，同時又要去照顧那些還在痛苦中掙扎的人。

「人之不善，何棄之有」，人即使有不善的行為，道怎麼會放棄他呢？在道看來，既無棄人，也無棄物。任何事物都有其一定的價值，有其發揮作用的地方，在儒家來說就是「曲成萬物而不遺」，要具備「曲成」的功夫，很多事情不是直接就能成的，要有耐心，要引導。

「故立天子，置三公，雖有拱璧以先駟馬，不如坐進此道」，所以，奉立天子，設置三公的時候，雖然先有拱抱之璧，後有四匹馬駕的車作為獻禮，但還不如跪著獻上大道。「天子」「三公」都是居高位，富貴榮華，威勢赫赫，這是一般人認為要追求的目標。「拱璧」，拱抱之貴重的玉；「駟馬」，四匹馬駕的車。古代的獻禮，輕物在先，重物在後。

老子認為大道要比那些高位、大禮要重要得多。高位、厚禮都是有形的，道是無形的。人若真懂得道了，就可以創造無限多的珍寶。所以，人不要被權勢、財寶所迷惑。要真悟道了，比擁有那些珍寶要快活得多。所以，富貴者贈人以財，大智慧的人贈人以言，智者給你一句話，終身受用。但是這個道理，老子講歸講，實際情況還是「言者諄諄，聽者邈邈」，很多人真的能看到天子、三公之高位和拱璧、駟馬之寶物而不動心嗎？

「古之所以貴此道者何？不曰：求以得，有罪以免邪」，古時候為什麼重視道呢？不正是因為求它庇護就可以得到滿足，有了罪過也可以得到赦免嗎？為什麼在老子以前，很多人就很重視這個道，而不重視身外之物？因為那是活的智慧。老子覺得當代的人都不珍重此道，而是重視「拱璧、駟馬」。

「求以得」，如果你真心求道就會得到。孟子說：「求則得之，舍則失之。」人要開發自性，要致良知，要成佛，都一樣，必須真心去求。要真求，就能得到，道也不會排斥你，就看你真不真心求。如果欲望那麼多，這也想要，那也想要，哪有這種事？

「有罪以免」，當人悟了道，自己原來所犯的所有罪孽都可以得到赦免。如果本身沒有罪，就可以讓他的智慧得到提升。古代人為什麼重視這個道？因為這個道不排斥每個人，只要你真心求，它一定給你一個回應。

「故為天下貴」，所以，道才是全天下最尊貴的東西。世俗人喜歡追求的拱璧、駟馬，還有那些部長、院長的位子，不是一下子就過去了嗎？老子講的這些道理聽起來都對，但對當時春秋時代的亂局有沒有發揮效力？當然沒有。所以，老子講道的時候，孔子講道的時候，還有耶穌傳道的時候，他們都是給以後無量無邊眾生講的。

第六十三章

為無為，事無事，味無味。
大小多少，報怨以德。
圖難於其易，為大於其細。天下難事，必作於易；天下大事，必作於細。
是以聖人終不為大，故能成其大。
夫輕諾必寡信，多易必多難。
是以聖人猶難之，故終無難矣。

要做不刻意而為的事，要從事不庸人自擾的事，要品嘗恬淡的味道。要把小事當成大事來看，把少的看成多的，用美德去回應初始的怨恨。解決難事要從容易的地方入手，做大事要從細小的地方開始。天下困難的事，必定是從容易的地方做起；天下的大事，必定是從細微的部分開端。所以，聖人始終不自以為偉大，反而能成就他的偉大。

太輕易承諾，就一定少守信；把事情看得太容易，必定遭遇更多的困難。聖人視為困難的事，最終反而沒有那麼困難了。

「為無為，事無事，味無味」，要做不刻意而為的事，要從事不庸人自擾的事，要品嘗恬淡的味道。讀《道德經》到此章，應該清楚明白無為的概念了，就是「為無為，事無事，味無味」，凡事順勢而為，不妄為，不刻意去為。欲望多的人總是把他自己的思維與行為搞成了一鍋粥，以至於停不下來。如果懂得無為的道理，就沒那麼多煩惱事。當然，人生不能沒有作為，只是人的作為是希望達到無為的效果。

天下本無事，庸人自擾之。道家不是偷懶，不是散漫，不是不做事。道家當然主張要做事，但做起事來，看起來不會無事找事，好像很輕鬆，好像沒在做什麼事。善於行道的老闆，哪裡需要天天上班，該授權的都授權了，該指導的都指導了。不用一天到晚看報表，盯這個盯那個。老子不是講「取天下常以無事」嗎？有這種態度，人生就輕鬆了，對頂尖高手來講，沒有什麼困難的事情。人生有時往往都是因為自己太想有為，事情才變得那麼煩。悟道的高手無為而治，處理兩三下就好了，沒有反彈，也沒有後遺症，事情處理得很圓滿。高手就是這樣，他做了很多大事，外人看來好像沒有做那麼多事。

「味無味」，「無味」就是平淡。在一般人看來，很多事情往往因為太平淡、太平凡，所以就覺得不耐煩，不想去追求。可是，夠味的往往是會傷人的。在此，老子要我們去品味、體會人生的平淡境界，平淡中自有真味道。

「為無為，事無事，味無味」，這個境界在道家來說確實高，諸葛亮教育後人也說「非澹泊無以明志，非寧靜無以致遠」，這樣的境界懂得順自然，才是真的高。

「大小多少，報怨以德」，要把小事當成大事來看，把少的看成多的，用美德去回應初始的怨恨。

「報怨以德」，一般人最容易誤解。因為我們讀《論語》，就知道孔子反對以德報怨，主張以直報怨，以德報德。孔子認為「以德報怨」這種心態唱高調，不合乎人情義理，而且有後遺症。老子這裡到底在講什麼？我們需要看上下文才能更好理解。

「報怨以德」跟後面接下來講的有關：「圖難於其易，為大於其細。天下難事，必作於易；天下大事，必作於細。」老子是講見微知著的觀念，也是「履霜，堅冰至」的觀念，即人對任何不利的事情要有先見之明，看到剛出現一點徵兆，馬上就要警惕，儘快去處理。

「圖難於其易」，解決難事要從容易的地方入手。我們都知道，發生一件大的麻煩事處理起來確實很難，但是，這件事剛開始並沒有那麼難。如果某件事剛開始只有一點徵兆時，像剛出現一點兒霜，你馬上除霜，那就很容易，成本也很低。所以要有見微的智慧，要見事情於未萌。事情還沒有發展到不可收拾的地步，只顯露一點危機，這時要明白這個危機將來一旦發展下去就不得了。如果你認識到了危機，趕快去做危機管控，後續就不會變成不可收拾的局面。

很多人面對此種情形往往會失去警覺，沒有先見之明，就不會當機立斷。當時總覺得這個簡單、那個不難，等到最後簡單的、不難的東西變複雜、困難了，想處理時也沒法處理了，就像堅冰不容易一下子融化似的。可見，人生的麻煩事皆因事前未發覺徵兆，致使小麻煩變成大麻煩，造成不可收拾的局面。千里之堤潰於蟻穴，堤壩上某個螞蟻小洞，沒把它及時堵上，最後卻是崩堤的毀滅後果之前提。

「為大於其細」，做大事要從細小的地方開始。做大事的時候，千萬不要忽視剛開始出現的一些細節，「魔鬼」都藏在細節裡。做任何事情就是要細心，有很多東西剛開始是很微細的，你稍不注意它就長成很大。如果是正面的機會，你忽略了那個機會，看不懂徵兆，就錯失良機；如果是危機的徵兆，等到危機擴散，就沒救了。

「天下難事，必作於易；天下大事，必作於細」，天下困難的事，必定要從容易的地方做起；天下的大事，必定是從細微的部分開端。可見，老子看得夠遠，心胸夠開闊，可以說他目光如炬、知幾察微。

「是以聖人終不為大，故能成其大」，所以，聖人始終不自以為偉大，反而能成就他的偉大。聖人從來都保持謙虛的心態，而且謹慎小心，絕對沒有自封了不起。一路小心翼翼，懂得知幾察微，不忽略細節，才能成就大功業。一般人常常因為貪，看到人家的成功好像很容易，還沒有耕耘，就想要收穫，也就做不到知幾察微。

「輕諾必寡信」，太輕易承諾，就一定少守信。其實當人很容易誇口，最後一定很難兌現，因為世事真難。「多易必多難」，把事情看得太容易，必定遭遇到更多困難。「禍莫大於輕敵，輕敵幾喪吾寶」，不也是老子講的嗎？人一旦表現出輕慢的心態，最後必定產生困難，因為你太輕敵。

而聖人就不會犯這個毛病，故老子說「聖人猶難之，故終無難矣」，聖人視為困難的事，最終反而沒有那麼困難了。如果在開始的時候，把出現的霜看成大的事情來對待，全力以赴用心去處理，最後就不會結成冰。可見沒有一件事情是可以掉以輕心的，見機早，麻煩才少。

第六十四章

其安易持，其未兆易謀；其脆易泮，其微易散。為之於未有，治之於未亂。合抱之木，生於毫末；九層之臺，起於累土；千里之行，始於足下。為者敗之，執者失之。是以聖人無為故無敗，無執故無失。民之從事，常於幾成而敗之。慎終如始，則無敗事。是以聖人欲不欲，不貴難得之貨；學不學，復眾人之所過，以輔萬物之自然而不敢為。

凡安定下來的就容易持守，凡未發生前的就容易圖謀；脆弱的東西容易瓦解，細微的東西容易飄散。在事情沒有形成之前就處置它，在禍亂未發生前就管控它。合抱的大樹，是從細如針毫的芽苗長成的，九層的高臺，是一點一點累積起來的；千里的行程，是腳下一步步邁出來的。

刻意妄為的必然失敗，人為把持的必然落空。所以，聖人無所作為就不會失敗，無所把持就不會落空。

世人行事，往往在接近成功時反而失敗了。如果一件事情快結束時能像開始時那樣慎重，就不會招致失敗。

所以聖人想要的是世人不想要的，他不看重稀有的東西；想學的是世人不想學的，他補救世人所犯的過錯，這是順應萬物的自然本性而做的輔助，而不敢專擅妄為。

「其安易持，其未兆易謀」，凡安定下來的就容易持守，凡未發生前的就容易圖謀。一件事情凡是安定下來的時候就容易維持，也就是說，事情的徵兆還沒顯現時，最好早去謀劃。這就是人們常說的「人無遠慮，必有近憂」。

「其脆易泮，其微易散」，脆弱的東西容易瓦解，細微的東西容易飄散。一個東西會長大，一個危機最後會變成不可收拾，都因為在起始的時候沒有把它打散。如果在細微的時候，就注意到可能發生的狀況，就不要讓其長大。

「為之於未有，治之於未亂」，在事情沒有形成之前就處置它，在紛亂未發生前就管控它。一件事情還沒有形成的時候，就得下手處理了；在還沒有紛亂如麻的時候，就要趕快作有效的治理，因為那個時候好處理。老子說過「圖難於其易，為大於其細」，那時阻力最小，好處理。

「合抱之木，生於毫末；九層之臺，起於累土；千里之行，始於足下」，合抱的大樹，是從細如針毫的芽苗長成的；九層的高臺，是一點一點累積起來的；千里的行程，是腳下一步步邁出來的。《易經》升卦〈大象傳〉稱「君子以順德，積小以高大」，君子之德，也是如此。

「千里之行，始於足下」，也可以說，人只要抬起腿，一步一步來，最後一定可以達至千里。正如《中庸》所言：「行遠必自邇，登高必自卑。」

「為者敗之，執者失之」，刻意妄為的必然失敗，人為把持的必然落空。為什麼人常常失敗呢？因為什麼東西他都要抓到自己手上，不懂得無為，越做越失敗。人沒有清靜無為，就完全是欲望的奴隸。嗜欲越深，天機越淺。「執者失之」，太執著，包袱就越重，抓得越緊，越抓不住。我們看，嬰兒一抓就抓住東西了，老子描述為「骨弱筋柔而握固」，因為其心思純淨，夠專注。待我們長大成人之後，就握不住了。我們以為可以抓到某些東西，拚命努力，最後還是流失了。

「是以聖人無為故無敗，無執故無失」，所以，聖人無所作為就不會失敗；無所把持就不會落空。清靜無為，嗜欲淺，就不會失敗。不那麼執著，就不會失敗。

「民之做事，常於幾成而敗之」，世人行事，往往在接近成功時反而失敗了。一般小老百姓做事情，為什麼總是功敗垂成呢？因為不夠敬慎。所以做任何事情從始到終，都要敬慎，都要小心。人要成功很難，而要搞破壞讓人家不成功，就特別容易。

「慎終如始，則無敗事」，如果一件事情快結束時能像開始時那樣慎重，就不會招致失敗。

「是以聖人欲不欲，不貴難得之貨；學不學，復眾人之所過」，所以聖人想要的是世人不想要的，他不看重稀有的東西；想學的是世人不想學的，他補救世人所犯的過錯。老子是要追求那種不受欲望牽扯的境界。像拱璧、駟馬，以及榮華富貴等，老子認為不要看重。這就是說要「不貴難得之貨」，難得之貨不是令人行妨嗎？看到某個東西光彩奪目，人人都流口水，那時人的行事就有包袱，就有妨礙了。

現在有些人學《易經》，不願意花心思和時間去學習經傳本身，而是去學那些偏門（當然也不能說是偏門，此處僅是針對《易經》本身來說），譬如今天學八字命理，明天學紫微斗術，後面還學奇門遁甲等，這些都入不了《易經》的門。「復眾人之所過」的「復」就是改過，眾人都愛犯這類錯，他不犯這類錯，即使萬一犯個錯了，他也懂得改過。孔子眾多弟子中，就顏回懂得克己復禮。很多人有錯，不承認，還推卸責任，而顏回明白自己有時候也會有一些不善的念頭和誤判，但當他發現不對了，馬上就改。因為他懂得大道，勤行大道，知道怎麼做才符合中道與正道，最後就不會犯眾人的錯。

「以輔萬物之自然而不敢為」，這是順應萬物的自然本性而做的輔助，而不敢專擅妄為。一般人做什麼事情就習慣於要去抓權，好處都要獨佔，也不想幫忙別人；而聖人不是。所有事物都有自然的趨勢，我們不去爭，而是在旁邊輔助它，這就是「以輔萬物之自然而不敢為」。越有為，越沒有；越想要，越得不到。如果能持守謙德，越不想要，最後說不定都是你的。

第六十五章

古之善為道者，非以明民，將以愚之。民之難治，以其智多。故以智治國，國之賊；不以智治國，國之福。知此兩者亦稽式。常知稽式，是謂玄德，玄德深矣，遠矣，與物反矣，然後乃至大順。

古時候善於踐行道的人，不是用道來啟明百姓的，而是用道來使他們淳樸的。百姓所以難治，就因為統治者自己智巧太多的緣故。所以，用智巧來治理國家，是國家的禍害；不用智巧治理國家，是國家的福祉。明白了這兩種治國方式，如何選擇也就成為了法則。

恆久地明白這一法則，可稱為神奇的德。這神奇的德既深奧，又久遠，與萬物相反，循著它而行，就可以到達最順自然的境地。

「古之善為道者，非以明民，將以愚之」，古時候善於踐行道的人，不是用道來啟明百姓的，而是用道來使他們淳樸的。在古代，統治者是不太願意讓老百姓接受教育的，因為百姓的智巧開啟之後，反而是大麻煩。這裡的「愚」作動詞用，不是使之愚蠢，而是讓百姓回到淳樸的自然狀態，不使他們鬼靈精怪。

道家強調質樸，不主張巧用心機。如果在上位者不這樣引導百姓回歸質樸，卻鼓勵互相鬥智，到最後誰也沒有好結果，因為大家都失去了真誠。像在《老子》第五十八章，就有「其政悶悶，其民淳淳；其政察察，其民缺缺」一說。

「民之難治，以其智多」，百姓所以難治，就因為統治者自己智巧太多的緣故。民間的好風氣或壞風氣，都跟施政者本身是否以身作則有關。如果統治者本身就是慣於耍詐，要期待老百姓永遠的淳樸就很困難。

「故以智治國，國之賊；不以智治國，國之福」，所以，用智巧來治理國家，是國家的禍害；不用智巧治理國家，是國家的福祉。對社會上層的人物來講，要嚴以律己，寬以容眾。如果倒過來，上層人物嚴以待眾，寬以待己，這就是最糟糕的領導人。如果上樑不正，還要求別人去正，這是不能治好國家的。其實一般來講，太奸巧的人想有好的福報也是不容易的。按照從刺激到反應的規律，你怎麼算計人家，人家就怎麼算計你。即使對方再笨，經過幾個回合之後，他也清楚你在耍什麼玩意了。

「知此兩者亦稽式」，明白了這兩種治國方式，如何選擇也就成為了法則。治國有它值得效法的公式，有它的天則。人要儘量養成純樸的心地，大家真誠相待，這樣彼此都省事，反而不需要過多的管理。

「常知稽式，是謂玄德。玄德深矣，遠矣，與物反矣，然後乃至大順」，恆久地明白這一法則，可稱為神奇的德。這種神奇的德既深奧又久遠，與萬物相反。循著它而行，就可以到達最順於自然的境地。既然已經找到了一個清靜無為的治理法則，當然就要運用，如果運用的結果很好，就變成道家最高深的治國之術。這跟我們一般所看到的常識是相反的，但正因為它相反，反而是治國的正道。其實這就是懂得順應自然法則。「德」到了玄的境界，「順」就到了大順。但是，這跟社會上一般教導人要爭強好勝、要比誰聰明、比誰機巧的道理剛好相反。

第六十六章

江海所以能為百谷王者，以其善下之，故能為百谷王。
是以聖人欲上民，必以言下之；欲先民，必以身後之。
是以聖人處上而民不重，處前而民不害。
是以天下樂推而不厭。
以其不爭，故天下莫能與之爭。

江海之所以能成為百川歸往之地，是因為它善於處在低下的位置，故能為百川歸往之地。

所以，聖人想要位於萬民之上的，必定要言語卑下；想要居萬民之前的，必定要居後謙退。

因此，聖人雖在上位，可是百姓並不感到有壓力；居於前面，百姓並不感到有什麼損害。

所以，天下的人民都樂於擁戴他，而不厭棄。

正因為聖人不與任何人相爭，所以天下就沒人能爭得過他。

「江海所以能為百谷王者，以其善下之，故能為百谷王」，江海之所以能成為百川歸往之地，是因為它善於處在低下的位置，故能為百川歸往之地。「谷」，川的意思。「王」，《說文解字》解釋為「天下所歸往」。「下」，是動詞，居下的意思。

老子這裡是講人要效法江海的謙卑態度，要跟大海、大江學習容納的智慧。「善下」就是謙德，《易經．謙卦》稱：「謙尊而光，卑而不可踰，君子之終也。」大海的位置低，所有的河川都會流到那裡。不管上游、中游、下游的河川，只要是靠近江海的，都會順流而下，流入大江，最後再匯入大海。

「是以聖人欲上民，必以言下之；欲先民，必以身後之」，所以，聖人想要位於萬民之上，必定要言語卑下；想要居萬民之前，必定要居後謙退。「上、下、先、後」都是動詞。想要「上民、先民」，當然是要有獻身精神，即自己的利益一定是擺在最後。

我們從自然界的小水流匯集到江海的態勢，就能悟到很深的智慧。作為領導者，居於民之上，但是他一定要謙卑客氣，他的講話、政策都要體貼民心、民情，而不是把自己的利益擺在第一位。

「是以聖人處上而民不重，處前而民不害」，因此聖人雖在上位，可是百姓並不感到有壓力；居於前面，百姓並不感到有什麼損害。「重」，指心理有壓力的意思。領導者有謙的心態，就會產生一個很好的結果。上面有領導，老百姓一點都不覺得沉重，不會覺得很有壓力，就好像領導不存在一樣。這就是，有領導好像沒領導一樣，即「太上，下知有之」。在《易經・雜卦傳》中，對謙卦的描述就一個字——輕。說明懂得謙和態度的人，跟他相處，就不會覺得有壓力。作為領導也是一樣，沒有人願意一天到晚被人看管著，被人要求繳稅、服役。

「是以天下樂推而不厭」，所以天下的人民都樂於擁戴他，而不厭棄。大家都希望下次再選他，把他推舉出來，心甘情願接受其領導，一點都不厭煩。

「以其不爭，故天下莫能與之爭」，正因為聖人不與任何人相爭，所以天下就沒人能爭得過他。這個道理不難，人到哪裡都愛爭，在學界爭，在產業界爭，在政界爭，就是在廟裡修行還爭。只有謙德才是最具競爭力的品格，而且謙本身也能讓自己身輕、心輕，讓別人輕鬆，那樣彼此的感覺才好。人最怕的，就是上面一直有個老闆壓著自己，結果天天過著沉重日子，讓人難受。就像《易經・雜卦傳》說「謙輕而豫怠也」，領導人如果像豫卦那樣，一天到晚煽情、炫耀，要帶動人民跟著他走，最後萬一沒有成就，人民跟著受累，自己也累個半死，最後反而容易懈怠。

劉劭寫的《人物志》最後一篇就叫〈釋爭〉，即把一天到晚跟人家爭強好勝的心整個釋放掉。這就是他寫《人物志》最終的目的——回歸謙德。

第六十七章

天下皆謂我道大，似不肖。夫唯大，故似不肖。若肖，久矣其細也夫。我有三寶，持而保之。一曰慈，二曰儉，三曰不敢為天下先。慈故能勇，儉故能廣，不敢為天下先，故能成器長。今舍慈且勇，舍儉且廣，舍後且先，死矣。夫慈，以戰則勝，以守則固。天將救之，以慈衛之。

天下人都說我的道偉大，好像不成樣子。正因為道太大，所以看起來不成個樣子。如果說看起來像個樣子，早就變成細碎的東西了。

我有三樣寶貝，一直掌握而能保存它。第一件叫慈愛，第二件叫儉約，第三件叫不敢居於天下人之先。

慈愛才能勇敢，儉約才能增擴，不敢為天下人之先，所以能成為天下人的領袖。

現在如果捨棄慈愛而求取勇敢，捨棄儉約而求取增擴，捨棄退讓而求取領先，結果就是死亡。

對於慈愛來說，用於戰爭就可以獲勝，用於守衛就可以鞏固。上天要救助他，會讓他用慈愛之心護衛自己。

「天下皆謂我道大，似不肖」，天下人都說我的道偉大，好像不成樣子。「肖」，像樣的意思。此時老子可能也闖出一點名堂了，大家都覺得他是大宗師，有大智慧。有人說他的道太偉大了，太深遠了，太高超了，但是表面看起來不是那樣。有的人把「不肖」解釋成與「大」相反的意思。這個解釋我不同意。實際上，「不肖」就是不成樣子的意思。老子這一套思想看著很平實，好像也沒有什麼了不起，但老子的思想就是有很深刻的智慧，很管用。就是說一個看似平凡，沒有什麼了不起的內容，反而是大道。所以說平常心就是道，自然就是道。可是單從內容上看，確實沒有什麼了不起，如同老生常談，這些道理連老太婆也知道，所以一般人都不屑一顧，覺得這個道不成樣子，品色一般。

關於「不肖」，舊時人們很尊重自己的父母親，有時就謙稱自己為「不肖子」，意思是，我不像我父母那麼偉大。乾隆為什麼只做六十年皇帝就退下來做太上皇？因為他非常欽佩祖父康熙。聖祖皇帝康熙在位六十年，乾隆如果多做一年，豈不是要趕超聖祖？這在他來說就是「似不肖」，所以乾隆做了六十年皇帝，只好退下來讓兒子繼位，自己做太上皇。

「夫唯大，故似不肖」，正因為道太大，所以看起來不成個樣子。這就是《易經．繫辭上傳》所講的「易簡而天下之理得」。換句話說，有一些東西看似很酷、很炫，其實根本沒有什麼深刻的內涵。但是一般人都喜歡追逐那些酷炫的。這說明，老子的道光從外表來看不大吸引人，既不裝神弄鬼，又不教授神通，但是這樣的道才真正了不起。

「若肖，久矣其細也夫」，如果說看起來像個樣子，早就變成細碎的東西了。如果道在表面也裝得很偉大、很華麗、很高深，甚至要神通。那麼，這個「道」早就行不下去了，就會變成一個很瑣細的東西了。正如《論語．子張》子夏曰：「雖小道，必有可觀者焉；致遠恐泥，是以君子不為也。」在民國初年，還有一種人稱「細人」，這種人格局不大，看著好像很了不起，但時間一久，就會發現他們鼠目寸光、小肚雞腸，而不是那種真正意義上的偉大。

接著，老子就開始拍賣了，既然這個大道裡面有寶貝，值得人們追求，就不要僅看表面樸實無華就輕易放棄。

「我有三寶，持而保之」，我有三樣寶貝，一直掌握而能保存它。

「一曰慈」，第一件叫慈愛。「慈」就是有愛心，像父母愛小孩。「慈」不是母親的專利，而是上一代對下一代親子之間的愛，是與生俱來的，發自自然的初心。這是沒有條件的愛，而且念茲在茲，隨時用心。如果把慈放大來看，就是不獨親其親。佛教常說慈悲，因眾生確實值得悲憫，所以佛就起了慈念，發願減輕眾生的痛苦。

當然這個慈並非一味地寵愛。在《易經》家人卦中，其〈彖傳〉稱「家人有嚴君焉，父母之謂也」，意思是一家人有自我要求嚴正的長上，即父母。舊時父親也稱「家嚴」，這個「嚴」不是待人很嚴，而是律己甚嚴。只有要求自己，才能夠帶動子女跟自己學。子女學得不好，就是「不肖」，學得好，就很像樣子了。道家裡面有一些東西表面雖然很冷，但實質充滿了大愛，譬如老子說：「天地不仁，以萬物為芻狗；聖人不仁，以百姓為芻狗。」老子的思想，看似沒有那麼容易親近，其實他是有真愛的。就是因為有真愛，父母就不能嬌慣我們，甚至還要對我們更嚴格的要求。

「二曰儉」，第二件叫儉約。老子的哲學就是低調、節制、內斂，不尚鋪張。在第五十八章就說：「治人事天，莫若嗇。」他不主張揮霍，包括揮霍對人的感情。老子關於「儉」的觀念還是來自「慈」，因為慈，所以儉。

「三曰不敢為天下先」，第三件叫不敢居於天下人之先。這是老子的名言。「不敢為天下先」，並不是沒有能力為天下先。而是就算自己是頂尖高手，本領天下第一，也不跑在前面。人不要爭先，爭先就造成太多紛爭。學過《易經》的，就會明白這個道理，爭先就迷失自我。坤卦就說「利牝馬之貞」，母馬只需跟隨公馬而不超過；如果超過，就會造成「龍戰于野，其血玄黃」的嚴重後果。其實做老大有什麼好呢？如果做老大，自己前行的路還不知道在哪裡？還要自己去探索。「不敢為天下先」多好！前人走過去了，好的我借鑒，壞的我避讓。但是，人在年輕的時候，血氣方剛，多數人不喜歡「不敢為天下先」，認為那是孬種。試想，如果人都要敢為天下先，最後通通進「忠烈祠」，「不敢為天下先」的人卻成了「元老」。

總之，「一曰慈，二曰儉，三曰不敢為天下先」，這三方面是配套的，少一個都不行。如果沒有慈，這一套「三寶」哲學，根本就不值得學。老子考慮得很深遠，在方法上也非常簡約。司馬遷也說「老子（之術）深遠矣」。要學老子的道，首先要抓住一個大本，即慈，以愛心立本，這個「慈」既非矯揉造作，也非政治拉攏，而是真愛。其次是儉，採用最不會引起別人跟自己抗爭的動作，然後還不至於浪費。最後是「不敢為天下先」，不要第一個出頭。接下來老子就講這個「三寶」的好處了。

「慈故能勇，儉故能廣，不敢為天下先，故能成器長」，慈愛才能勇敢，儉約才能增擴，不敢為天下人之先，所以能成為天下人的領袖。

「慈故能勇」，真愛生大勇。我們常看到老鷹從空中撲下來時，母雞奮不顧身的保護小雞，這也是真愛生大勇。世間諸多先烈見義勇為，都是因為他們心中有慈，有其所真愛的對象，包括救眾生或者救國救民。那些不畏危難選擇身死的人，譬如文天祥、譚嗣同、林覺民，他們的「慈」已經擴大至為國為民。還有，女人在體力上雖是弱者，但為母則強，等她做媽媽了，保護起小孩來，非常勇敢，這也是「慈故能勇」。

「儉故能廣」，老子就是告訴人們，要養儉德，別浪費，積少成多，最後才能真正擴增。看起來節儉的數量好像很窄，但是時間久了，就能增多。如果我們的人生每一步都很踏實，時日已久，那將是很了不起的成就。

「不敢為天下先，故能成器長」，這個「器」前面已提及，就是解決問題的工具。「形而上者謂之道，形而下者謂之器」，老子就說過「國之利器不可以示人」「民多利器，國家滋昏」。世間種種，多是器，孔子說「君子不器」，不然，人的識量就有限。人們難免要使用「工具」，然而，很多只懂技術卻沒有任何人文思想的人，只是「工具」而已。只有一技之長的人就是「器」。如果你想做王者，想做領導人，就要「不敢為天下先」，要「先天下之憂而憂，後天下之樂而樂」，把百姓的利益擺在前面，即「以其善下之」，這樣你才能自然而然的成為領袖。不跟那些「器」去爭，你才會成為眾器之長。

做領導的人，不見得是哪方面的專家，但他要知識廣博，還要善於待人，不可以自私自利。在二十八章中，老子說：「樸散則為器，聖人用之，則為官長。」這說明，散了才叫「器」，整全的狀況不叫器，領導人是要有那種整全功能的。

老子正面敘述「三寶」的處世哲學，似乎百用百靈，但是他要說服人很困難。接下來老子又說，我的三寶講完了，但是一般人又做不到。一般人是什麼情況呢？

「今舍慈且勇，舍儉且廣，舍後且先，死矣」，現在如果捨棄慈愛而求取勇敢，捨棄儉約而求取增擴，捨棄退讓而求取領先，結果就是死亡。這裡的「且」，王弼注解說，是取捨的意思。一般人總是想表現他的勇敢，表現他的壯盛，縱然勇冠三軍，最後也可能是死冠三軍，因為他的勇少了慈，只是匹夫之勇、血氣之勇。有人想在異性面前表現自己的勇，可是這種勇與「慈」無關。所謂的「慈」，就是對自己所愛的對象擁有真正的愛心，而不會因一朝之忿讓很多人跟著倒楣。

誰都希望路子越走越寬，能夠成就大事業，可是該省的不省，怎麼會有廣呢？實際上，你只需一直儉約、低調，謹小慎微，慢慢地事業就做大了。正所謂「合抱之木，生於毫末；九層之台，起於累土；千里之行，始於足下」。我們發現，有些人之所以有錢，恰恰因為他真小氣。我們為什麼一直沒錢呢？因為太會花錢。這也就是「舍儉且廣」。

「舍後且先，舍儉且廣，舍慈且勇」，都屬於沒有源頭，屬於才種一年田，就想要三年收穫的想法。老子說，人人都嚮往一步登天，結果只有「死矣」一途。把「且」解釋成「取捨」是對的，但老子用「且」而不用「取」，當然還有「且」的韻味。老子告訴人們，世間的勇、廣、先，其根基分別是在慈、儉、後，這是不能分開的。「且」就是把其前跟其後的意思連在一起。譬如，《易經．坎卦》稱「險且枕」，就表明險跟枕是連在一起不能分割的。如果只有最危險的地方讓你睡，你便不能挑剔，就必須將就，因為現實就是這樣。所以，人的「慈」跟「勇」也不能分割，一分割就不會有好的結果。一般人都嚮往勇敢，然而有勇無慈，能有好結果嗎？人如果捨棄了儉，卻希望能廣，這也不可能。如果「舍後且先」，也只有死亡一途。有些人退一步，正是為了要前進兩步。人生有很多迂迴，似河流所向，時而居後，時而前進。凡是一心只想往前衝，打死都不退的，最後的結果一定很難看。

在老子的「三寶」中，「慈」還是根本，有「慈」才有「儉」和「不敢為天下先」。「慈」是先決條件，可以說是「元寶」，人生一切的處世智慧都從「慈」來。而對慈最好的注解，莫過於《易經》中孚卦的「孚」，其內涵就是信望愛。譬如親子之愛，它一方面極其自然，一方面又念茲在茲，無所不在。「慈」是「元寶」，如果缺失了，其他的恐怕都是假的，都不會有長久的力量。人有真愛，才能奮不顧身，用盡一切辦法去守護自己所愛。如果人認為一般人不敢做的，他敢做；一想到廣，想到先，他就勇不可當，他的結果一定不好。人都有領袖欲，都想成「器長」，「舍慈且勇，舍儉且廣，舍後且先」，最後往往步入死途。老子說「人之迷，其日固久」。佛教說眾生久已顛倒。莊子也說：「人之生也，固若是芒乎？」（《莊子・齊物論》）這些其實都有宗教家的悲情。他們看著眾生實際的作為，離真理與人生的圓滿愈來愈遠，結果是他們越想要的越得不到。

「夫慈，以戰則勝，以守則固。天將救之，以慈衛之」，對於慈愛來說，用於戰爭就可以獲勝，用於守衛就可以鞏固。上天要救助他，會讓他用慈愛之心護衛自己。人生非戰即守、非攻即防，所以人生即是攻防。大部分知攻而不善守的人，一旦失去重心，最後就都死了。對此，老子很痛心。所以，他把「慈」從「三寶」中單獨拈出來，強調其重要性。唯有「慈」，才匯聚了人真正的力量。

「夫慈，以戰則勝，以守則固」，人如能做到這樣，兵法要求的都達到了，方能不戰而屈人之兵，讓自己立於不敗之地。進可攻勝，退可固守。人一旦完全做到這個慈，就能與天地合其德，到達《易經》所謂的「大人」境界。「大人」就是凡事皆依天道而行，自然無往不利。這裡的「慈」有兩層含義：一是好像老天對自己也存著慈愛，因為你所行完全合乎大道；二是天助自助，人一旦有了慈，就可以自己照顧自己，也就會「自天佑之，吉无不利」了。

「慈」實際上就是人的善性，是眾生都有的天賦。可是，隨著人的逐漸長大，受到習染的緣故，漸漸失去了「元」，就變得蒙昧。人一旦嗜欲漸深，天機就會變淺，而人與生俱來的良知良能，漸漸為自己所拋棄。如果人要挽回自己的「慈」，就只有「復元」，要把那個本真的愛心找出來，人不要等到自己闖了禍，才去燒香拜佛，希望天救自己。那是絕不可能的事！人要自救，就要問自己的慈、自己的「元寶」是否尚在。如果善良還在，就不用擔心，就可用「慈」療傷止痛，反敗為勝。「慈」是本錢，固本才有利息，才有善的循環。如果人連內心的慈都沒有了，還有什麼可談的呢？

第六十八章

善為士者，不武；善戰者，不怒；善勝敵者，不與；善用人者，為之下。是謂不爭之德，是謂用人之力，是謂配天，古之極。

善於帶兵打仗的人，不以武力至上；善於作戰的人，不輕易發怒；善於克敵制勝的，不同敵人交鋒；善於任用人的人，對人態度謙下。這叫作不與人爭的稟賦，這叫作利用別人的能力，這便是符合天道的規律，是自古以來的最高原則。

「善為士者，不武；善戰者，不怒」，善於帶兵打仗的人，不以武力至上；善於作戰的人，不輕易發怒。「不武」代表有文德，有和平解決問題的謀略。「士」不是指所謂的知識分子，而是指武士，是率兵打仗的將帥。在《孫子兵法》中，爭勝趨利是為將的大忌，將帥不僅不要表現勇武，還要表現柔弱。孫子說：「能而示之不能，用而示之不用。」我們知道，政治領袖跟軍事領袖是絕對不能感情用事的，他們需要有極好的情緒管理。《孫子兵法．火攻》稱：「主不可以怒而興師，將不可以慍而致戰。」人的情緒容易波動，而為帥者千萬不能輕易被他人激怒，以致於在憤怒的情況下做出影響千萬人生死的決策。「善戰者」的頭腦非得超級冷靜不可。

「善勝敵者，不與」，善於克敵制勝的，不同敵人交鋒。「與」，是指跟敵人接觸、交鋒。雖然不在表面上同敵人相爭，但是最後的贏家還是自己。從長時間來看，不爭的人往往「先號咷而後笑」（《易經．同人卦》）；而什麼都要搶先的人，卻往往「先笑而後號咷」（《易經．旅卦》）。我們說一個人不好對付，就叫「不好相與」。真正的高手，是不會隨便跟人過招的，如果他真要出手，對方尚未察覺就輸定了。我們看，武俠小說中的真正高手，都是看似不起眼的人，他們反而是高手中的高手，反倒是那種虎背熊腰的大漢，往往一出場就死了。

「善用人者，為之下」，善於任用人的人，對人態度謙下。這是《易經》中謙卦的智慧。如果你要做領導，就得用形形色色的人，所以要懂得謙虛，這樣才能海納百川。

「是謂不爭之德，是謂用人之力」，這叫作不與人爭的稟賦，這叫作利用別人的力量。「用人之力」，用人家的力量，來為自己或者為組織奮鬥，這固然划算，但是你一定要謙下為懷，要禮賢下士。雖不必卑躬屈膝，但至少要尊賢、尚賢、養賢。

「是謂配天，古之極」，這便是符合天道的規律，是自古以來的最高原則。「配」是配比之意，就像調酒一樣，比例和成分一定要恰到好處，多一點或少一點，味道就不對。人之於形勢，須懂得謙和，懂得不爭，多用人家的力量，少作無謂的計較，不要為情緒所左右。能夠理解《易經》中謙卦的力道，老子的道理至少能夠通一半了。如果再體悟坤卦、復卦，老子的東西就全懂了。

本章談及打仗的策略，打仗就要講兵法，譬如「用人之力」，兵法之中一直在講。《孫子兵法》中就有「因糧於敵」的概念。供給線拉長了，後勤方面就容易供應不足，所以要就地籌措糧草。還有對於間諜，有時無須重新訓練，可以通過「反間」的手段，利用敵人培養的優秀情報員為自己服務。像現代企業間的挖牆腳、跳槽，不也是「用人之力」嗎？而要做到這一點，就要有一個非常好的態度，這個態度就是謙下不爭。

還有就是要懂得配合。我們講佳偶叫「配」，怨偶則叫「仇」。怨偶還是偶，只是家人之間生怨造成的。「配」是大學問，失之毫釐，就會差之千里。

第六十九章

用兵有言：「吾不敢為主，而為客；不敢進寸，而退尺。」
是謂行無行，攘無臂，扔無敵，執無兵。
禍莫大於輕敵，輕敵幾喪吾寶。
故抗兵相加，哀者勝矣。

用兵的人立下的言論有：「我不敢主動進攻，而要採取守勢；不敢冒進一寸，卻要退後一尺。」

這就是，雖然要排列行陣，卻像沒有行陣可擺；雖然要奮力舉起，卻像沒有臂膀一樣；雖然要擒拿敵人，卻像沒有敵人一樣；雖然要持守兵器，卻像沒有兵器一樣。

最大的禍害是輕敵，輕敵將會喪失我的「三寶」。

所以，兩軍對峙，若旗鼓相當，充滿哀憐心的一方可以獲勝。

本章還是講打仗，這個不難理解。過去有人說《老子》是一部兵書，從一定意義上講，也沒錯，老子講用兵的智慧太多了。

「用兵有言：『吾不敢為主，而為客。不敢進寸，而退尺。』」用兵的人立下的言論有：「我不敢主動進攻，而要採取守勢；不敢冒進一寸，卻要退後一尺。」「為主」，主動發兵攻打別人。《易經》蒙卦上爻說：「不利為寇，利御寇。」即不宜挑釁侵略，宜正當防守。在《孫子兵法．形篇》中孫子說：「昔之善戰者，先為不可勝，以待敵之可勝。」也是不採取主動的方式。兵凶戰危，懂得用兵的人都堅持這樣的觀念，不願意主動挑起戰端去攻擊人家，因為那屬於侵略行為。

「為客」，是說如果自己挨打之後，要起兵還擊。不打第一槍是積極防禦的主張，這也是中國軍隊一直主張的「積極防禦」戰略。《易經．師卦》稱「貞，丈人吉，无咎」，而沒有說「征，丈人吉，无咎」，意思非常明確，就是堅持正當的原則，而不是上門侵略別人。這個觀念，不但是中華文化典型的行為方式，也符合國際通行的規範，即「人不犯我，我不犯人；人若犯我，我必犯人」。主動去打人家，這是善於用兵的人絕對不會去做的事情。師卦第五爻說：「田有禽，利執言，无咎。」有了正當的理由，才可以出兵攻擊對方，那樣就沒有什麼可擔心的了。從這個角度來說，「為客」也說明只要我禁得住第一次打擊，下面的還擊就沒有任何的限制，而且絕對在理，因為這是正當防禦。

可見老子的態度是，要先準備挨第一次打擊，不主動去攻人家。對方打我第一槍，而我不進攻，反而退守。我懂得謙讓，甚至裝可憐，讓大家同情我。我們看足球比賽中，許多球員常常假摔以博得裁判的同情，進而造成削弱對手的效果。這就叫「不敢進寸，而退尺」。第二次世界大戰中，納粹德國剛開始進攻蘇聯時，像秋風掃落葉一樣，逼近莫斯科；但是德軍在莫斯科遭受重挫，正因為蘇聯發動全體國民以進行衛國戰爭。

「是謂行無行，攘無臂，扔無敵，執無兵」，這就是雖然要排列軍陣，卻像沒有行陣可擺；雖然要奮力舉起，卻像沒有臂膀一樣；雖然要擒拿敵人，卻像沒有敵人一樣；雖然要持守兵器，卻像沒有兵器一樣。

「行無行」，第一個「行」為動詞，意思是排列行陣；第二個「行」是名詞，「行陣」的意思。「攘」，舉；「執」，持守；「兵」，兵器；「扔」，擒拿。

「攘無臂」，一般情況下，一個人要「攘」，一定需要手臂的配合，但是，老子的做法有時是無形無象的。他不讓你清楚看到，然而奮激士氣，決心抗敵的心於此盡矣。關於「執無兵」，一般人打仗，手上一定要拿兵器，但是，老子不主張依靠兵器，他用智慧就對付你了。關於「扔無敵」，這句話過去解釋很多，意思是一般人要打架的時候，總是捲袖子，用什麼武器向對方投擲。但這是一般好勇鬥狠的行為，老子卻不是這樣。老子沒有火氣，也沒有咬牙切齒的莽漢之態，但是他總是能達到克敵制勝的效果。作為被欺負者，最後反而把人家收拾得從從容容。

「禍莫大於輕敵，輕敵幾喪吾寶」，最大的禍害是輕敵，輕敵將會喪失我的「三寶」。輕敵是一般人常有的心態，人在一切都很盛壯的時候，最容易輕敵，因為常常感情用事。所謂「量敵從寬」，自己有多少實力，要保守估算；然而敵人的數量不管是多少，要給他乘上一個倍數來估量。這樣做的目的，就是叫人不要輕敵。

所以，在任何時候不管你的實力比人家強多少，永遠都要敬敵，而非輕敵。面對敵人，要有敬慎不敗之心。不管對手比自己差多少，他既然敢跟你叫板，你就要重視他。《荀子》裡有〈議兵篇〉，其中所述非常精彩。對敵人要敬，這種智慧從《易經》需卦中可見端倪。需卦第三爻說「需于泥，致寇至」，敵人既然來了，那就要「敬慎不敗」。需卦上爻說「不速之客，三人來；敬之，終吉」。第三爻時，作者強調敵對關係都要敬，而到了上爻，已化敵為友，變成主客關係了，還是要敬。

「故抗兵相加，哀者勝矣」，所以兩軍對峙，若旗鼓相當，充滿哀憐心的一方可以獲勝。哀有很多好處，太強悍了容易得罪人。故人常說「驕兵必敗，哀兵必勝」。

第七十章

吾言甚易知，甚易行。天下莫能知，莫能行。言有宗，事有君。夫唯無知，是以不我知。知我者希，則我者貴。是以聖人被褐懷玉。

我的言論很容易理解，也很容易實踐。天下人卻不能明白，不能實行。言論有主旨，行事有根據。就因為無知，所以，就不真正瞭解我。真正瞭解我的人太少，效法我的人就可貴。因此，聖人外面穿著粗布衣服，裡面卻藏著美玉。

「吾言甚易知，甚易行。天下莫能知，莫能行」，我的言論很容易理解，也很容易實踐。天下人卻不能明白，不能實行。老子覺得他的道理其實很容易理解，很容易實踐，但是並不受歡迎。看來，老子並沒有迎合大眾的趣味。芸芸眾生之所以聽不進去，也不願意採用老子那一套主張，皆因眾人不願意吃虧，也不願意退後。

「言有宗，事有君」，言論有主旨，行事有根據。「宗」，主旨；「君」，主宰。老子怎麼不講「言有祖」呢？從這裡可以看出老子的思想是確實對坤卦的發揚光大，「宗」代表的是女性祭祀，而坤卦象徵母親。所以，老子的思想從言到行，不是散漫的，是有綱、有目、有中心思想一以貫之的。

「夫唯無知，是以不我知」，就因為群眾無知，所以不真正瞭解我。群眾的迷惑實在是太深了，業障和嗜欲重重，所以根本沒有辦法真正瞭解他的主張。老子要救世，有慈悲心，但是沒人聽進去。

「知我者希，則我者貴。是以聖人被褐懷玉」，真正明白我的人太少，效法我的人可貴。因此，聖人外面穿著粗布衣服，裡面卻藏著美玉。「則」，法則，此處名詞作動詞用，效法的意思。「希」同「稀」，稀少；「被」同「披」，穿著；「褐」，粗布衣服。

老子深藏很多「寶貝」，但是外面看起來是破衣爛衫，別人看不到內涵。因而世俗人不屑一顧，與道失之交臂，錯過了這麼多的寶藏。可見老子縱然有內在美、有大智慧，可是別人看到的是外面破舊的包裝。看來聖人都一個樣，不重視表面的虛浮，懷揣著寶玉不為人知。而且聖人們就像老子講的，不願意因為大家不信服，就輕易改變包裝而穿上錦繡衣服。

「則我者貴」，「我」是「大我」，即一個人自我的主宰，即人的自性。我們人生要啟蒙學習，就是要追求「我」。《易經．蒙卦》稱「匪我求童蒙，童蒙求我」，目的是找到自我，也就是《大學》所說的「明明德」。所以，人的自性是最寶貴的，也叫「靈龜」，頤卦初爻稱「舍爾靈龜，觀我朵頤，凶」，〈小象傳〉則說，假如你放棄「靈龜」，即放棄真正的自我，「亦不足貴也」。有些人混了一輩子，也不理解「自我」。故老子強調「則我者貴」，要我們以自性為法則，品位才會提高。人的「自性」是與生俱來的，可是大部分人都喪失了。因此，老子不願意迎合俗人，爭取那些無聊的掌聲，最後他還是「被褐懷玉」。如果去迎合眾人，也穿了一件錦衣，從教化的效果來講，反而是害人。

過去，中國不光是那些貴族喜歡佩玉，知識分子也喜歡佩玉。換句話說，玉是永遠隨身的。三國時期的周瑜，字「公瑾」，名與字都和「玉」有關係。「瑾」是一種玉，「公瑾」指公家的寶貝，這就叫「懷瑾握瑜」。

「被褐懷玉」在《詩經》上講就是「衣錦尚絅」，意思是，如果一個人穿錦衣，會在外面再加一個罩衫，不讓錦衣太露，這樣做，人比較顯得收斂一點。

《史記．項羽本紀》記載：「項羽引兵西屠咸陽，殺秦降王子嬰，燒秦宮室，火三月不滅；收其貨寶婦女而東。人或說項王曰：『關中阻山河四塞，地肥饒，可都以霸。』項王見秦宮皆以燒殘破，又心懷思欲東歸，曰：『富貴不歸故鄉，如衣繡夜行，誰知之者！』說者曰：『人言楚人沐猴而冠耳，果然。』項王聞之，烹說者。」項羽在其事業達到巔峰時，想要回老家炫耀一番，下屬勸說目前形勢比較重要，他卻說，如果人富貴而不歸故鄉就像錦衣夜行。這樣的炫耀太直露，不思鞏固勝利的果實，給對手可乘之機，最終難免失敗。當然，楚漢之爭勝利的一方劉邦也有類似的炫耀。劉邦搞定關中之後，回到沛縣老家，跟父老喝酒，唱〈大風歌〉：「大風起兮雲飛揚，威加海內兮歸故鄉，安得猛士兮守四方。」也有其炫耀之心情流露。

第七十一章

知不知，尚矣；不知知，病也。
聖人不病，以其病病。夫唯病病，是以不病。

知道而不自以為知道，最好；不知道卻自以為知道，是毛病。聖人沒有毛病，因為他把毛病當作毛病。就因為他把毛病當作毛病來看，所以沒有毛病。

「知不知，尚矣，不知知，病也」，知道而不自以為知道，最好；不知道卻自以為知道，是毛病。如果你有滿肚子學問，對人事、對天道瞭解太深刻了，那麼不要把你的所知都表現出來，而要謙和一點。知也要裝成不知的樣子，大智若愚是最好的。古希臘哲學家蘇格拉底說：「我只知道一件事，就是我一無所知。」一般人常犯的毛病是什麼？他根本就不真正知道，卻假裝知

道，強不知以為知。所以孔子對子路說：「知之為知之，不知為不知，是知（智）也。」（《論語．為政》）

「聖人不病，以其病病。夫唯病病，是以不病」，聖人沒有毛病，因為他把毛病當作毛病；就因為他把毛病當作毛病來看，所以沒有毛病。

「以其病病」，第一個「病」是動詞，第二個「病」是名詞，指不知強以為知，且拚命表現的毛病。聖人把這個不知道卻強以為知道的毛病，當成自己容易犯的毛病，平時就能戒慎恐懼，經常反省並改過。所以，最後聖人就不會有這個毛病。換言之，不懂就不要裝懂，自己明明沒有到那個境界，還要給自己貼標籤，要大家承認他，要別人吹捧，結果他還是沒有。面對大千世界，我們真知道的確實很有限，難怪莊子說：「吾生也有涯，而知也無涯。以有涯隨無涯，殆已！」（《莊子．養生主》）

第七十二章

民不畏威，則大威至。無狎其所居，無厭其所生。夫唯不厭，是以不厭。是以聖人自知不自見，自愛不自貴。故去彼取此。

百姓不害怕威權的時候，那麼大的威逼就來了。不要辱沒百姓的心，不要壓制百姓的生命。只有不壓制人民，才不會讓人民厭煩。因此，聖人但求自知而不自我表現，但求自愛而不抬高自己。所以要捨棄後者而保持前者。

「民不畏威，則大威至」，百姓不害怕威權的時候，那麼大的威逼就來了。第一個「威」有威權的意思，第二個「威」有威逼的意思。這一章老子是在講政治的有效管理。一般來講處於下層的人是逆來順受的，但是，在上位者不要把在下位者逼急了，否則，下位者就會造反。等到老百姓對上位者不再信賴而反抗的時候，鎮壓是沒有用的，造反者會拚命。像秦朝的政權只維持了十五年，秦朝的法律雖然嚴厲到極點，但是陳勝、吳廣揭竿而起，天下就亂成一鍋粥了，這時的老百姓都不怕死了，這就是「民不畏威，則大威至」。所以，一個治國的人，或者管理者，一定要曉得千萬不要影響到基層的生計，不能一味使用威權。一旦讓他們求生不得、求死不能，就會豁出自家性命，與上位者拚個你死我活。

「無狎其所居，無厭其所生」，不要辱沒百姓的心，不要壓制百姓的生命。「狎」，輕忽、辱沒；「厭」同「壓」，壓制的意思。

「狎」是一個很爛的態度，嫖客對妓女的態度也叫「狎」，不把對方當人看的。佛經裡也常講，由「狎」引申出來的態度很不好，淨空法師就說「慈悲多禍害，方便出下流」。

「夫唯不厭，是以不厭」，只有不壓制人民，才不會讓人民厭煩。統治者不壓榨人民的生活，人民才不會產生厭煩。所以，人都是互相干擾、互相回應的，如果在上位者對百姓有善意，即使犯有無心之過，百姓也能原諒。相反，如果上位者如〈益卦〉上九爻辭所說「莫益之，或擊之」，不但不給予百姓好處，還不時地打擊百姓，民不聊生，就麻煩了。

「是以聖人自知不自見，自愛不自貴。故去彼取此」，因此，聖人只求自知而不自我表現，但求自愛而不抬高自己。所以要捨棄後者而保持前者。這裡的後者是指「自見、自貴」，前者是「自知、自愛」。看來，老子還是強調人要有謙德，千萬不要驕傲，而且還要有自知之明。尤其位於萬民之上的領導者更要有自知之明，千萬不要喜歡自我表現，不要自認為了不起。「去彼取此」在《道德經》書裡出現過三次，「彼」和「此」就是兩個選項，一般人常選的是重視表面的、欺負人的、佔便宜的那種；而智者選擇比較樸實的、善意的那種。

第七十三章

勇於敢則殺，勇於不敢則活。此兩者，或利或害。天之所惡，孰知其故？天之道，不爭而善勝，不言而善應，不召而自來，繟然而善謀。天網恢恢，疏而不失。

勇於表現剛強，就會喪命；勇於表現柔弱，就會存活。這兩者同樣是勇敢，但勇於柔弱就有利，勇於剛強就有害。上天所厭惡的，誰知道其中的緣故？自然法則的運作規律是，不去爭的能善於獲勝，不言說的能善於回應，不召喚的能自動到來，雖然舒緩卻善於謀畫。自然的羅網漫無邊際，雖然疏鬆，卻從不漏失。

「勇於敢則殺，勇於不敢則活。此兩者，或利或害」，勇於表現剛強，就會喪命；勇於表現柔弱，就會存活。這兩者同樣是勇敢，但勇於柔弱就有利，勇於剛強就有害。老子的這段話雖然很白話，但裡面有很實在的處世道理。

「此兩者，或利或害」，這兩種處世態度好像都要表示人生的一種勇氣，但是，結果不一樣，一個是得利，一個是受害。存活當然就得利，喪命就受害了。那種好勇鬥狠的人所表現的行為特質，在《易經》中就表現在大壯卦與歸妹卦這兩卦上。前者像發情的公羊，血氣方剛，一直往前衝；後者則表現出輕舉妄動。老子對這類人的做法是持否定態度的，他認為血氣之勇與匹夫之勇是不可能有好結果的，這都不是真正的大勇。真正的大勇，應該如老子前面所說「三寶」中的「慈」，像母雞對小雞的那種「孚」，這裡面有信望愛，即「慈故能勇」。真正的大勇是從愛心裡面生發出來的。「慈」與「勇」是相關聯的，沒有內在的愛就不會有勇。所以，如果一個人捨慈且勇，就不算是真正的勇敢。心有大愛的人可以為了自己的理想與信仰而去犧牲，而一般人就不易做到。那些敢於英勇犧牲自我的人，心中有大慈有真愛，為了自己的所愛，勇於拚搏和奉獻。像「儉且廣」「後且先」，看似前後矛盾，世俗人也不會這麼做事，但是老子從長遠的觀點看，認為前者恰恰是造成後者的原因。

一般人的勇氣，常常表現在這也敢做，那也敢做，其實這都是膚淺的勇敢。因為那種勇敢的結果，常常是讓自己喪了命，完全做了無謂的犧牲。而「勇於不敢則活」的人，他的勇氣就表現在自己面對問題時的退讓、忍耐與包羞上。儘管有人可能會說這是「孬種」的表現，但是一個人能做到那樣，確實需要勇氣。那種勇氣就表現在敢於不逞強，這種情況實際上就如俗語常說的

「留得青山在，不怕沒柴燒」。這都是為了圖謀長久而能忍耐於一時。只有這樣，才可能取得最後的勝利。歷史上像張良、韓信、德川家康等人，他們的勇氣都表現在一時不衝動，最後不僅存活了，還取得了勝利。

「天之所惡，孰知其故」，上天所厭惡的，誰知道其中的緣故？老子又把天道給拉出來了，而且把天道擬人化。老子認為，對於這種勇於敢的人，顯然不討老天爺的歡心，所以這種人就不會有好結果。僅從結果看，一般人不容易瞭解其中的緣故。那些看起來是懦夫行為的人，最後怎麼會有好結果呢？而那些勇冠三軍、一步也不讓的人，怎麼反而沒有得好呢？因為上天好像很厭惡那種衝動、逞一時之勇的人，這不是真正的強者。真正的強者是退讓精進型、忍辱包羞型的，是顧大局而不做無謂犧牲的。尤其是那種有使命感的人，絕對不會為一個小小的意外而把自己給報銷了，孟子說：「知命者，不立乎岩牆之下。」（《孟子．盡心上》）知道自己使命的人，是不會站在危險的岩牆下的。孔子也說：「危邦不入，亂邦不居。」（《論語．泰伯》）

「天之道，不爭而善勝」，自然法則的運作規律是，不去爭的能善於獲勝。老子說過：「夫唯不爭，故天下莫能與之爭」。不爭的人是不去跟人計較一些小的利益，也不去跟人計較短期的得失。他有時候寧願謙讓，但是最後獲得的好處比別人多。相反地，什麼都去跟人家爭搶的人，最後都不知道自己輸到哪裡去了！對於好爭的人，即使有時候爭贏了，可能得到的成果還是會被奪去。就如《易經》訟卦上爻所言：「或錫之鞶帶，終朝三褫之。」雖集榮寵於一身，但是一天之內被剝奪三次權力。你看剛到手的東西隨時可能被沒收。這大概就是《易經》描繪的「先笑而後號咷」。

「不言而善應」，不言說能善於回應。孔子說：「天何言哉？四時行焉，百物生焉。」這就是不言之教。所以，我們說人行善或者行惡，組織行善或者行惡，老天對此會完全不知道嗎？

「不召而自來」，不召喚的能自動到來。不爭、不言、不召，但是結果常常是善勝、善應、自來，萬物都自有所歸。這跟我們一般人的做法完全不一樣。一般情況下，我們常常要拚命召喚，拚命宣傳，拚命爭搶，拚命言說。而老子好像完全沉默，但是，最後的驗證都是他做對了。在《論語》中，孔子就把這個道理講出來了：「無欲速，無見小利；欲速則不達，見小利則大事不成。」

「繟（ㄔㄢˇ）然而善謀」，雖然舒緩卻善於謀劃。「繟」，寬闊、舒緩。天道不逼人太緊，好像給人很大的空間。假定我們要召喚、要言說，要強迫人家一定走什麼路，給人家的選項就很少，難免會逼著人家一定要怎麼樣。聖人效法天道考慮事情，會給我們很大的空間，看著好像很寬鬆舒緩，但是他最後什麼都算到了。

「天網恢恢，疏而不失」，自然的羅網漫無邊際，雖然疏鬆卻從不漏失。「恢恢」，很寬闊的樣子。我們一般人常講的一句話是「天網恢恢，疏而不漏」，即一個都跑不掉，全部在因果網路中。善惡到頭終有報，說的也是這種情形。

在《易經》中，離卦就是一個網路的象。那個網絕對是無所不在的，如果你是孫猴子，就蹦不出如來佛的手掌心。所以聖人對這個天道有信心，自然規律所形成的羅網是無可逃脫的。任何作用都會產生反作用，說一句好話，心中會產生一種善良的助力；說一句壞話，心中就會產生一股邪惡的魔力。從這個方面說，傷害別人其實就是傷害自己，因為自己先存著壞心眼，壞心眼使別人直接受傷害，自己則間接受到內傷。這也是因果之網路的報應。

第七十四章

民不畏死，奈何以死懼之？
若使民常畏死，而為奇者，吾將得而殺之，孰敢？
常有司殺者殺。夫代司殺者殺，是謂代大匠斫；夫代大匠斫者，稀有不傷其手矣。

百姓到了以死相反抗的地步，執政者怎能用死來威脅呢？如果讓老百姓真怕死的話，對做壞事的人，我就抓來殺掉，誰還敢再做壞事？總有行刑官去執行殺人。代替行刑官去執行殺人的，就好像代替木匠去砍木頭；代替木匠去砍木頭的，很少有不傷著自己手的。

「民不畏死，奈何以死懼之」，百姓到了以死相反抗的地步，執政者怎能用死來威脅呢？對於一般的威權，百姓都可以忍耐，但是如果苛政達到忍無可忍的程度，執政者的大威逼就要來臨了，百姓將以死相抗。這時，當政者怎麼壓都壓不住，即使是殺一儆百，也沒有任何效果，因為百姓要跟當政者玩命了。

「若使民常畏死，而為奇者，吾將得而殺之，孰敢」，如果讓老百姓真怕死的話，對做壞事的人，我就抓來殺掉，誰還敢再做壞事？「奇」和「正」相對，解釋為「邪」。「為奇者」，解釋為做壞事的人。

如果老百姓像平常一樣安居樂業，和樂幸福，他們自然就畏懼死亡。在一個有效的社會管理裡面，「為奇者」就是那些不肯做安善良民者，執政者會馬上把他們抓來殺掉。如此以儆效尤，別人就不敢再做壞事。如果問題不是這樣，執政者反而過度壓迫百姓，使得百姓不怕死了，到那時什麼高壓手段通通沒用。這就像《易經》的大過卦，處於常態的時候，統治者還可以使用一般鎮壓的辦法，一旦在非常態的時候，任何手段都會失效。換句話說，作為執政者，還是要以富國安民為出發點，嚴刑峻法是不可能達到最終治理效果的。

老子在寫《道德經》的時候，那時正值春秋末期，當時各諸侯國為維持政權的穩定，對老百姓實行高壓統治。統治者對於敢於造反的人，只有殺無赦這個手段。所以，老子這裡等於在替老百姓講話。他認為這樣的嚴刑峻法是沒有用的，一旦被管理的對象超越了對死亡的害怕，統治者用什麼死刑相威脅都沒有用。

「常有司殺者殺。夫代司殺者殺，是謂代大匠斫」，總有行刑官去執行殺人。代替行刑官去執行殺人的，就好像代替木匠去砍木頭。「斫」，砍伐。「司殺者」，掌管生殺大權的人，這裡暗指天道。

按說，只有老天爺才掌握天地間最後的生殺大權，這就如《易經．坤卦．文言傳》所說：「積善之家，必有餘慶；積不善之家，必有餘殃。」積善就成德，積惡就滅身。凡事日積月累，最後天地不容，神鬼也會追魂索命。在這樣的過程中，如果為政者僅從對自己有利的角度，擅自制訂一些殺人的規矩，這就不合乎自然之道。換句話說，當統治者代替上天實行生殺予奪大權的時候，相應的風險就來了。

「夫代大匠斫者，稀有不傷其手矣」，代替木匠去砍木頭的人，很少有不傷著自己手的。上天才是真正的「大匠」，而且還很藝術化，也讓人服氣。現實中，有些人為了打擊反對自己的人，常常捏造一個罪名就想把對方幹掉。這就是妄行生殺的作為，其行為往往顯得很笨拙，其結果最後還傷害了自己。美國就常常自認為自己能夠代天行道，去干預別國內政，但是上天也沒有承認他啊，上帝也沒有說選擇他呀。

第七十五章

民之饑，以其上食稅之多，是以饑。
民之難治，以其上之有為，是以難治。
民之輕死，以其上求生之厚，是以輕死。
夫唯無以生為者，是賢於貴生。

百姓有饑餓之苦，因為在上位的收稅太多，因此會挨餓。
百姓難管，因為統治者強作妄為，所以會難管。
百姓不在乎死亡，因為統治者為求奢華享受搜刮太甚，因此才會輕易冒險犯難而死。
只有不刻意求生的人，才比特別重視自己的人更有德行。

「民之饑，以其上食稅之多，是以饑」，百姓有饑餓之苦，因為在上位的收稅太多，因此會挨餓。「食稅」，收取租稅供生活的意思。老百姓為什麼常常沒飯吃呢？因為政府的稅負太重。在以前農業為主的社會，國家要打仗，貴族要享受，都要向百姓徵收捐稅。所以，老百姓勞苦終生可能都很難維持溫飽，而統治者壓榨過度，就會逼民造反。在《論語》中，由於孔子的學生冉有幫助季氏向百姓徵收重稅，遭到孔子的聲討，孔子就說「小子鳴鼓而攻之可也」。孟子也罵收重稅的國君為桀紂。可見儒、道兩家對於統治者的橫徵暴斂都是深惡痛絕的。

「民之難治，以其上之有為，是以難治」，百姓難管，因為統治者強作妄為，所以才難管。老百姓怎麼那麼難管理呢？因為統治者朝令夕改，妄動亂作，不懂得清靜無為。不該統治者做的事，他平時也要搶著做，最後越做越糟。老子說：「損之又損，以至於無為。」《易經》損卦講「懲忿窒欲」，其初爻說：「已事遄往，无咎。酌損之。」事情做完就迅速離去，不居其功，就沒有災難。應當考慮減損自己，以利別人。

「民之輕死，以其上求生之厚，是以輕死」，百姓不在乎死亡，因為統治者為求奢華享受搜刮太甚，因此才會輕易冒險犯難而死。在上位的統治者過得太舒服了，太奢侈了，所以老百姓就沒得吃。老百姓沒得吃，就乾脆跟上位者拚了，就不怕死了。

「夫唯無以生為者，是賢於貴生」，只有不刻意求生的人，才比特別重視自己生命的人更有德行。其實一個人一輩子儘量吃、儘量喝，又能夠花多少呢？但是，如果他重視個人的享受太過火了，根本不懂得清心寡欲、恬淡生活，就沒法做一個有德行的人。「貴生」，有負面的含義，意思是太自私，只重視自己的奢華享受。

在《易經》中，損下益上就叫「損」；損上益下，就叫「益」。減損下位者的好處，來增加上位者的利益，就是損害；減損上位者的好處，來幫助下位者，就是增益。所以，「損益盈虛，與時偕行」，這就是天道。

第七十六章

人之生也柔弱，其死也堅強。
草木之生也柔脆，其死也枯槁。
故堅強者死之徒，柔弱者生之徒。
是以兵強則滅，木強則折。
強大處下，柔弱處上。

人活著的時候，身體是柔軟的，死的時候就變僵硬了。
草木生長的時候，性質是柔脆的，死的時候，就變乾枯了。
所以，凡是堅強的東西，都屬於死亡的一類；凡是柔弱的東西，都屬於生存的一類。
因此用兵逞強就會遭受滅亡，樹木強大了就會遭到砍伐。
強大的處於劣勢，柔弱的處於優勢。

「人之生也柔弱，其死也堅強。草木之生也柔脆，其死也枯槁」，人活著的時候，身體是柔軟的，死的時候就變僵硬了。草木生長的時候，性質是柔脆的，死的時候，就變乾枯了。《道德經》尚柔，這裡老子又提出一個論證。

我們看新生兒身子骨都是柔軟的，等人後來死了，就變得很僵硬。換句話說，人的生命剛開始處於柔軟的時候，就充滿著無限生機，沒有人想到要去欺負他，等到他將來長大成人，變成僵硬不屈的時候，就離死不遠了。

「故堅強者死之徒，柔弱者生之徒」，所以，凡是堅強的東西，都屬於死亡的一類；凡是柔弱的東西，都屬於生存的一類。「徒」是類的意思。《易經》屯卦是初生幼苗的象，象徵著生命有無限的生機，這就是「人之生也柔弱」。這裡告誡我們，人的處世態度切忌逞強，而應處於柔弱。一個人的性格如果太剛強，喜歡硬碰硬，恐怕容易受內傷，甚至於死亡。

「是以兵強則滅，木強則折」，因此用兵逞強就會遭受滅亡，樹木強大了就會遭到砍伐。如果一個國家靠著霸權逞強去攻打人家，最後往往會遭滅頂之災。「木強則折」就是《莊子》裡面「山木自寇」的觀念。莊子說，一棵樹因為長得很高大，人就拿著刀斧來砍伐了，因為這是有用的材料。所以莊子說：「堅則毀矣，銳則挫矣。」（《莊子・天下》）歷史上那些霸權國家，無一不像狂風暴雨一樣，暴政過後，很快就走向滅亡。

「強大處下，柔弱處上」，強大的處於劣勢，柔弱的處於優勢。老子實際上是告誡我們，在處世態度上，人應該採取柔弱而力戒堅強。在《易經》的十二消息卦中，泰卦就屬於「強大處下」的情況，即三個陽爻處下，三個陰爻處上。所有陽長陰消的卦都屬於「強大處下，柔弱處上」的狀態，所以是不斷往上增長的。這說明，居上卦的領導階層要柔弱，要「黃裳元吉」，要懂得柔性管理、充分授權，給老百姓留空間，而不是逼迫基層百姓，這樣的統治才會長久。

第七十七章

天之道，其猶張弓與？高者抑之，下者舉之；有餘者損之，不足者補之。
天之道，損有餘而補不足。人之道則不然，損不足以奉有餘。
孰能有餘以奉天下？唯有道者。
是以聖人為而不恃，功成而不處，其不欲見賢。

天道的作用，不是像拉開弓弦的弓一樣嗎？弦高了就壓低它，弦低了就抬高它；弦長了就減短它，弦短了就加長它。
天道的運作，是減損有餘的進而能彌補不足的；人間的規則卻不是這樣，反而減損不足的，用來供奉有餘的。
誰能把有餘的供奉給天下的不足呢？只有有道者才能做到。
所以，悟道的聖人做好了卻不仗恃己力，大功告成卻不自以為功，自己不願意顯擺自己的賢能。

「天之道，其猶張弓與」，天道的作用，不就像拉開弓弦的弓一樣嗎？

「高者抑之，下者舉之；有餘者損之，不足者補之」，弦高了就壓低它，弦低了就抬高它；弦長了就減短它，弦短了就加長它。為了把箭射得準、射得遠，弓的弦不能拉得太高。如果拉太高，就會讓弦崩斷了；如果太低了，彈力就不夠。其實，這是要求拉弓者尋求一個最佳平衡，一切都要恰到好處。這就是損益要平衡的觀念。

這個理論對於一切事情都是通行適用的。損益之道，就是為做到最佳平衡，多一點兒不行，少一點兒不行。在《易經》中，對於天道的運作，可以用謙卦或者豐卦來說明，這兩個卦都涵括了天地人鬼神的方面，都講究平衡，即「稱物平施」，而且這種平衡都是動態的平衡，不是靜態的平衡。

「天之道，損有餘而補不足；人之道則不然，損不足以奉有餘」，天道的運作是減損有餘的，進而能彌補不足的；人間的規則卻不是這樣，反而減損不足的，用來供奉有餘的。從長期來看，天道一定是公道、公正的。而人是有欲望、有私心的，一旦自己得意了，想享盡天下福，就要欺負、剝削人家。換句話說，在人與人之間常見的現象，往往是雪中送炭的少，錦上添花的多。國與國之間也是如此。過去那些貧窮的國家，到目前還一直是那麼貧窮，而那些富有的國家就宰制弱國的一切。這是客觀存在的「人之道」。這就是《中庸》所說：「人之為道而遠人，不可以為道。」

「孰能有餘以奉天下？唯有道者」，誰能把有餘的供奉給天下的不足呢？只有有道者才能做到。老子的意思是說，既然發現社會財富像這樣嚴重的不均，誰能夠實現天道去「劫富濟貧」呢？在《易經》中，悟道的統治者如果具備謙卦的德行，就能產生最好的結果。謙卦的〈大象傳〉說：「君子以裒多益寡，稱物平施。」君子要聚集更多財富，來增加給不足的，以使事物相稱，且能公平給予。而且「裒多」不會影響生產，不是直接把富人多的東西拿來給予財富少的，這不利於鼓勵公平，而是要讓社會想辦法聚財，而且還生產出更多。等實行再分配的時候，一定要相稱又公平的施予。這就叫大河有水小河滿。如果說整個餅沒有做大，直接把多的拿給少的，這也不是真正公平。

「是以聖人為而不恃，功成而不處，其不欲見賢」，所以，悟道的聖人做好了，卻不仗恃己力，大功告成卻不自以為功，自己不願意顯擺自己的賢能。老子說：「長而不宰，是謂玄德。」這種「功成而不居」，是老子一貫強調的觀念。

老子實際上在告誡我們，要善於斟酌損益。損與益是很精緻的動態平衡，兼顧生產與分配，包括稅收的合理性，但是重點一定是要損上益下，即減損上層的來增益基層的。

第七十八章

天下莫柔弱於水，而攻堅強者莫之能勝，以其無以易之。弱之勝強，柔之勝剛；天下莫不知，莫能行。是以聖人云：「受國之垢，是謂社稷主；受國不祥，是謂天下王。」正言若反。

天下萬物中沒有比水更柔弱的了，但要對付堅強的東西，卻沒有能勝過水的，因為水柔弱得沒有什麼能改變它。

弱可以勝強，柔可以勝剛；天下沒有人不知道，沒有人做得到。

所以聖人說：「能夠承受全國的屈辱，才算是國家的君王；能夠承受全國的災殃，才算得上天下的君王。」

符合正道的言論，看起來像是現實的反面。

「天下莫柔弱於水，而攻堅強者莫之能勝，以其無以易之」，天下萬物中沒有比水更柔弱的了，但要對付堅強的東西，卻沒有能勝過水的，因為水柔弱得沒有什麼能改變它。水看起來是很柔弱的，它實際產生的力量，一點都不柔弱。

以前我們講女孩子漂亮，閩南話就說，她很水。也有說，江南的女孩子就是像水一樣秀氣。可是，等到女孩子結婚之後，有些女子外面水的秀氣很快就不見了，內心強悍的一面就顯現出來了。

我們都知道水滴石穿的情形，就曉得水的力量是很可怕的。還有水可以懷山襄陵，即使是堅固的大壩，強大的水流也能把它衝垮。

「弱之勝強，柔之勝剛；天下莫不知，莫能行」，弱可以勝強，柔可以勝剛；天下沒有人不知道，沒有人做得到。講起來，好像大家都知道弱可以勝強，柔可以勝剛，可在現實中，卻沒有人願意表現柔弱，反而什麼都想表現剛強，幹什麼都想贏在起點。

我們說水滴石穿，是說水的滲透力很強大，因為它的作用不斷在進行。漸漸地水就能顛覆一切，因為它能「以無有入無間」。所以一般人眼光都很短淺，看不到長期下來柔弱所顯示出的厲害。

「是以聖人云：『受國之垢，是謂社稷主；受國不祥，是謂天下王』」，所以聖人說：「能夠承受全國的屈辱，才算是國家的君王；能夠承受全國的災殃，才算得上天下的君王。」這是說當領導的要有強大的包容之心，要能把整個國家的屈辱通通包容承受。就像江海一樣總能夠承受各種污垢並且通通化解掉。作為「社稷主」，心胸要寬廣，要能夠包容，就像母親愛小孩一樣，如此才能「含弘光大，品物咸亨」。

「正言若反」，符合正道的言論，看起來像是現實的反面。不光是這一章的觀念，老子所有講出來的合於正道、合於天道的言論，看起來好像都跟世俗的想法相反。老子講的明明是正言，可是一般人不能接受，因為往往跟常情不同。所以天下願意接受他的觀念並願意做的人很少。但是最後的結果都證明老子才是對的。

這個世界本來就是紅塵濁世，實際的情況肯定是濁的比清的多。對於偉大的教育家或者思想家來說，即使是再怎麼不善的人，他都能夠造就你。地藏王菩薩能長住地獄，蓮花都是出污泥而不染的。常有人說，人這一輩子，凡是跟自己關係親近的人，儘管有時是來找自己的麻煩，或者惹自己生氣，其實他們都是來幫助自己修行的。所以，人要包容別人，自己就要有這種無限的心量，絕對不能挑剔，因為這都是在試煉你的本領。

第七十九章

和大怨，必有餘怨，安可以為善？
是以聖人執左契，而不責於人。
有德司契，無德司徹。
天道無親，常與善人。

深重的怨恨經過調解，一定還存有餘留的怨恨，這怎麼算是好事呢？
因此，聖人就像拿著左契，只施予人而不向人索取。
有德的人就像持有借據那樣寬裕，無德的人就像掌管收稅那樣索取。
自然界的規律沒有偏私，總是站在善人的一邊。

「和大怨，必有餘怨，安可以為善」，「和」，調和。深重的怨恨經過調解，一定還存有餘留的怨恨，這怎麼算是好事呢？人生難免會與別人結怨，有時候甚至還會與人積成大怨。老子就說過「大小多少，報怨以德」。如果在與別人剛剛結成小怨的時候，沒有及時把怨化解掉，漸漸的，讓小怨變成了大怨，將來和解的難度就更大了。即使是後來雙方勉強和了，那也不是真的和解，必定存有餘怨，因為當初所結的怨恨太深了。這就是常言所道的「好的刀口藥不如不拉口」，人際關係一旦有了傷痕，無論如何都不可能完全恢復原狀。成語「破鏡重圓」，看起來好，但是破鏡即使重圓，上面不是還存在很多裂痕嗎？像十字軍戰爭，就永遠沒有和解的機會。這就是冤冤相報。還有中國與日本，這個大怨也沒有辦法和解，日本政府至今不道歉，那就沒有辦法「赦過宥罪」（《易經．解卦》）。

「是以聖人執左契，而不責於人」，因此，聖人就像拿著左契，只施予人而不向人索取。「契」，古代的契券，相當於現在的借據。在竹簡上刻寫完畢，剖開，雙方各執一半，以便將來核對。在古代，左為尊上，所以「左契」為貸方，相當於索要借款的存根依據。「責」是責求、索取的意思。有德行、有智慧的聖人願意處在吃虧一方，甚至施而不望報，因為，他相信施比受有福。如果沒有一天到晚向人家要東西，怨恨就很不容易產生；沒有積怨，也就不需要和解。

「有德司契，無德司徹」，有德的人就像持有借據那樣寬裕，無德的人就像掌管收稅那樣索取。「徹」，古代的一種賦稅的名稱，抽取百分之十。

「天道無親，常與善人」，自然界的規律沒有偏私，總是站在善人的一邊。照講自然界的規律是「大公無私」的，但是，如果從長久去觀察，發現「天道」還是比較偏向照顧善人。即使有些人這輩子付出了，沒有得到及時的回報，可能會報在後世。

第八十章

小國寡民。
使有什伯之器而不用，使民重死而不遠徙。
雖有舟輿，無所乘之；雖有甲兵，無所陳之。使民復結繩而用之。
甘其食，美其服，安其居，樂其俗。
鄰國相望，雞犬之聲相聞，民至老死不相往來。

讓國土小些，人口少些。
即使有什麼器具也有意不使用，讓百姓愛惜生命而不向遠方遷徙。
雖有車船，卻沒有必要乘坐；雖有武器裝備，卻沒有地方部署。讓人們回復到結繩記事的狀態。
在這樣的家園裡，百姓雖吃粗食，卻覺得甘美；穿著敝衣，也覺得美觀。住房粗陋，都覺得安適；習俗簡樸，自得其樂。。

鄰國之間彼此可以看見，雞鳴狗叫聲也可以相互聽到，但百姓從生到死，卻不相互往來。

本章是《老子道德經》倒數第二章，提出小國寡民的避世思想。但是人類文明一定是往前演進的，決不可能回返這樣的狀態，就算是老子當時的一些感喟和主觀願想吧！無須認真看待。

第八十一章

信言不美，美言不信。善者不辯，辯者不善。知者不博，博者不知。
聖人不積，既以為人己愈有，既以與人己愈多。
天之道，利而不害；聖人之道，為而不爭。

真實的話不動聽，動聽的話不真實。善良的人不巧辯，巧辯的人不善良。真明白的人不賣弄廣博，賣弄廣博的人並不真明白。
聖人不為自己積攢保留什麼，他愈是幫助人，自己反而愈是充足。
自然的法則是有利於萬物，而不加以損害；聖人的作風是給予，而不爭奪。

「信言不美，美言不信。善者不辯，辯者不善」，真實的話不動聽，動聽的話不真實。善良的人不巧辯，巧辯的人不善良。事實上真是如此。商業上很多刺激你的行銷宣傳不都是這樣嗎？

真正有善意而善良的人，他是不耍嘴皮的。那些口若懸河天天上電視蠱惑人心的，絕非善類。

「知者不博，博者不知」，真明白的人不賣弄廣博，賣弄廣博的人並不真明白。有時候一些人是樣樣通，樣樣鬆。真正有大智慧的人，求到究竟的智慧就可以了，不需要炫耀，可是他什麼都懂。

我們看《易傳》強調要積善，儒家強調要積德，可是老子提出了一個反論，他說不要積。我們有時候要存錢，有時候要收藏寶物，老子說通通不要積累，因為到最後這都是身外之物。那老子下面要我們做什麼呢？他說，要儘量行善，要奉獻自己精神方面的東西，即要把自己的正能量儘量發揮出去。

「聖人不積，既以為人己愈有，既以與人己愈多」，聖人不為自己積攢什麼，他愈是幫助人，自己反而愈是充足。這裡老子所講的「積」不是積累財貨等物質的東西，而是智慧、德行等精神方面的東西。

「天之道，利而不害；聖人之道，為而不爭」，自然的法則是有利於萬物，而不加以損害；聖人的作風是給予，而不爭奪。《易經．乾卦．文言傳》說：「利物足以和義，貞固足以幹事。」聖人之道是為而不爭的，是布施的，是利益眾生的。老子講起來都是對的，可一般人就是做不到。好在老子最後完稿的時候留下這個遺言，但是看起來這個遺言也落空了，因為人們太難懂他真實的意思，正如其「正言若反」。

劉君祖易經世界22

從易經看老子道德經

作者：劉君祖
封面畫作：吳冠德
封面設計：林育鋒
責任編輯：李濰美
校對：趙曼如、李昧、劉君祖
法律顧問：董安丹律師、顧慕堯律師
出版：大塊文化出版股份有限公司
地址：台北市 105022 南京東路四段二十五號十一樓
網址：www.locuspublishing.com
讀者服務專線：0800-006689
電話：(02) 87123898　傳真：(02) 87123897
郵撥帳號：18955675　戶名：大塊文化出版股份有限公司
總經銷：大和書報圖書股份有限公司
地址：新北市 24890 新莊區五工五路二號
電話：(02) 89902588（代表號）　傳真：(02) 22901658
初版一刷：二〇二一年四月
初版七刷：二〇二四年三月
定價：新台幣四八〇元
Printed in Taiwan
版權所有　翻印必究

從易經看老子道德經 / 劉君祖著 . -- 初版 . -- 臺北市：大塊文化出版股份有限公司 , 2021.04
面；　公分
ISBN 978-986-5549-76-3（平裝）
1. 易經　2. 道德經　3. 研究
121.17　　110003567